Professor Dr. Hans Schwinn
Fachhochschule Rheinland-Pfalz, FB Informatik, Worms

Die Deutsche Bibliothek – CIP-Einheitsaufnahme

Schwinn, Hans:
Relationale Datenbanksysteme/Hans Schwinn. – München;
Wien: Hanser, 1992
(Hanser-Studienbücher der Informatik)
ISBN 3-446-15782-4

Umschlagkonzeption: Hans Peter Willberg
Satz: K+V Fotosatz, Beerfelden
Druck und Bindung: Papierhaus Mack, Schönaich

Printed in Germany

Hans Schwinn
Relationale Datenbanksysteme

Hans Schwinn

Relationale Datenbanksysteme

Carl Hanser Verlag München Wien

Vorwort

Dieses Buch ist in erster Linie dazu bestimmt, Studenten den Zugang zu den Grundlagen der Datenbanksysteme zu vermitteln. Obwohl als Lehrbuch konzipiert, wendet es sich auch an Datenbank-Administratoren und Software-Entwickler, die an der souveränen Beherrschung der Datenbank-Technologie interessiert sind.

Wenn sich Praxis und Forschung heute dem relationalen Modell zuwenden, so tragen sicherlich zwei Gründe dazu maßgeblich bei: die Schlichtheit und die naheliegende Formalisierbarkeit dieses Modells. Praktiker wissen die Durchgängigkeit und Einfachheit der Bedienungsmittel zu schätzen; der relationale Ansatz hat aber auch einen Forschungszweig angestoßen, der eine beachtliche Anzahl tiefliegender Struktur-Zusammenhänge aufgedeckt hat.

Diese Gründe haben mich zur Konzeption eines Datenbank-Buches veranlaßt, das in erster Linie die relationalen Datenbanksysteme behandelt und folgende Gliederung besitzt:

Kapitel 1 gibt einen Überblick über Fragestellungen auf dem Gebiet der Datenbanksysteme; hier werden auch die Grundideen der klassischen Datenbankkonzepte vorgestellt. Kapitel 2 führt in die Welt des relationalen Modells ein. Die Betrachtungen, die sich auf formalisierte Mittel stützen, führen zu präzise formulierten Struktur-Zusammenhängen, die auch für den praktischen Umgang von großer Bedeutung sind. Kapitel 2 kann als Basis der folgenden Kapitel 3, 4 und 5 aufgefaßt werden. Die Ergebnisse fließen vor allem in die Theorie der Normalformen (Kapitel 3) ein, die als Grundlehre des Datenbank-Designs aufzufassen ist. Einige pragmatische Überlegungen (Kapitel 4) ergänzen diese analytischen Betrachtungen; sie wollen als Hilfestellung zur inhaltlichen Interpretation von Relationen verstanden sein. Schließlich sollen relationale Datenbanksysteme auch bedient werden, wozu Kapitel 5 die wichtigsten Anweisungen der Sprache SQL vorstellt.

Unabhängig vom Datenmodell befaßt sich die physische Datenorganisation (Kapitel 6) mit Strategien zur effizienten Verwaltung großer Datenbestände. Kapitel 7 fragt nach der Gewährleistung der Datenbank-Konsistenz, wozu hauptsächlich Kriterien zur Abwicklung paralleler Transaktionen hergeleitet werden.

Eine grundlegende Behandlung der Themen Verteilte Datenbanken und Datenmodellierung würde den Rahmen dieses Buches sprengen. Wegen ihrer Relevanz in der Praxis wollen die Kapitel 8 und 9 eine grobe Orientierung auf diesen Gebieten geben.

Die Darstellung des Stoffes verzichtet auf Details zu Implementierungsfragen; Sie konzentriert sich auf die Ideen und Konzepte – den Schnittpunkt des Interesses von

Theorie und Praxis. Formalisierte Betrachtungsweisen werden dort bevorzugt, wo sich damit Erkenntnisse über Zusammenhänge prägnant wiedergeben lassen. Da das Buch auch zum Selbststudium geeignet sein soll, werden alle Grundbegriffe eingeführt. Am Ende derjenigen Kapitel, die sich formaler Methoden bedienen, findet der Leser Aufgaben (mit Musterlösungen in Anhang A) vor, die der Vertiefung und eigenständigen Bearbeitung des Stoffes dienen. Am Ende des Buches sind zentrale oder übergreifende Veröffentlichungen und Werke angegeben, die im Text mit [ ]* zitiert sind. Darüber hinaus finden sich am Ende jedes Kapitels weitere themenspezifische Literaturstellen, was auch als ein Fenster zur Forschung gedacht ist und als Anregung zu vertiefenden Betrachtungen dienen soll.

Mein großer persönlicher Dank gilt meinem verehrten Kollegen, Herrn Prof. Dr. Peter STINGL für seine geduldige Begleitung und für seine wertvollen Ratschläge während der Entstehung dieses Buches. Bedanken möchte ich mich aber auch sehr bei meinem Kollegen Herrn Prof. Dr. Martin RUPPERT für seine kritische Durchsicht des Manuskripts und beim Carl Hanser Verlag für die konstruktive Zusammenarbeit.

Sandbach, 31. 10. 1991

Inhaltsverzeichnis

1. Einführung

Gespeicherte Informationen bilden für Unternehmen wichtige Arbeitsmittel, die genau wie andere Ressourcen nach einer adäquaten Organisation verlangen. Eine Organisationseinheit eines Computers, welche zentral die gespeicherten Daten verwaltet, wird als ein *Datenbanksystem* bezeichnet. Sie setzt sich aus gespeicherten Daten, der *Datenbank,* und einem Programm zur Verwaltung der Daten, dem *Datenbankmanagementsystem* (Datenbankverwaltungssystem; DBMS), zusammen.

Im diesem Kapitel stellen wir die klassischen Konzepte für Datenbanksysteme vor.

1.1 Das Grundkonzept der Datenbanksysteme

Datenbanksysteme verfolgen den Zweck, Unternehmensdaten zentral zu halten und vielen Anwendungen zur Verfügung zu stellen. Damit kann die Mehrfach-Erfassung und Mehrfach-Speicherung vermieden werden; mit weniger Personal-Aufwand und geringerem Speicher-Bedarf verbessert sich auch die Chance, einen stets aktuellen Datenbestand für bestehende und zukünftige Anwendungen bereitzustellen.

Wir werden ausschließlich Datenbanken mit formatierten Daten behandeln. Derartige Systeme stützen sich auf ein Datenmodell, welches vorschreibt

- *wie* Informationen über Gegenstände oder Sachverhalte zu strukturieren sind, sowie
- *wie* Zusammenhänge (Beziehungen) zwischen Informationen dargestellt bzw. realisiert werden.

Um die Daten-Ressourcen eines Unternehmens zuverlässig verwalten zu können, muß ein DBMS über gewisse Leistungsmerkmale verfügen. Der folgende Überblick führt uns gleichzeitig zu einigen wichtigen Themen des Buches.

Schnittstelle

Für Zugriffe auf die Datenbank muß das DBMS geeignete Sprachmittel zur Verfügung stellen. Für komplexe Anwendungen bietet sich folgender Weg an: In den Code einer herkömmlichen Programmiersprache, der sog. *Wirtssprache* (engl.: host language), werden spezifische Datenbank-Anweisungen eingebettet. Diese Anweisungen sind bei einigen DBMS als eine natürliche Erweiterung der Wirtssprache angelegt; im Unterschied dazu finden wir bei anderen Produkten ein Schnittstellen-Konzept, bei dem das Programm (in der Wirtssprache) das DBMS wie ein externes Unterprogramm benutzt.

Oft stehen in den Abteilungen des Unternehmens aber auch ad hoc-Abfragen an, die einen schnellen Einblick in den Datenbestand bieten sollen. Zu diesem Zweck wünscht man eine interaktive Sprachoberfläche mit einfachen Anweisungen für Anfragen und elementaren Bestandsbearbeitungen. Mit SQL (Kapitel 5) stellen wir eine Sprache für relationale Datenbanksysteme vor, die inzwischen zum Standard erhoben wurde.

Generell lassen sich die Datenbank-Anweisungen in zwei Bereiche gliedern:

- die Datenmanipulationssprache (engl.: data manipulation language; DML); damit werden Abfragen und Bestandsänderungen formuliert;
- die Datendefinitionssprache (engl.: data definition language; DDL); sie dient zur Vereinbarung von Datenstrukturen in der Datenbank.

Datenunabhängigkeit

Im Unterschied zur herkömmlichen Verarbeitung sind Daten-Zugriffe bei einem Datenbanksystem ausschließlich über das DBMS möglich (Abb. 1.1). Das DBMS verwaltet intern die physische Struktur der gespeicherten Daten; bei idealen DBMS

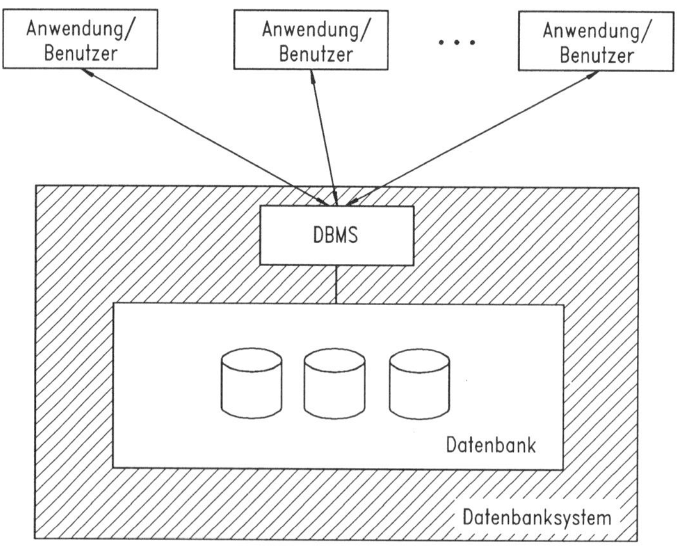

Abb. 1.1

braucht eine Anwendung lediglich mitzuteilen, *welche* Informationen es anfordern bzw. übergeben möchte. Diese Fähigkeit des DBMS zur eigenständigen Aufbereitung bezeichnen wir auch als *Datenunabhängigkeit.*

Wir unterscheiden dabei:

- **physische Datenunabhängigkeit:** Benutzer oder Anwendungsprogramme brauchen keine Kenntnisse über den Ort und die Struktur der gespeicherten Daten besitzen. Anforderungen beziehen sich lediglich auf die inhaltliche (logische) Sicht der Daten. Die physische Datenunabhängigkeit wirkt sich sehr positiv auf die Wartung von Anwendungssystemen aus. Im Idealfall haben Modifikationen (z.B. nach Tuning-Maßnahmen) oder Erweiterungen von Speicher-Strukturen *keinerlei* Auswirkungen auf bestehende Anwendungsprogramme.
- **logische Datenunabhängigkeit:** Sie besagt, daß ein Datenbestand und seine Zusammenhänge für verschiedene Anwendungen aus unterschiedlichen Perspektiven interpretiert bzw. strukturell dargestellt werden kann.

Effiziente Organisation

Anfragen an das Datenbanksystem müssen auch bei Massendaten in akzeptabler Zeit beantwortbar sein. Deshalb muß das DBMS über geeignete Organisationsstrategien verfügen, nach denen es Daten aus dem Externspeicher schnell zur Verfügung stellen bzw. Neuzugänge dort ablegen kann. In Kapitel 6 werden geeignete Formen der Speicherverwaltung vorgestellt.

Datenintegrität

Die gespeicherten Informationen sind in der Regel bestimmten Randbedingungen unterworfen. Das DBMS sollte die Vereinbarung von solchen Integritätsbedingungen gestatten, die es dann im laufenden Betrieb auch überwacht (vgl. Abschnitt 7.1).

Mehrbenutzer-Betrieb

Die zentrale Datenhaltung ist in einem Unternehmen nur dann praktikabel, wenn mehrere Benutzer oder Anwendungen gleichzeitig auf die Datenbank zugreifen können. Ohne Schutzmaßnahmen können parallele, konkurrierende Zugriffe auf die gleichen Informationen, jedoch zu Datenfehlern führen; derartige Konflikt-Situationen müssen vom DBMS durch Synchronisations-Verfahren überwacht und reguliert werden (sog. Concurrency Control). In Kapitel 7 (Abschnitte 7.2 – 7.4) gehen wir auf die Grundlagen und auf bekannte Strategien ein.

Datensicherheit

Der spontane Ausfall eines Betriebsmittels (z. B. Externspeicher oder CPU) kann zu Situationen führen, in denen die Datenbank einen ungewissen Status besitzt bzw. der Datenbestand beschädigt ist. Ein DBMS muß deshalb begleitende Aktivitäten durchführen, welche das *Recovery,* die Rekonstruktion einer Datenbank zu einem wohlbestimmten Zustand, jederzeit ermöglichen. Diese Fragestellung steht in engem Zusammenhang mit den Konzepten zur Steuerung des Mehrbenutzer-Betriebs; sie wird in Abschnitt 7.5 näher behandelt.

Datenschutz

Sensible Unternehmensinformationen verlangen nach einem effektiven Zugriffsschutz mit dezidierten Zugriffsrechten. Dazu legt ein Datenbankverwalter fest, welcher Benutzer auf welche Daten in lesender oder modifizierender Weise zugreifen bzw. neue Informationen in den Bestand einfügen darf.

Die angesprochenen Eigenschaften, insbesondere die Datenunabhängigkeit und Datenintegrität, sind Gegenstand der Drei-Schichten Architektur der ANSI/X3/SPARC-Gruppe, die in Abschnitt 1.3 noch näher vorgestellt wird.

1.2 Klassische Datenbanksysteme

Datenbanksysteme sollen nicht allein isolierte Informationseinheiten eines Unternehmens, die als *Entities* bezeichnet werden, beschreiben; daneben sind auch die Zusammenhänge zwischen den Entities festzuhalten. Z. B. sind Mitarbeiter, Abteilungen und Waren Entities aus dem Bereich eines Kaufhauses, für die auch die Zuordnungen der Mitarbeiter zu den Abteilungen bzw. der Waren zu den Abteilungen zu dokumentieren sind. Benutzer des Datenbanksystems müssen sodann wissen, mit welchen Mitteln sie die Informationen aus den abgespeicherten Daten wiedergewinnen können.

Jedes DBMS stützt sich stets auf ein bestimmtes *Datenmodell.* Das Datenmodell regelt den Umgang mit dem DBMS und schreibt dazu vor:

- Die *Struktur-Kriterien*
  nach denen Informationseinheiten des Unternehmens und ihre Beziehungen aufzugliedern sind, und ergänzende Sprachelemente für Integritätsbedingungen (statischer Aspekt des Datenmodells). Die hier zu treffenden Struktur-Vereinbarungen bzw. Integritätsbedingungen werden mit Mitteln der Datendefinitionssprache (DDL) vereinbart.
- Die *Operationen*
  mit denen die gespeicherten Objekte verarbeitet werden können (dynamischer Aspekt des Datenmodells). Hierzu zählen z. B. die Zugriffe auf gespeicherte Informationen über Entities oder das Nachvollziehen von Beziehungen zwischen Entities. Die Operationen finden ihren Ausdruck in den Anweisungen der Datenmanipulationssprache (DML)

Ein Datenmodell kann für zwei Ziele, die sich allerdings nicht vollständig decken, benutzt werden:

- als Konzept zur physischen Speicherung der Daten und ihrer Zusammenhangsverweise (physische Datenorganisation) bzw.
- zur adäquaten Beschreibung von Informationen und ihrer Zusammenhänge in der Welt des Unternehmens (Strukturierung des Informationsgefüges).

Die Datenmodelle unterscheiden sich substantiell weniger in den Struktur-Restriktionen für die Darstellung von Entities; ihr Unterschied ist vielmehr in der Art zu suchen, wie Beziehungen aufgezeigt bzw. technisch umgesetzt werden. Ältere Ansätze haben mehr die technischen Aspekte der Speicherung im Auge (physische Sicht), während spätere Entwicklungen vor allem an der Beschreibung des Informationsgefüges interessiert sind (logische Sicht). Wenn ein Datenmodell vorrangig die Speicher-Struktur berücksichtigt, wollen wir uns auf die *Records* als den abgespeicherten Daten über Entities beziehen. So wie Entities mit gemeinsamen Eigenschaften in Klassen zusammengefaßt werden, so wollen wir auch Record-Klassen für Records derselben Struktur betrachten. Für ein Kaufhaus finden wir auf beiden Ebenen z. B. die Klassen MITARBEITER, ABTEILUNGEN, WAREN etc. vor.

Wir stellen die Grundideen folgender Modelle vor:

- hierarchisches Modell
- Netzwerk-Modell
- relationales Modell.

Entsprechend ist die Bezeichnung ‚hierarchisches Datenbanksystem‘ etc. zu interpretieren.

1.2.1 Hierarchische Datenbanksysteme

Das hierarchische Datenmodell verlangt, daß Beziehungen zwischen Records nach einer Baumstruktur ausgerichtet sind. Abb. 1.2 zeigt die Zuordnung zwischen Abteilungen, Mitarbeitern und Artikeln in einem Kaufhaus.

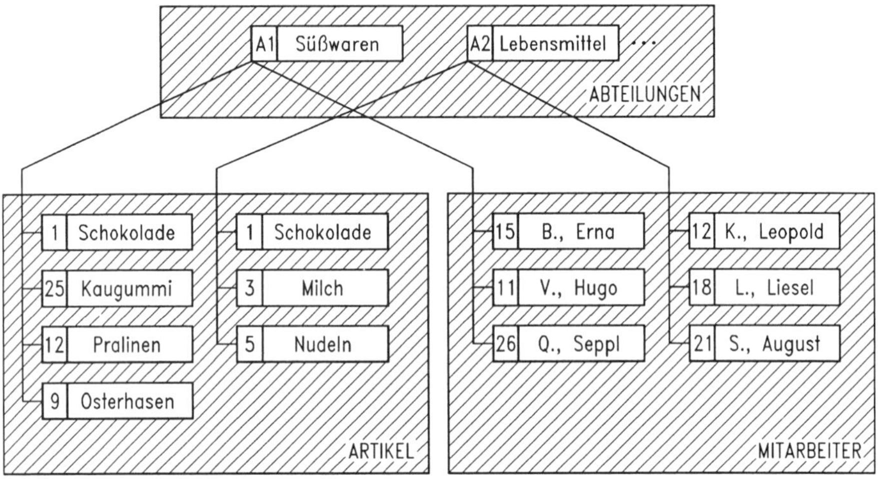

Abb. 1.2 Hierarchisches Datenmodell (Kaufhaus)

Struktur

Ein Record wird im hierarchischen Datenmodell als Knoten einer Baumstruktur aufgefaßt. Einem Knoten können mehrere Knoten aus hierarchisch nachgeordneten Record-Klassen zugewiesen sein. Man bezeichnet die betreffenden Records auch als Vorgänger und Nachfolger; (auch: Vater-Knoten und Sohn-Knoten; englische Terminologie: parent – child). In Abb. 1.2 treten die Records aus der Klasse ABTEILUNGEN als Vorgänger auf; ihnen sind Records aus MITARBEITER bzw. ARTIKEL als Nachfolger zugeordnet.

Die hierarchische Zuordnung kann sich über mehrere Ebenen erstrecken. Nachfolger nehmen dann auch die Rolle von Vorgänger ein. Wir könnten z. B. zu den Artikeln in Abb. 1.2 noch die Lieferanten ergänzen. Ein Artikel-Record tritt dann sowohl als Nachfolger als auch als Vorgänger auf.

Während einem Knoten mehrere Söhne – auch aus unterschiedlichen Record-Klassen – zugewiesen sein können, besitzt er jedoch höchstens *einen* Vorgänger. Sofern aus logischer Sicht zwei verschiedene Knoten den gleichen Record als Nachfolger verweisen, muß dieser entsprechend mehrfach (redundant) aufgeführt werden. In Abb. 1.2 besitzen z. B. die beiden Records ‚Süßwaren‘ und ‚Lebensmittel‘ den gemeinsamen Nachfolger ‚Schokolade‘.

Die Beziehungen zwischen den Record-Klassen in einer hierarchischen Datenbank lassen sich auf graphische Weise durch Bachmann-Diagramme darstellen (C. W. BACHMANN [69]). Abb. 1.3 a) zeigt die Bachmann-Diagramme zu unserem Kaufhaus-Beispiel; Abb. 1.3 b) ergänzt die Lieferanten zu den Artikeln.

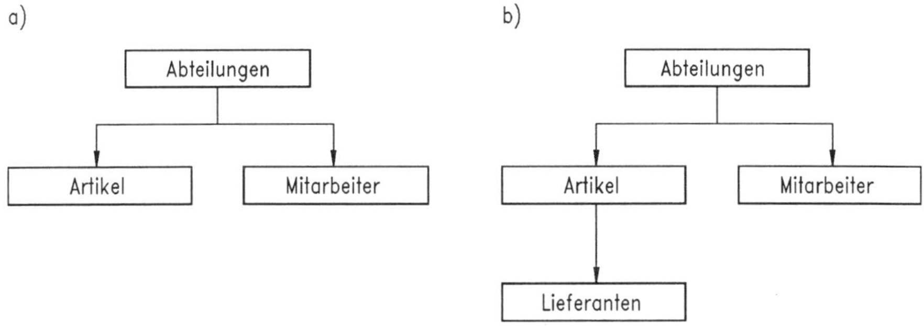

Abb. 1.3 Bachmann-Diagramme

Realisierung der Beziehungen

Die Zuordnungen zwischen Vorgänger und Nachfolger werden mit Hilfe von Adreß-Verweisen, den *Pointer*, technisch umgesetzt; in einem Vorgänger ist die Speicher-Adresse (Pointer) eines Nachfolgers abgelegt. Die Nachfolger desselben Records (Geschwister) können dann untereinander über weitere Pointer verkettet sein (Abb. 1.4 a) auf der folgenden Seite). Im Vorgänger können aber auch die Pointer zu allen Nachfolger-Knoten aufgeführt sein (Abb. 1.4 b)).

Zugriff

Die Records einer hierarchischen Datenbank können gemäß ihrer Organisation mit Hilfe eines geeigneten Baumdurchlaufs (Traversieren; engl.: traversal) abgearbeitet werden. Mit einem Record startend werden sukzessive die Nachfolger aus den zugeordneten Record-Klassen aufgegriffen. Gemäß Abb. 1.2 könnten wir je Abteilung zunächst die einzelnen Mitarbeiter und dann die Artikel verarbeiten. Es ist jedoch auch möglich, die Records aus einzelnen Klassen direkt zu lesen bzw. aufgrund eines Kriteriums aufzusuchen.

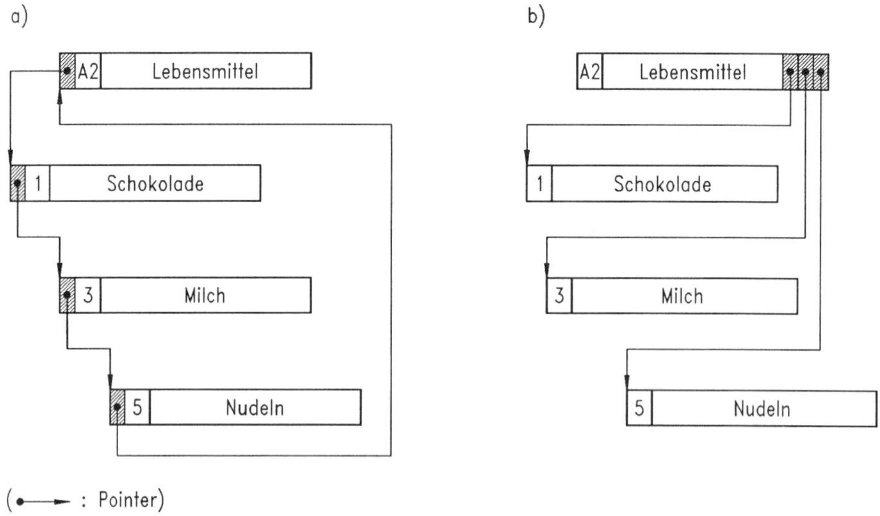

Abb. 1.4 Verkettungen

1.2.2 Netzwerksysteme

Im Unterschied zum hierarchischen Modell ist im Netzwerk-Modell die strenge Ausrichtung eines Bestandes nach einer Baumstruktur nicht mehr zwingend. Abb. 1.5 zeigt die Zuordnungen zwischen Record-Klassen aus dem Bereich eines Kaufhauses.

Wir brauchen jetzt den Record zu Schokolade, die in zwei Abteilungen geführt wird, nur einmal abzuspeichern. Allerdings müssen dazu künstliche Link-Records (Links) benutzt werden. Die Link-Records haben keinen anderen Zweck, als die vielfachen Beziehungen zwischen Artikel und Abteilungen zu dokumentieren.

Struktur

Im Netzwerk-Modell wird ein Record zusammen mit seinen zugeordneten Nachfolgern aus einer Record-Klasse als eine Einheit aufgefaßt, die auch als *Set-Occurrence*, ihre Struktur als *Set* bezeichnet wird. Hinsichtlich der unterschiedlichen Rollen der Records im Set sprechen wir dabei auch von dem *Owner* und den *Member* (als Nach-

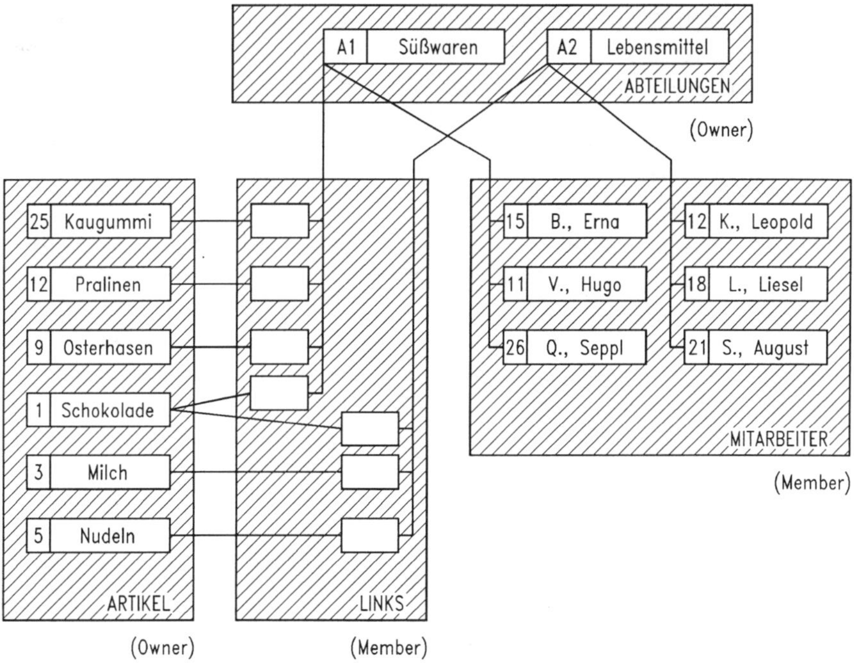

(a) Record-Verkettungen

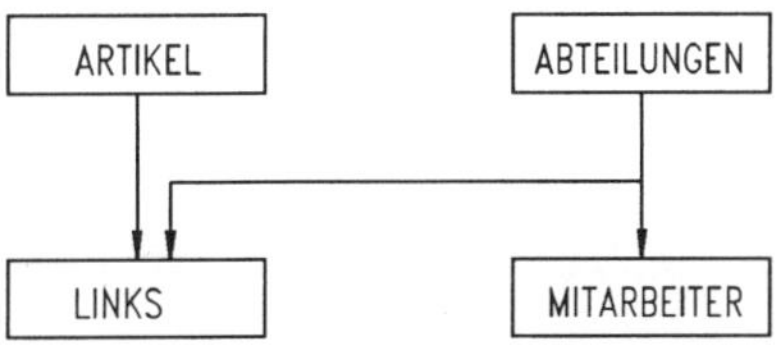

(b) Bachmann-Diagramm

Abb. 1.5 Netzwerkmodell (Kaufhaus)

folger des Owners) einer Set-Occurrence. Grundsätzlich müssen Owner und Member aus unterschiedlichen Klassen stammen. In Abb. 1.5 treten die Abteilungs-Records als Owner und die Link-Records (LINKS) als Member auf; ebenso bilden die Records aus ARTIKEL die Owner und Link-Records die zugehörigen Member.

Ähnlich wie im hierarchischen Modell bestehen folgende Regelungen:

– Jeder Record darf nur in einer Occurrence desselben Sets als Member vertreten sein;

- ein Record darf in mehreren Sets (mit unterschiedlichen Record-Klassen) als Owner vertreten sein.
- Ein Member darf auch als Owner eines anderen Sets auftreten.

Der Unterschied zwischen hierarchischem Modell und Netzwerk-Modell: Ein Record darf als Member zu *mehreren* Owner auftreten; allerdings müssen die Owner dann aus unterschiedlichen Klassen stammen bzw. die betreffenden Sets unterschiedlich strukturiert sein. Das Bachmann-Diagramm in Abb. 1.6 beschreibt, wie die Artikel sowohl den Abteilungen als auch den Lieferanten zugeordnet sind. Auf diese Weise können auch Zuordnungen zwischen Records zweier Klassen dokumentiert werden, wo in beiderlei Richtung jeder Record der einen mit mehreren Records der anderen in Beziehung stehen darf. Dies geschieht auf indirektem Wege über Link-Records wie im Beispiel des Kaufhauses (vgl. Abb. 1.5 a), b)).

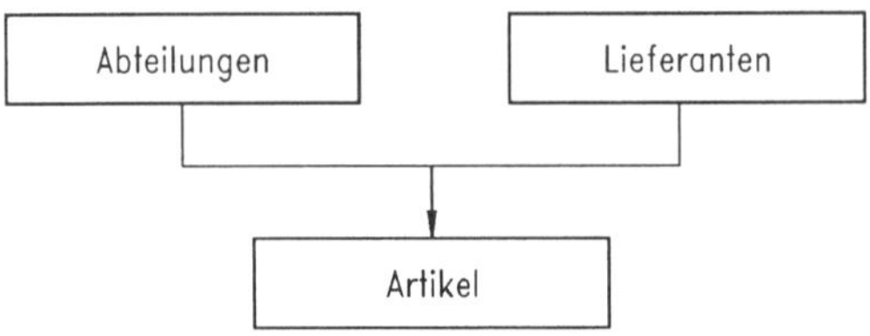

Abb. 1.6 Bachmann-Diagramm

Realisierung der Beziehungen

Wie im hierarchischen Modell werden in einer Set-Occurrence die Zuordnungen mit Hilfe von Pointer realisiert. Im *CHAIN*-Modus wird der Owner mit seinen Member in einem Ring verkettet; zusätzliche Pointer von jedem Member zum Owner sind dabei möglich (Abb. 1.7); Im *POINTER*-Modus führt dagegen der Owner alle Pointer zu seinen Member (vgl. Abschnitt 1.2.1, Abb. 1.4 b)).

Zugriff

Sets können sukzessive entlang der Pointer abgearbeitet werden. Aufgrund der Verkettungsmechanismen ist es offensichtlich, wie die Pfade zu verfolgen sind, um aufeinander bezogene Records zu selektieren. Der Programmierer findet dazu geeignete Sprachmittel vor.

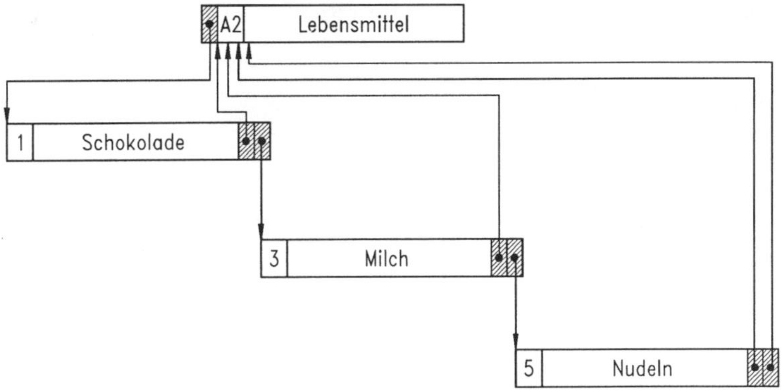

Abb. 1.7 lVerkettung im Netzwerkmodell (MODE IS CHAIN LINKED TO OWNER)

Standardisierung

Seit Beginn der siebziger Jahre hat die Database Task Group (DBTG) der Conference on Data Systems Languages (CODASYL) Anstrengungen unternommen, um insbesondere die Anweisungen des Netzwerk-Modells zu standardisieren. (CODASYL zeichnet u.a. für die Entwicklung der Sprache COBOL verantwortlich.) Das zugrundeliegende Konzept lehnt sich stark an COBOL an und kann als eine Erweiterung dieser Sprache interpretiert werden.

1.2.3 Relationale Datenbanksysteme

Das relationale Modell, das auf E. F. CODD [70]* zurückgeht, verzichtet auf die Verwendung von Pointer zur Darstellung von Beziehungen. Daten werden hier ausschließlich über inhaltliche Angaben aufeinander bezogen.

Struktur

Im relationalen Modell werden die Entities einer Klasse in der Form von Tabellen (Relationen) dargestellt. Abb. 1.8 (nächste Seite) gibt die Kaufhaus-Daten wieder. Die Beschreibung eines Entities taucht dabei als eine Tabellen-Zeile auf. Aus faktischen und auch aus formalen Gründen (vgl. Kap. 2) spielt die Reihenfolge der Zeilen in den Tabellen keine Rolle.

ABTEILUNG

Abteilung	Bezeichnung
A1	Süßwaren
A2	Lebensmittel
A3	Bekleidung (Damen)
A4	Bekleidung (Herren)
...	

MITARBEITER

Pers_Nr	Name	Vorname	Abteilung
12	K.	Leopold	A2
15	B.	Erna	A1
11	V.	Hugo	A1
18	L.	Liesel	A2
23	M.	Fredi	A4
21	S.	August	A2
26	Q.	Seppl	A1
...			

ARTIKEL

Artikel_Nr	Bezeichnung
1	Schokolade
12	Pralinen
3	Milch
5	Nudeln
9	Osterhasen
25	Kaugummi
...	

ANGEBOT

Artikel_Nr	Abteilung
1	A1
1	A2
3	A2
5	A2
25	A2
12	A1
9	A1
...	

Abb. 1.8 Relationen (Kaufhaus)

Die Struktur einer Tabelle wird durch die Spalten-Überschriften festgelegt. Die Eintragungen in den Spalten interpretieren wir dabei als Werte zu Attributen. Eine wichtige Regel des relationalen Modells verlangt, daß die einzelnen Attribut-Werte über elementaren Charakter verfügen; mehrfache Ausprägungen wie z. B. zu Vornamen (sog. Wiederholungsgruppen) oder Zusammenfassungen von Attributen zu Gruppen wie z. B. von PLZ, Ort und Straße zu Adresse sind nicht erlaubt.

Beziehungen

Abbildung 1.8 verdeutlicht mit der Relation ANGEBOT, wie im relationalen Modell Beziehungen zu dokumentieren sind. Welches Entity mit wem in einer Beziehung steht, wird dort explizit in Tabellenform (!) aufgezählt; stellvertretend für die Entities werden dabei identifizierende Merkmale (Schlüssel) verwendet. Die Relation ANGEBOT beschreibt ausschließlich die Beziehungen zwischen Artikeln und Abteilungen. Im Unterschied zu den beiden anderen Modellen dürfen Attribute für Beziehungen erklärt werden; so kann – als Erweiterung von ANGEBOT – in der Relation UMSATZ (Artikel_Nr, Abteilung, J_UMS) ein Attribut J_UMS verwendet werden, das pro Artikel den Jahres-Umsatz in den Abteilungen festhält. Beziehungen brauchen jedoch nicht in jedem Fall explizit in einer eigenen Relation dargestellt werden: Die Zugehörigkeit der Mitarbeiter zu ihren Abteilungen finden wir in MITARBEITER aufgrund der Angabe zu ‚Abteilung'.

Zugriff

Das relationale Modell stellt folgende Operationen zur Verfügung:

- Selektion: Auswahl von Tabellen-Zeilen aufgrund einer gegebenen Bedingung (z. B. Abteilung = A1 in MITARBEITER; vgl. Abb. 1.9 a));
- Projektion: Ausblenden von Spalten aus der Tabelle (z. B. Projektion von MITARBEITER auf Name, Vorname; vgl. Abb. 1.9 b));
- Join: Verknüpfung zweier Tabellen; auf der Basis der gemeinsamen Attribut-Werte zu Artikel_Nr führt die Verknüpfung von ANGEBOT mit ARTIKEL zu einer Tabelle mit der Struktur (Art.-Nr, Abteilung, Bezeichnung), wo die jetzt Artikel mit ihrer (Klartext-) Bezeichnung aufgeführt werden (vgl. Abb. 1.9 c)).

a) Selektion ‚Abteilung = A1' in MITARBEITER

Pers_Nr	Name	Vorname	Abteilung
15	B.	Erna	A1
11	V.	Hugo	A1
26	Q.	Seppl	A1
...			

b) Projektion der Relation MITARBEITER auf (Vorname, Name)

Vorname	Name
Leopold	K.
Erna	B.
Hugo	V.
Liesel	L.
Fredi	M.
August	S.
Seppl	Q.
...	

c) Join der Relationen ANGEBOT und ARTIKEL

Artikel_Nr	Abteilung	Bezeichnung
1	A1	Schokolade
1	A2	Schokolade
3	A2	Milch
5	A2	Nudeln
25	A2	Kaugummi
12	A1	Pralinen
9	A1	Osterhasen
...		

Abb. 1.9

Anders als im hierarchischen Modell oder im Netzwerk-Modell stellen die relationalen Operatoren weniger die Verarbeitung einzelner Entities (Records) in den Vordergrund; sie zielen vielmehr auf die Verarbeitung der Tabellen als Ganzes. Das Ergebnis der Operationen kann in allen Fällen wieder als Tabelle aufgefaßt werden.

1.3 Datenbankarchitektur nach ANSI/X3/SPARC

Zum Zwecke der Standardisierung von DBMS wurde 1972 vom Standards Planning and Requirements Committee (SPARC) of the American Standards Committee on Computers and Information Processing (ANSI/X3) eine Studiengruppe gegründet, die 1975 einen Vorschlag in der Form einer Drei-Schichten-Architektur für Datenbanksysteme unterbreitete (vgl. ANSI [75]; D.C. TSICHRITZIS/A. KLUG [76]).

Die ANSI/X3/SPARC-Study Group bezieht für Datenbanksysteme die drei folgenden Betrachtungsebenen ein:

- die konzeptionelle Ebene,
- die externe Ebene sowie
- die interne Ebene.

Für ein Datenbanksystem wird im konkreten Fall auf jeder Ebene ein entsprechendes *Modell* gebildet. (Modell meint in diesem Zusammenhang ein Abbild einer konkreten Informations-Umwelt; im Unterschied dazu ist die Verwendung des Begriffs Datenmodell als Organisationskonzeptes zur Verarbeitung von Informationen von Informationen zu beachten.

Konzeptionelle Ebene

Das *konzeptionelle* Modell (auch: Unternehmensmodell) gibt wieder, *was* in der Datenbank abgelegt werden soll. Es beschreibt aus der Sicht des Unternehmens die betreffenden Entities und deren Beziehungen untereinander; ferner werden dort auch Integritätsbedingungen und Zugriffsrechte dokumentiert. Das konzeptionelle Modell wird ausschließlich aus inhaltlicher Sicht beschrieben. Im Vordergrund steht dabei die Aufarbeitung der semantischen Aspekte; technische Fragestellungen wie etwa nach der Speicher-Struktur werden dabei bewußt ausgeklammert. Das konzeptionelle Modell soll allein den effektiven Einsatz der Datenbank gewährleisten.

Für jede Datenbank ist ein konzeptionelles Modell als Zusammenschau der Informationen aufzustellen. Wie wir noch sehen werden, bildet es den ruhenden Pol in der Drei-Schichten-Architektur.

Externe Ebene

Spezielle Anwendungen bzw. Anwendungsklassen betreffen in der Regel nur einen bestimmten Ausschnitt des Gesamt-Bestandes. In unserem Kaufhaus interessiert sich z. B. die Lohnbuchhaltung kaum für die einzelnen Waren in den Abteilungen. Deshalb werden im *externen* Modell die verschiedenen Benutzersichten (auch: Sichten, Views) beschrieben. Damit wird der Zweck verfolgt, einer Anwendung bzw. einem Benutzer einen einfachen Zugang zur Datenbank zu ermöglichen. Eine Benutzersicht kann z. B. einer Record-Struktur (wie z. B. in den klassischen Sprachen COBOL, Pascal etc.) entsprechen; es interessiert dabei weniger, wie die Daten tatsächlich in der Datenbank abgespeichert sind.

Die einzelnen Benutzersichten des externen Modells sind aus dem konzeptionellen Modell abzuleiten.

Interne Ebene

Im *internen* Modell wird die Speicher-Struktur der Daten festgelegt. Für ein vorliegendes DBMS sind dazu die Record-Strukturen und Zugriffspfade zu vereinbaren. Das interne Modell hat in erster Linie den effizienten Einsatz der Datenbank im Auge. Wie das externe Modell ist auch das interne Modell aus dem konzeptionellen Modell abzuleiten.

Transformationen

Nach den Vorschlägen der ANSI/X3/SPARC-Study Group sind alle drei Modelle in maschinenlesbarer Form zu spezifizieren. (Allerdings sind dazu keine präzisen Syntax-Regeln vorgegeben.) Diese Beschreibungen werden auch als konzeptionelles *Schema*, internes Schema bzw. als externe Schemata bezeichnet. Die formalisierte Beschreibung der Modelle soll eine automatisierte Verträglichkeitsprüfung zwischen externem und konzeptionellem Modell auf der einen Seite bzw. zwischen internem und konzeptionellem Modell auf der anderen ermöglichen.

Internes bzw. externes Modell müssen zwar mit dem konzeptionellen Modell verträglich sein, eine unmittelbare Entsprechnung der Modelle wird jedoch bewußt vermieden. Ziel ist vielmehr ein möglichst flexibler Übergang (mit gewissen Freiheitsgraden) zwischen den betreffenden Modellen. *Transformationsvorschriften* beschreiben dann, wie aus einem konzeptionellen Modell ein internes bzw. ein externes Modell hergeleitet wird; Abb. 1.10, deutet die Transformationen und die zentrale Stellung des konzeptionellen Modells an. Die einzelnen Beziehungen zwischen den Objekten aus den betreffenden Modellen sind nach den Vorschlägen der ANSI/X3/SPARC-Study Group in einem Data Dictionary/Directory abzulegen, auf welches das DBMS zugreifen kann.

Datenbanksysteme, die sich an die Drei-Schichten-Architektur halten, gewährleisten ein hohes Maß an Datenunabhängigkeit (vgl. auch Abschnitt 1.1).

Physische Datenunabhängigkeit: Bei Änderungen des internen Schemas sind lediglich die Transformationsvorschriften (zum konzeptionellen Modell hin) zu modifizieren; die externen Schemata selbst und die betreffenden Anwendungen sind davon jedoch nicht betroffen.

Logische Datenunabhängigkeit: In Abhängigkeit von der Flexibilität der Transformationen zwischen konzeptionellem umd externem Schema können sich ggf. unterschiedliche Interpretationen der Daten in den externen Schemata niederschlagen.

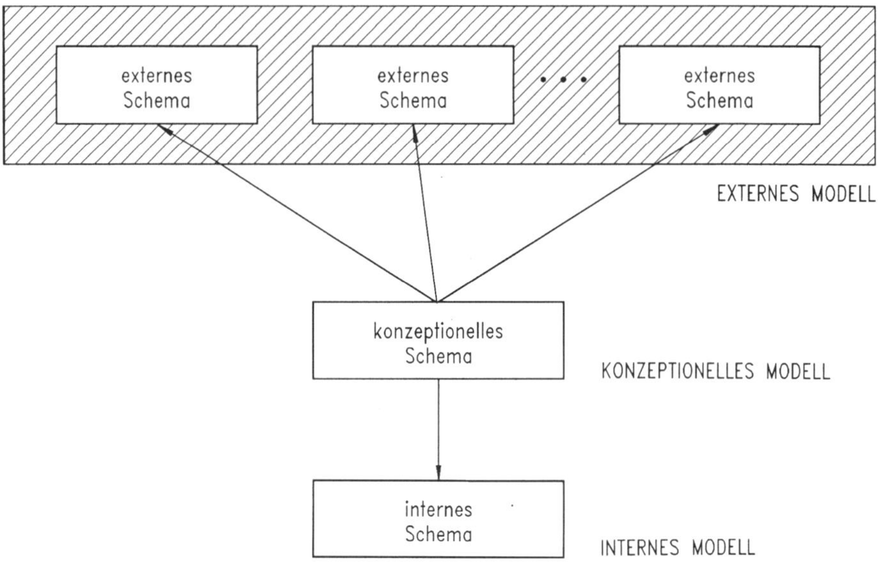

Abb. 1.10 ANSI/X3/SPARC-Architektur

Datenmodelle und Drei-Schichten-Architektur

Bereits früher wurde mit dem Netzwerk-Modell eine Zwei-Ebenen-Architektur konzipiert; zu dem Basis-Datenmodell, dem Schema, können spezielle Views als Subschemata auf der externen Ebene abgeleitet werden. Zwischen internem und konzeptionellem Modell wird jedoch nicht differenziert.

Abschnitt 1.2 läßt erkennen, daß das relationale Modell am weitesten der Drei-Schichten-Architektur entgegenkommt. Beziehungen zwischen Entities (Records) können hier flexibel eingerichtet und leicht bearbeitet werden. Ein genauerer Vergleich der Datenmodelle hinsichtlich der ANSI/X3/SPARC-Architektur findet sich bei E. CLEMONS [85].

Ergänzungen

In der Praxis haben die Standard-Datenmodelle wenig Anklang als Dokumentationsmittel für konzeptionelle Modelle gefunden. Der Grund kann darin gesucht werden, daß diese Modelle gewisse Defizite hinsichtlich der Beschreibung eines komplexen Informationsgefüges aufweisen.

Dagegen sind auf diesem Gebiet semantische Ansätze wie z. B. das Entity-Relationship-Modell (vgl. Abschnitt 9.1) auf größeres Interesse gestoßen. Während die Standard-Datenmodelle mit unterschiedlichem Gewicht auf die Organisation der Daten zum Zwecke ihrer technischen Verarbeitung abzielen, versuchen die semantischen Modelle, die rein inhaltliche Beschreibung der Informationen und ihrer Zusammenhänge wiederzugeben. In manchen Fällen ist die Transformation in ein klassisches Datenmodell möglich.

Um den semantischen und physischen Aspekten des Datenbank-Einsatzes gerecht zu werden, stützen sich manche Autoren auf vier Ebenen mit den folgenden Modellen (vgl. z. B. S. ATRE [80]*):

- konzeptionelles Modell:
  als semantisches, Produkt-unabhängiges Unternehmens-Modell;
- logisches Modell:
  Aufbereitung der Informationen, wie sie im konzeptionellen Modell beschrieben sind, nach dem Datenmodell eines vorgegebenen DBMS;
- externes Modell:
  Benutzer-Sichten des logischen Modells;
- internes Modell (physisches Modell):
  es trägt der physischen Datenorganisation auf dem Externspeicher (z. B. durch Index-Einrichtungen) Rechnung.

Im Unterschied zum ANSI/X3/SPARC-Vorschlag verfügt das konzeptionelle Modell nach diesem Ansatz über eine eigenständige, vom DBMS unabhängige Existenz. Erst das logische Modell geht auf das vorgelegte DBMS ein und steht diesem zur Verfügung.

Anmerkungen

Die zentrale Verwaltung eines Datenbestandes verlangt von einem DBMS gewisse Leistungsmerkmale: geeignete Sprachschnittstellen, die Datenunabhängigkeit, eine effiziente Organisation, die Kontrolle der Datenintegrität, die Möglichkeit des Mehrbenutzer-Betriebs, sowie Maßnhamen zur Datensicherheit und zum Datenschutz (Abschnitt 1.1).

Jedes DBMS stützt sich auf ein Datenmodell, das vor allem die Aufgliederung der Beziehungen vorschreibt. So verlangt ein hierarchisches DBMS nach einer Struktur, in der Beziehungen zwischen Informationseinheiten (mit Rücksicht auf die Zugriffs-Abfolge) nach der Art eines Baumes anzuordnen sind. Das relationale Modell zwingt den Entwickler dagegen, mehrere eigenständige Relationenstrukturen zu erzeugen, deren Zusammenhänge sich über Attributwerte ergeben. Allein das relationale Modell verzichtet auf eine formale Unterscheidung zwischen Entities (Records) und Beziehungen. Beide Informationsarten werden in Tabellenform wiedergegeben, weshalb Beziehungen auch mit Attributen versehen werden können. Die beiden anderen Modelle betonen dagegen einen besonderen (immateriellen) Charakter von Beziehungen.

Wir können die Datenmodelle der DBMS auch danach unterscheiden, ob die Beziehungen mittels physischer Adreß-Verweise (Pointer) realisiert werden (hierarchische Systeme, Netzwerksysteme), oder ob sie sich aufgrund identifizierender Merkmale ergeben (relationale DBMS).

Auf effiziente Weise können Zusammenhänge zwischen Records in einem Netzwerk- oder hierarchischen Datenbanksystem nur mit einer ‚Navigation' durch die vorgezeichneten Pfade verfolgt werden. Das Netzwerk-Modell läßt eine erheblich größere Vielfalt von Beziehungen zu als das hierarchische Modell. (Die Produkte, die sich primär auf das hierarchische Modell stützen, bieten deshalb ergänzende Hilfsmittel an.) Dagegen können im relationalen Modell aufeinander bezogene Entities (Tabellenzeilen, Records) in beliebiger Weise miteinander verknüpft werden, sofern die verwendeten Attribute die Querverweise festhalten. Beziehungen können flexibel durch die Aufnahme neuer Tabellen erweitert werden.

Das Datenmodell eines DBMS kann in gewissem Sinne als seine abstrakte Gebrauchsanleitung verstanden werden. Es legt Struktur-Kriterien für die zu speichernden Datenobjekte und die möglichen Operationen mit diesen Objekten fest. In diesem Sinn sind im relationalen Modell die Tabellen, im Netzwerk-Modell die Sets und im hierarchischen Modell die Records als Verarbeitungsobjekte zu betrachten.

Zur Gewährleistung der Datenunabhängigkeit sieht der ANSI/X3/SPARC-Vorschlag eine Drei-Schichten-Architektur vor. Von zentraler Bedeutung zeigt sich das konzeptionelle Modell. Seine lose Ankopplung mittels Transformationen an das interne Modell bzw. an das externe Modell sorgt für die physische bzw. logische Datenunabhängigkeit des Systems.

Literatur

BACHMANN, C.W. [69]: Data Structure Diagrams. Data Base 1, No. 2 (1969).

Zum Umgang mit Netzwerk-Systemen:

OLLE, T.W. [78] : The CODASYL approach to data base management. John Wiley & Sons. New York, 1978;

Arbeiten zum ANSI/X3/SPARC-Vorschlag:

CLEMONS, E. [85]: Data Models and the ANSI/SPARC Architecture; in S. B. Yao [85]*, 66–114.

TSICHRITZIS, D.C., KLUG, A. [78]: The ANSI/X3/SPARC DBMS framework report of the study group on database management systems. Information Systems 3, No. 3 (1978), 173–191.

Zum Thema Datenmodelle vgl. D. C. TSICHRITZIS, F.H. LOCHOVSKI [82]*.

Zu den Themen dieses Kapitels wird auch auf die Darstellungen z.B. in S. ATRE [80]*, C.J. DATE [86]*, M.L.S. LOOMIS [87]*, J. MARTIN [88]*, G. SCHLAGETER, W. STUCKY [83]* oder J.D. ULLMAN [82]* hingewiesen.

Die mit [ ]* gekennzeichneten Zitate (auch im Text) beziehen sich auf übergreifende Werke, die am Ende des Buches aufgeführt sind.

2. Das Relationale Modell

Datenbankmanagementsysteme (DBMS), die sich auf das relationale Modell stützen, verlangen, daß Beziehungen wie Informationen in der schlichten Form von Tabellen darzustellen sind. Durch die einfache Struktur ihrer Elemente lassen Tabellen einen hohen Formalisierungsgrad zu. Das relationale Modell, dem inzwischen ein beachtliches Ausmaß an Forschungs-Aktivitäten gewidmet wurde, geht auf E. F. CODD [70]*, [71 a]*, [71 b]* zurück.

2.1 Relationen

Unter formalen, strukturellen Gesichtspunkten entspricht eine Tabellenzeile einem Tupel; ein *Tupel* ist eine endliche, geordnete Menge von Werten (Komponenten) mit einer Darstellung

$$(x_1, x_2 \ldots, x_n).$$

In der Informationsverarbeitung ist jedem Platz eines Tupels ein *Attribut* zugeordnet. Damit wird dem betreffenden Wert eine bestimmte Interpretation – sein Sinn – unterlegt. Das Tupel besteht dann aus Attributwerten (oder Ausprägungen zu den Attributen), deren Bedeutung wir stets miteinbeziehen. So können die Werte zu

(Pers_Nr, Name, Vorname, Abteilung)

(vgl. Abb. 1.8, Abschnitt 1.2.3) zur Beschreibung eines Mitarbeiters dienen.

Ein Attribut und ein entsprechender Wert liefern eine *elementare Aussage* über einen Gegenstand oder Sachverhalt. In der Regel beziehen sich die Werte eines Tupels auf denselben Gegenstand. Ein Tupel kann dann als komprimierte Darstellung zusammengehörender, elementarer Aussagen aufgefaßt werden; z. B. beschreibt mit den obigen Attributen das Tupel (12, K., LEOPOLD, A2) den Mitarbeiter LEOPOLD K., mit der Personal-Nr 12 aus der Abteilung A2.

Formalisierung

Tabellen können formal mit mathematischen Mitteln interpretiert werden. Dazu definieren wir zunächst den grundlegenden Begriff der Relation:

Definition 2.1

Es seien zwei beliebige Mengen M_1 und M_2 gegeben.

(a) Das *Produkt* (auch: Cartesisches Produkt; Kreuz-Produkt) zweier Mengen M_1 und M_2 ist definiert durch

$$M_1 \times M_2 = \{(a,b): a \in M_1,\ b \in M_2\}\ .$$

(b) Eine *Relation* R der Mengen M_1 und M_2 ist eine Teilmenge des Produkts:

$$R \subseteq M_1 \times M_2\ .$$

Eine Relation setzt in den Tupeln (a, b) gewisse Elemente $a \in M_1$ und $b \in M_2$ in eine Beziehung zueinander. Sofern in allen Fällen b eindeutig zu a festgelegt ist, definiert die Relation eine *Funktion* f mit $f(a) = b$.

Entsprechend wird das Produkt zwischen mehreren Mengen $M_1, \ldots, M_n$, $M_1 \times M_2 \times \ldots \times M_n$, definiert als die Menge aller n-Tupel $(x_1, x_2, \ldots, x_n)$ mit $x_i \in M_i$, $i = 1, 2, \ldots, n$. Eine Teilmenge aus $M_1 \times M_2 \times \ldots \times M_n$ wird dann als eine *n-stellige Relation* bezeichnet. Wir betrachten zwei Tupel $x = (x_1, \ldots, x_n)$ und $y = (y_1, \ldots, y_n)$ als gleich, wenn sie in allen Komponenten übereinstimmen: $x_i = y_i$, für $i = 1, \ldots, n$.

Relationen in der Informationsverarbeitung

Für unsere Zwecke stellen die Mengen $M_1, M_2, \ldots, M_n$ stets Wertebereiche (engl.: domains) zu gewissen Attributen $A_1, A_2, \ldots, A_n$ dar. Statt M_i wählen wir deshalb die symbolischen Bezeichnungen $dom(A_i)$ oder D_i. Wir gehen grundsätzlich davon aus, daß einem Attribut stets implizit sein Wertebereich zugeordnet ist.

Mit der positionsgerechten Präsentation einer Relation erhalten wir eine Tabelle; beide Begriffe werden synonym verwendet. Die Reihenfolge der Tupel (Zeilen) ist dabei unbedeutend. Identische Tupel sollen grundsätzlich ausgeschlossen sein; sie beschreiben schließlich keine neuen Sachverhalte. Wir gehen immer davon aus, daß entweder das Datenbankmanagementsystem (DBMS) oder die Anwendung doppelte Tupel eliminiert.

Beispiel 2.1

In einer Bibliothek möchten wir Informationen über die einzelnen Benutzer abspeichern. Es ergibt sich folgende Relation (Tabelle), die wir mit dem Namen BENUTZER kennzeichnen:

Ben_Nr	Vorname	Name	PLZ	Wohnort	Alter	Geschlecht
213	Rosine	Sch.	5439	Salzburg	31	w
215	Abacus	B.	6114	Frau-Nauses	21	m
220	Rabiata	M.	6948	Corsika	44	w
224	Antiqua	W.	8563	St. Helena	32	w
232	Frustus	L.	6431	Machtlos	44	m
240	Mecki	K.	6114	Frau-Nauses	35	m

Diese Relation kann als Teilmenge eines geeigneten Produktes interpretiert werden, das allerdings nicht eindeutig vorgegeben ist; z. B. kommen als Wertebereiche für Ben_Nr die Menge {213, 215, 220, 224, 232, 240}, für Vorname {Rosine, Abacus, Rabiata, Antiqua, Frustus, Mecki}, für Geschlecht {m, w} etc. in Frage. Das zugehörige Produkt enthält dann $(6^4)\cdot(5^2)\cdot 2$ Tupel. Anstelle unserer Mengen dürfen wir aber auch für Ben_Nr die Werte 1 ... 100.000, für Vorname die Menge aller möglichen Vornamen etc. verwenden. Das Produkt gibt lediglich einen strukturellen Rahmen ab, in dem sich die Relation bewegen muß.

Relationen-Struktur

Eine Relation wird symbolisch in der Form

$$R(A_1, A_2, \ldots, A_n)$$

wiedergegeben, wo A_i, $i = 1, \ldots, n$, die Attribute und R den Namen der Relation meinen. Strenggenommen wird durch $(A_1, A_2, \ldots, A_n)$ die Bauart der Tupel oder eine *Relationen-Struktur* (auch: Relationen-Typ) vermittelt, zu der unterschiedliche Konkretisierungen (Tupel-Mengen; Relationen) existieren können. Aus dem Kontext wird stets ersichtlich sein, ob wir mit $R(A_1, A_2, \ldots, A_n)$ die Konkretisierung oder die Struktur meinen.

Eine geordnete Menge von Attributen $L = (B_1, B_2, \ldots, B_k)$ (einschließlich des Sonderfalls $k = 1$) bezeichnen wir als *Attribut-Kombination.* Sie liefert eine Struktur für Tupel bzw. für eine Relation. Oft sprechen wir auch von einer ‚Attribut-Kombination bzgl. $R(A_1, \ldots, A_n)$‘, wenn L aus einer Teilmenge von $\{A_1, \ldots, A_n\}$ besteht. Sofern wir nur an der Zusammenfassung der A_i als Menge interessiert sind, verwenden wir die Schreibweise {L}, d. h. in unserem Fall

$$\{L\} = \{B_1, \ldots, B_k\}.$$

Äquivalente Relationen

Mit der Relationen-Struktur wird eine Anordnung der Attribute vorgegeben. Allerdings spielt die Reihenfolge für den Aussagegehalt der Relation *keine* Rolle. Manche Zugänge verzichten deshalb generell auf eine Attribut-Anordnung; der Bezug zum mathematischen Tupelbegriff geht dann allerdings verloren. Wir halten an der konventionellen Interpretation fest und sprechen statt dessen von zwei *äquivalenten* Relationen-Strukturen, falls beide sich nur in der Attribut-Anordnung unterscheiden. Die folgende Betrachtung relativiert das Festhalten an der Anordnung.

Äquivalenz-Betrachtung

Mit den Zahlen i(1), i(2), ..., i(n) sei eine Permutation der Zahlen 1, 2, ..., n gegeben; $(A_1, A_2, \ldots, A_n)$ und $(A_{i(1)}, A_{i(2)}, \ldots, A_{i(n)})$ seien zwei äquivalente Relationen-Strukturen. Dann können die Tupel $t \in R_1 (A_1, A_2, \ldots, A_2)$ eindeutig in Tupel t* der Relation $R_2 (A_{i(1)}, A_{i(2)}, \ldots, A_{i(n)})$ nach der Vorschrift

$$t = (x_1, x_2, \ldots, x_n) \rightarrow t^* = (x_{i(1)}, x_{i(2)}, \ldots, x_{i(n)})$$

abgebildet werden. R_1 und R_2 bezeichnen wir als *äquivalent* oder auch als *gleich bis auf Äquivalenz*, in Symbolen:

$$R_1 \sim R_2.$$

Die Äquivalenz-Betrachtung gestattet uns, stets eine beliebige (aber feste) Reihenfolge der Attribute anzunehmen.

2.2 Operationen

Relationen, als Tupelmengen interpretiert, erlauben die formale Fassung der Operationen Selektion, Projektion und Join (vgl. Abschnitt 1.2.3). Außer diesen Verknüpfungen lassen sich noch die allgemeinen Mengen-Operationen Vereinigung, Durchschnitt und Differenz für gleichstrukturierte Relationen formulieren, die als bekannt vorausgesetzt werden.

Alle relationalen Operationen erzeugen wieder Relationen, was ihre Schachtelung ermöglicht. Um den Aspekt der Abgeschlossenheit der Relationen-Welt mit ihren Operationen hervorzuheben, wird dieses Gebiet auch als *relationale Algebra* bezeichnet.

2.2.1 Selektion

Eine Selektion sortiert in einer Relation alle diejenigen Tupel aus, die eine vorgegebene Auswahl-Bedingung P erfüllen!

Beispiel 2.2

Eine Selektion von BENUTZER (Ben_Nr, Vorname, Name, PLZ, Wohnort, Alter, Geschlecht) aus Beispiel 2.1 mit der Bedingung ‚Alter >33' liefert die Relation mit den Tupeln

Ben_Nr	Vorname	Name	PLZ	Wohnort	Alter	Geschlecht
220	Rabiata	M.	6948	Corsika	44	w
232	Frustus	L.	6431	Machtlos	44	m
240	Mecki	K.	6144	Frau-Nauses	35	m

Eine Bedingung kann sich auf ein oder mehrere Attribute beziehen. Sie überprüft die entsprechenden Ausprägungen (bzw. Aussagen) und ordnet damit jedem Tupel t der Relation entweder den Wahrheitswert P(t) = ‚wahr' oder P(t) = ‚falsch' zu. Deshalb können Bedingungen als *Prädikate* interpretiert werden. Sie sind untereinander mit den logischen Operatoren (Konjunktoren) ‚UND' (AND), ‚ODER' (OR) und ‚NICHT' (NOT) verknüpfbar.

Definition 2.2

Auf $R = R(A_1, \ldots, A_n)$ sei die Bedingung P erklärt. Dann bezeichnet man

$$R(P) = \{t \in R : P(t) = \text{‚wahr'}\}$$

als *Selektion* von R aufgrund von P.

Bemerkung

R und R(P) besitzen dieselbe Struktur, und es gilt stets $R(P) \subseteq R$.

Unter den Bedingungen zeichnen sich diejenigen aus, welche frei von logischen Operatoren sind. Als *Basis-Bedingungen* charakterisieren wir:

- Einen Vergleich des Attributwertes, der als „attribut vergleichsoperator vergleichswert“ formuliert wird; als Vergleichsoperatoren kommen dabei $=$, $<$, $\leqslant$, $>$, sowie $\geqslant$ und ‚ungleich‘ in Frage; ebenso betrachten wir „von. . .bis. . .“ als Basis-Bedingung.
- einen Abgleich mit einer Menge von vorgebenen Werten der Form „attribut mengenabgleich menge“; für den Mengenabgleich verwenden wir z. B. ‚IN‘ oder ‚GRÖSSER ALS ALLE ELEMENTE DER MENGE‘ (vgl. Abschnitt 5.2.1).

Bei komplexen Bedingungen (vgl. Beispiel 2.3) kann die Folge der Verknüpfungen mit Hilfe von Klammern gesteuert werden. Andernfalls gilt die Prioritäten-Regel: NICHT vor UND vor ODER.

Beispiel 2.3

Eine Selektion von BENUTZER kann z. B. die Bedingung ‚(Alter > 40 ODER PLZ < 7000) UND Geschlecht = w’ enthalten. Die Ergebnis-Relation enthält dann die 2 Tupel mit den Ben_Nr 213 und 220.

Für die Hintereinanderschaltung von Selektionen gilt der folgende Satz, der auf einfachen Gesetzen der formalen Logik basiert:

Satz 2.1

P_1, P_2 seien zwei Bedingungen, die bzgl. R erklärt sind. Dann gilt

$$(R(P_1))(P_2) = (R(P_2))\ (P_1) = R(P_1) \cap R(P_2)$$
$$= R(P_1 \text{ UND } P_2).$$

2.2.2 Projektion

Die Projektion blendet gewisse Spalten aus einer Relation aus. Die verbleibenden Spalten dürfen gleichzeitig umgeordnet werden.

Definition 2.2

Mit $L = (B_1, B_2, \ldots, B_j)$ sei eine Attribut-Kombination bezüglich $R = R(A_1, \ldots, A_n)$ bezeichnet. Mit der Darstellung $B_1 = A_{i(1)}, \ldots, B_j = A_{i(j)}$ ist die

Projektion von $R(A_1, \ldots, A_n)$ auf L definiert durch

$$R[L] = R[B_1, B_2, \ldots, B_j]$$
$$= \{t^* = (x_{i(1)}, \ldots, x_{i(j)}) : (x_1, \ldots, x_n) \in R\};$$

entsprechend wird die Projektion eines Tupels $t = (x_1, \ldots, x_n)$ auf L definierte als

$$t[L] = (x_{i(1)}, \ldots, X_{i(j)}).$$

Bemerkung

Bei einer Projektion können zunächst identische Tupel in der Ergebnis-Relation entstehen; nach unserer Annahme (Abschnitt 2.1) werden doppelt geführte Tupel entweder durch das DBMS oder durch den Anwender eliminiert.

Beispiel 2.4

Die Projektion der Relation BENUTZER auf die Attribut-Kombination (Geschlecht, Wohnort, PLZ) ergibt

Geschlecht	Wohnort	PLZ
w	Salzburg	5439
m	Frau-Nauses	6114
w	Corsika	6948
w	St. Helena	8563
m	Machtlos	6431

Man beachte, daß ein identisches Tupel gestrichen werden mußte.

Die beiden nächsten Sätze formulieren elementare Eigenschaften von Projektionen.

Satz 2.2

Mit L_1 und L_2 seien zwei Attribut-Kombinationen bzgl. $R(A_1, \ldots, A_n)$ gegeben mit $\{L_1\} \subseteq \{L_2\} \subseteq \{A_1, \ldots, A_n\}$. Dann gilt

$$(R[L_2])\,[L_1] = R[L_1].$$

Der *Beweis* dieses Satzes folgt unmittelbar aus der Definition der Projektion.

Satz 2.3

L bezeichne eine Attribut-Kombination bzgl. $R(A_1, \ldots, A_n)$ und P sei eine für R erklärte Bedingung, die nur (!) die Attribute aus L betrifft. Dann gilt

$$(R[L])\ (P) = (R(P))\ [L].$$

Der *Beweis* beruht auf der Tatsache, daß P(t) genau dann wahr ist, wenn auch P(t*) wahr ist, wo t* die Projektion von t auf L meint.

2.2.3 Join

Mit einem Join werden Tupel aus *zwei* Relationen aufgrund gemeinsamer Attributwerte miteinander verknüpft. Zwei Attribute aus unterschiedlichen Relationen bezeichnen wir als *gleich* (oder als *sich entsprechend*), wenn sie denselben Sinn und Wertebereich besitzen.

Verkettungen

Der formalen Festlegung des Joins in Definition 2.4 wollen wir eine konstruktive Betrachtung voranstellen. In zwei Relationen $R_1(A_1, \ldots, A_n)$ und $R_2(B_1, \ldots, B_m)$ sollen sich j Attribute (in Sinn und Wertebereich) entsprechen. Aufgrund der Äquivalenzbetrachtung (Abschnitt 2.1) darf mit $L_1 = (A_1, \ldots, A_j)$, $L_2 = (B_1, \ldots, B_j)$ etwa $L_1 = L_2$ angenommen werden. Zwei Tupel $t_1 = (x_1, \ldots, x_n) \in R_1$ und $t_2 = (y_1, \ldots, y_m) \in R_2$ heißen *verknüpfbar*, falls $x_1 = y_1, \ldots, x_j = y_j$, also $t_1[L_1] = t_2[L_2]$, erfüllt ist. Die *Verkettung* (engl.: concatenation) zweier verknüpfbarer Tupel t_1 und t_2 wird dann durch

$$t_1 * t_2 = (x_1, \ldots, x_n, y_{j+1}, \ldots, y_m)$$

erklärt. Der Join $R_1[L_1 = L_2]R_2$ der beiden Relationen R_1 und R_2 besteht dann genau aus allen möglichen Verkettungen. Es liegt auf der Hand, wie wir im allgemeinen Fall verfahren: Wir berücksichtigen bei der Verkettung $t_1 * t_2$ zuerst die Reihenfolge der Komponenten von t_1 und danach die Reihenfolge der restlichen Komponenten aus t_2.

Beispiel 2.5

In Ergänzung zu unserem Verzeichnis BENUTZER (vgl. Beispiel 2.1) führen wir eine Relation AUSLEIHE, die alle Ausleih-Vorgänge festhält. Anstelle der Beschreibung des Benutzers durch Name, Vorname etc. verwenden wir dort aus naheliegenden Gründen die Benutzer-Nummer (Ben_Nr); in ähnlicher Weise wird ein ausgeliehenes Buch durch die Signatur-Nr. (Sign_Nr) gekennzeichnet.

Zu

AUSLEIHE(Sign_Nr, Ben_Nr, Datum_Ausgabe, Datum_Rückgabe)

nehmen wir folgende Eintragungen an:

Sign_Nr	Ben_Nr	Datum_Ausgabe	Datum_Rückgabe
34	224	1. 4. 1989	30. 4. 1989
12	224	7. 4. 1989	10. 5. 1989
24	215	12. 4. 1989	8. 5. 1989
16	215	3. 5. 1989	28. 5. 1989
12	215	14. 5. 1989	10. 6. 1989
24	232	15. 7. 1989	4. 9. 1989

Will man AUSLEIHE für Mahnzwecke verwenden, so muß erst das Kürzel ‚Benutzer-Nr' durch klare Angaben wie Name, Adresse etc. ersetzt werden. Dies kann mit Hilfe eines Joins der Relationen BENUTZER und AUSLEIHE erreicht werden (beiden Relationen ist das Attribut Ben_Nr gemeinsam). Dem Join

AUSLEIH_INFO = AUSLEIHE [Ben_Nr = Ben_Nr] BENUTZER

entspricht dann folgende Relation:

Sign_Nr	Ben_Nr	Datum_Ausgabe	Datum_Rückgabe	Vorname	Name	PLZ	Wohnort	Alter	Geschlecht
34	224	1. 4. 1989	30. 4. 1989	Antiqua	W.	8563	St. Helena	32	w
12	224	7. 4. 1989	10. 5. 1989	Antiqua	W.	8563	St. Helena	32	w
24	215	12. 4. 1989	8. 5. 1989	Abacus	B.	6114	Frau-Nauses	21	m
16	215	3. 5. 1989	28. 5. 1989	Abacus	B.	6114	Frau-Nauses	21	m
12	215	14. 5. 1989	10. 6. 1989	Abacus	B.	6114	Frau-Nauses	21	m
24	232	15. 7. 1989	4. 9. 1989	Resignatus	L.	6431	Machtlos	44	m

Natürlicher Join

Sofern zwei verschiedene Relationen R_1 und R_2 mehrere gemeinsame Attribute besitzen, können wir diverse Joins zwischen R_1 und R_2 konstruieren. Bei dem *natürli-*

chen Join wird die Verkettung über *alle* gemeinsamen Attribute vollzogen. Anstelle $R_1[L_1 = L_2]R_2$ verwenden wir dann die Bezeichnung

$$R_1 * R_2.$$

Wir werden später hauptsächlich natürliche Joins betrachten; allerdings trifft man in der Praxis oft Joins von Relationen mit sich selbst an, die im strengen Sinne nicht als natürlicher Join interpretierbar sind. Z. B. werden in

MITARBEITER(MA_ID, Name, Vorname, Alter, Vorg_ID)

Angaben über Personen (identifiziert durch die Mitarbeiter-ID MA_ID als Personal-Nr.) festgehalten; Vorg_ID bezeichnet dabei die MA_ID des Vorgesetzten. Sollen die Vorgesetzten anstelle ihrer Personal-Nr. (in Vorg_ID) explizit mit Namen und Vornamen genannt werden, so kann dies durch den Join

MITARBEITER [Vorg_ID = MA_ID] MITARBEITER

erreicht werden.

Formale Definition

Die folgende Definition umfaßt den eingeführten konstruktiven Zugang. Sie berücksichtigt von vornherein nur den natürlichen Join.

Definition 2.4

Zu den Relationen $R_1(A_1, \ldots, A_n)$ und $R_2(B_1, \ldots, B_m)$ bezeichne $L = (C_1, \ldots, C_k)$ eine Attribut-Kombination, die alle (ihrer Bedeutung nach) unterschiedlichen Attribute umfaßt, d. h. $\{L\} = \{A_1, \ldots, A_n\} \cup \{B_1, \ldots, B_m\}$; die Reihenfolge in L sei dadurch festgelegt, daß primär die Anordnung in R_1 und sekundär diejenige in R_2 berücksichtigt wird. Auf der Basis der Wertebereiche $dom(C_i)$, $i = 1, \ldots, k$, wird die Relation

$$R_1 * R_2 = \{t \in dom(C_1) \times dom(C_2) \times \ldots \times dom(C_k): \\ t[A_1, \ldots, A_n] \in R_1,\ t[B_1, \ldots, B_m] \in R_2\}$$

als (*natürlicher*) *Join* von R_1 mit R_2 bezeichnet.

Ein Element der Menge $R_1 * R_2$ in Definition 2.4 ist offenbar auch als Verkettung seiner Projektionen darstellbar; und umgekehrt: zwei verknüpfbare Tupel aus R_1 und R_2 liefern stets ein Element aus $R_1 * R_2$.

Definition 2.4 schließt auch den Sonderfall ein, daß R_1 und R_2 über keine gemeinsamen Attribute verfügen: $R_1 * R_2$ entspricht dann dem Produkt beider Relationen.

Ein weiterer Sonderfall liegt bei gleichstrukturierten Relationen vor, wenn $(A_1, \ldots, A_n) = (B_1, \ldots, B_n)$; dann liefert die obige Definition $R_1 * R_2 = R_1 \cap R_2$ und insbesondere $R * R = R$ (Idempotenz des Joins).

Eigenschaften

Der folgende Satz gibt Auskunft über assoziative und kommutative Eigenschaften:

Satz 2.4

Es gilt für Relationen R_1, R_2, R_3

(a) $(R_1 * R_2) * R_3 = R_1 * (R_2 * R_3)$;
(b) $R_1 * R_2 \sim R_2 * R_1$.

Beweis

(a) Wir betrachten die Relationen $R_1 = R_1(A_1, \ldots, A_n)$, $R_2 = R_2(B_1, \ldots, B_m)$ und $R_3 = R_3(C_1, \ldots, C_k)$ und setzen $R_1 * R_2 = R_4 = R_4(D_1, \ldots, D_i)$. Offensichtlich gilt für ein $t \in (R_1 * R_2) * R_3 = R_4 * R_3$:

$$\begin{aligned} t \in R_4 * R_3 \Leftrightarrow\ & t[D_1, \ldots, D_i] \in R_4 \text{ und} \\ & t[C1, \ldots, C_k] \in R_3 \\ \Leftrightarrow\ & t[A_1, \ldots, A_n] \in R_1 \text{ und} \\ & t[B_1, \ldots, B_m] \in R_2 \text{ und} \\ & t[C_1, \ldots, C_k] \in R_3. \end{aligned}$$

Zur gleichen Bedingung gelangen wir, wenn wir $t \in R_1 * (R_2 * R_3)$ untersuchen.

(b) $R_1 * R_2$ und $R_2 * R_1$ besitzen dieselben Attribute, ggf. in anderer Reihenfolge. Bis auf eine Permutation der Komponenten sind nach Definition 2.4 in beiden Relationen dieselben Tupel enthalten.

Projektionen und Joins zeigen in gewisser Hinsicht entgegengesetzte Wirkungen: Projektionen reduzieren die Struktur einer Relation. Joins erweitern die Struktur der Operanden.

Die Vermutung, daß beliebige Relationen immer auch als Join ihrer Projektionen darstellbar sind, trifft im allgemeinen Fall nicht zu, wie Beispiel 2.6 zeigen wird. Es gilt aber:

Satz 2.5

Mit L_1 und L_2 seien Attribut-Kombinationen bzgl. $R(A_1, \ldots, A_n)$ bezeichnet mit $\{L_1\} \cup \{L_2\} = \{A_1, \ldots, A_n\}$ bezeichnet. Dann gilt

(a) $R \subseteq R[L_1] * R[L_2]$;

(b) $R[L_1] = (R[L_1] * R[L_2])\ [L_1]$.

Beweis

(a) Für ein Tupel $t \in R$ betrachten wir $x = t[L_1]$ und $y = t[L_2]$. Offensichtlich sind beide Tupel verknüpfbar, und $x * y$ ist damit in dem Join enthalten.

(b) Mit Teil (a) gilt die Inklusion ‚$\subseteq$' zwischen beiden Mengen. Wir müssen deshalb noch nachweisen, daß auch $R' = (R[L_1] * R[L_2])[L_1] \subseteq R[L_1]$ besteht: Für ein beliebiges $t' \in R'$ existiert dann ein $t \in R[L_1] * R[L_2]$ mit $t[L_1] = t'$. Zu t muß es Tupel $x \in R[L_1]$, $y \in R[L_2]$ geben, so daß $t = x * y$ besteht. Die Verknüpfbarkeit der Tupel x und y besagt aber, daß $t[L_1] = x$ $(= t')$, mithin $t' \in R[L_1]$ gilt (vgl. Definition 2.4). Folglich finden wir alle $t' \in R'$ auch in $R[L_1]$, was die Inklusionsbehauptung beweist.

Das folgende Beispiel zeigt, daß in Satz 2.4 (a) i.allg. keine Gleichheit der Mengen zu erwarten ist:

Beispiel 2.6

Wir legen eine Relation BENUTZER_1 zugrunde, in der auch mehrere Wohnsitze der Benutzer samt Telefon-Nr. aufgelistet sind; im Unterschied zu BENUTZER besitzt hier Benutzer 220 einen zweiten Wohnsitz. Zur Identifikation der Personen verwenden wir die Benutzer-Nr.

Ben_Nr	PLZ	Wohnort	lfd_Nr	Telefon_Nr
213	5439	Salzburg	1	02772-5821
215	6114	Frau-Nauses	1	06078-43356
220	6948	Corsika	1	06207-3314
220	6466	Lieblos	2	06058-6528
224	8563	St. Helena	1	09153-7121
232	6431	Machtlos	1	06621-5482
240	6144	Frau-Nauses	1	06078-43966

Wir betrachten die Projektionen R_1 = R[Ben_Nr, PLZ, Wohnort, lfd_Nr] und

Ben_Nr	PLZ	Wohnort	lfd_Nr
213	5439	Salzburg	1
215	6114	Frau-Nauses	1
220	6948	Corsika	1
220	6466	Lieblos	2
224	8563	St. Helena	1
232	6431	Machtlos	1
240	6144	Frau-Nauses	1

R_2 = R[Ben_Nr, Telefon_Nr].

Ben_Nr	Telefon_Nr
213	02772-5821
215	06078-43356
220	06207-3314
220	06058-6528
224	09153-7121
232	06621-5482
240	06078-43966

Der Join $R_1 * R_2$ ergibt folgende Relation

Ben_Nr	PLZ	Wohnort	lfd_Nr	Telefon_Nr
213	5439	Salzburg	1	02772-5821
215	6114	Frau-Nauses	1	06078-43356
220	6948	Corsika	1	06207-3314
220	6948	Corsika	1	06058-6528 (*)
220	6466	Lieblos	2	06207-3314 (*)
220	6466	Lieblos	2	06058-6528
224	8563	St. Helena	1	09153-7121
232	6431	Machtlos	1	06621-5482
240	6144	Frau-Nauses	1	06078-43966

Die mit (*) gekennzeichneten Tupel finden sich *nicht* in der Ausgangsrelation!

Hinweis

In den Abschnitten 2.3 und 2.4 werden wir Kriterien für die Darstellbarkeit $R = R[L_1] * R[L_2]$ kennenlernen.

Satz 2.6

Für Relationen $R_1(A_1, \ldots, A_n)$ und $R_2(B_1, \ldots, B_m)$ gilt

$$(R_1 * R_2)\,[A_1, \ldots, A_n] \subseteq R_1.$$

Beweis

Die Aussage des Satzes folgt unmittelbar aus Definition 2.4.

Auch in Satz 2.6 gilt i. allg. keine Mengengleichheit:

Beispiel 2.7

Wenn wir die Relation ERGEBNIS aus Beispiel 2.5 wieder auf die Attribute der Relation BENUTZER projizieren, verbleiben nur noch die Benutzer-Nr. 224, 215 und 232; wir vermissen die Tupel mit den Ben-Nr. 213, 220 und 240.

Theta-Join

Mit einem Theta-Join werden auf der Grundlage eines vorgegebenen Prädikates P die Tupel aus dem Produkt zweier Relationen $R_1(A_1, \ldots, A_n)$ und $R_2(B_1, \ldots, B_m)$ selektiert. P verknüpft Vergleiche etwa der Form $A_i > B_k$ mit logischen Operatoren.

Beispiel 2.8

Mit der oben erwähnten Relation

MITARBEITER(MA_ID, Name, Vorname, Alter, Vorg_ID)

können alle Personen bestimmt werden, die älter als ihr Vorgesetzter sind. Bezeichnen M und V zwei Kopien dieser Relation, so lautet das Prädikat:

M.Vorg_ID = V.MA_ID UND M.Alter > V.Alter

Die Ergebnis-Relation enthält die Attribute MA_ID, Name, Vorname, Alter, Vorg_ID, MA_ID, Name, Vorname, Alter, Vorg_ID, wobei sich die erste Hälfte der Attribute auf einen Mitarbeiter und die zweite auf seinen Vorgesetzten bezieht (was in der Struktur deutlich zu machen ist). Hinweis: In Beispiel 5.8, Abschnitt 5.2.1, findet sich die SQL-Anweisung hierzu.

Wird nur die Gleichheit der Attributwerte zweier Tupel überprüft und dabei ausschließlich die UND-Verknüpfung verwendet, so spricht man auch von einem *Equi-Join*; der natürliche Join eliminiert noch zusätzlich die doppelt auftretenden Attribute.

Semi-Joins

Bei einem *Semi-Join* von $R_1(A_1, \ldots, A_n)$ und $R_2(B_1, \ldots, B_m)$ projiziert man $R_1 * R_2$ auf die Attribut-Kombination der ersten Relation R_1:

$$R = R_1 * R_2\ [A_1, \ldots, A_n].$$

Ein Semi-Join besitzt eine ähnliche Eigenschaft wie die Selektion: Es gilt stets $R \subseteq R_1$. Er spielt bei der Verarbeitung von Joins in verteilten Datenbanken eine wichtige Rolle (vgl. Abschnitt 8.3).

2.3 Funktionale Abhängigkeiten

Relationen vermitteln im praktischen Einsatz Aussagen über Gegenstände oder Sachverhalte. Definition 2.1 legt allerdings weniger Gewicht auf diesen inhaltlichen Aspekt. Durch ihren Bezug auf die gleiche Informationseinheit (Entity) stehen die Attribute und Attributwerte untereinander in einem inneren logischen Zusammenhang. Zum Beispiel dient in der Relation

BENUTZER (Ben_Nr, Vorname, Name, PLZ, Wohnort,
Alter, Geschlecht);

(Beispiel 2.1) das Attribut Ben_Nr dazu, einen Benutzer zu identifizieren; damit sind aber bereits alle anderen Informationen über den Benutzer eindeutig festgelegt.

Zusammenhänge dieser Art charakterisieren wir als funktionale Abhängigkeit (engl.: functional dependency) zwischen Ben_Nr und den anderen Attributen. Sie hebt hervor, daß Name, Vorname etc. als Funktion (im mathematischen Sinn) von Ben_Nr interpretiert werden kann.

Definition 2.5

Mit X und Y seien zwei Attribut-Kombinationen bezüglich einer Relation R bezeichnet. Y heißt *funktional abhängig* von X:

$$X \to Y,$$

falls gilt: aus $t_1[X] = t_2[X]$ folgt $t_1[Y] = t_2[Y]$ für beliebige $t_1,\ t_2 \in R$.

Anmerkung

Definition 2.5 verlangt nicht die Disjunktheit von X und Y.

Beispiel 2.9

In

BENUTZER (Ben_Nr, Vorname, Name, PLZ, Wohnort,
Alter, Geschlecht)

besteht die funktionale Abhängigkeit

FA1: (Ben_Nr) → (Vorname, Name, PLZ, Wohnort, Alter, Geschlecht);

in der Relation

ERGEBNIS (Sign_Nr, Ben_Nr, Datum_Ausgabe, Datum_Rückgabe,
Vorname, Name, PLZ, Wohnort, Alter, Geschlecht)

(vgl. Beispiel 2.5) finden wir außer FA1 noch die funktionalen Abhängigkeiten

FA2: (Sign_Nr, Ben_Nr, Datum_Ausgabe) → (Datum_Rückgabe),

und

FA3: (Sign_Nr, Ben_Nr, Datum_Rückgabe) → (Datum_Ausgabe);

denn zu jedem Leih-Vorgang gibt es nur ein einziges Ausleih- und Rückgabe-Datum. (Wir gehen davon aus, daß ein Buch mehrmals von einem Benutzer ausgeliehen werden kann, jedoch nicht am selben Tag.)

Im Zusammenhang mit (Ben_Nr) → (Vorname, Name, PLZ, Wohnort, Alter, Geschlecht) können wir leicht noch weitere funktionale Abhängigkeiten aufstellen: Jede Ergänzung zu Ben_Nr wie etwa (Ben_Nr, Geschlecht) führt zu denselben abhängigen Attributen wie Ben_Nr allein. So gilt z. B. (Ben_Nr, Geschlecht) → (Vorname, Name, PLZ, Wohnort, Alter) oder (Ben_Nr, Name) → (PLZ, Wohnort, Alter). In Satz 2.8 werden wir hierzu noch eine allgemeingültige Aussage formulieren.

Schlüssel

Informationen, die ein Objekt (wie z. B. einen gespeicherten Satz) identifizieren, werden allgemein als Schlüssel bezeichnet. Die folgende Definition präzisiert diesen Begriff für Relationen.

Definition 2.6

Eine Attribut-Kombination S heißt *Schlüssel* der Relationen $R(A_1, \ldots, A_n)$, falls mit $\{S\} \subseteq \{A_1, \ldots, A_n\}$ die beiden Bedingungen erfüllt sind:

(a) $S \rightarrow (A_1, \ldots, A_n)$

(b) $(A_1, \ldots, A_n)$ ist von keiner echten Teilmenge von S funktional abhängig.

Die Identifikations-Eigenschaft ist nur dann gewährleistet, wenn in Relationen identische Tupel ausgeschlossen werden. Unsere entsprechende Vereinbarung in Abschnitt 2.1 wird damit im nachhinein gestützt.

Schlüssel müssen der Minimalforderung (Bedingung (b)) genügen. Es kann vorkommen, daß in einer Relation mehrere Attribut-Kombinationen als Schlüssel miteinander konkurrieren. Solche Relationen verlangen danach, eine der Schlüssel-Alternativen als *Primär-Schlüssel* auszuzeichnen und in den betreffenden Beziehungen zu verwenden. Eine Relation darf auch nur aus Schlüssel-Attributen strukturiert sein. Wenn wir die (mehrfachen) Vornamen der Benutzer festhalten wollen, können wir z. B. die Relation VORNAMEN(Ben_Nr, Vorname) verwenden; Schlüssel: (Ben_Nr, Vorname).

Die Minimaleigenschaft des Schlüssels kann auf die funktionale Abhängigkeit übertragen werden. Wir sprechen von *voller funktionaler Abhängigkeit* $X \rightarrow Y$, wenn Y von keiner echten Teilmenge von X funktional abhängig ist.

Beispiel 2.10

In der Relation BENUTZER fungiert (Ben_Nr) als Schlüssel, in ERGEBNIS kann sowohl (Sign_Nr, Ben_Nr, Datum_Ausgabe) als auch (Sign_Nr, Ben_Nr, Datum_Rückgabe) als Schlüssel genommen werden (vgl. Beispiel 2.9); wir können in ERGEBNIS eine dieser beiden Attribut-Kombinationen als Primärschlüssel auswählen. Weiter treffen wir in ERGEBNIS FA1 als volle funktionale Abhängigkeit an.

Eigenschaften

Der folgende Satz spielt ungeachtet seiner Einfachheit in vielen Betrachtungen über funktionale Abhängigkeiten eine tragende Rolle.

Satz 2.7

Mit X und $Y = (B_1, \ldots, B_j)$ seien zwei Attribut-Kombinationen bezüglich $R(A_1, \ldots, A_n)$ bezeichnet. Dann gilt

$$X \rightarrow Y \Leftrightarrow X \rightarrow (B_1), X \rightarrow (B_2), \ldots, X \rightarrow (B_j).$$

Der *Beweis* ist offensichtlich: Für zwei Tupel $t_1, t_2 \in R$ gilt $t_1[Y] = t_2[Y]$ genau dann, wenn Übereinstimmung für jede Komponente, also für jedes Attribut B_i, $i = 1, \ldots, j$, besteht.

Für die Untersuchung funktionaler Abhängigkeiten in Relationen brauchen wir uns nach Satz 2.7 nur auf Abhängigkeiten der Form $X \rightarrow (A)$ mit elementaren Attributen A zu konzentrieren. Alle anderen funktionalen Abhängigkeiten sind hieraus ableitbar.

Ähnlich wie wir Tupel t_1 und t_2 aus verschiedenen Relationen miteinander verknüpft haben (Abschnitt 2.2.3), legen wir die passende *Verkettung* XY *zweier* (i.allg. nicht-disjunkter) *Attribut-Kombinationen* $X = (B_1, \ldots, B_j)$ und $Y = (C_1, \ldots, C_k)$ auf der Struktur-Ebene durch folgende Eigenschaften fest:

(a) $\{XY\} = \{B_1, \ldots, B_j\} \cup \{C_1, \ldots, C_k\}$,

(b) die Anordnung von XY berücksichtigt primär die Reihenfolge in X und sekundär die in Y.

Man beachte, daß mit $t_1 \in R_1(X)$ und $t_2 \in R_2(Y)$ dann $t_1 * t_2$ die Struktur XY besitzt.

Satz 2.8

Für funktionale Abhängigkeiten gelten folgende Eigenschaften, wobei V, W, X, Y und Z Attribut-Kombinationen bzgl. $R(A_1, \ldots, A_n)$ bezeichnen:

(a) Projektivität: $\{Y\} \subseteq \{X\} \Rightarrow X \to Y$;

(b) Distributivität: $X \to YZ \Rightarrow X \to Y, X \to Z$;

(c) Additivität: $X \to Y, X \to Z \Rightarrow X \to YZ$;

(d) Transitivität: $X \to Y, Y \to Z \Rightarrow X \to Z$;

(e) Pseudotransitivität: $X \to Y, YW \to Z \Rightarrow XW \to Z$;

(f) Akkumulation: $X \to YZ, Z \to V \Rightarrow X \to YZV$;

(g) Erweiterung (engl.: augmentation): $X \to Y, W \to Z \Rightarrow XW \to YZ$.

Beweis

Aussage (a) folgt unmittelbar aus Definition 2.5; (b) und (c) sind direkt aus Satz 2.7 herleitbar.

Die Transitivität in (d) zeigt sich folgendermaßen: Aufgrund der funktionalen Abhängigkeit $X \to Y$ gilt für Tupel $t_1, t_2 \in R$ mit $t_1[X] = t_2[X]$ zunächst $t_1[Y] = t_2[Y]$; $Y \to Z$ liefert dann auch $t_1[Z] = t_2[Z]$, also $X \to Z$.

Nachweis der Pseudotransitivität (e): die Projektivität und die Transitivität (d) liefern wegen $XW \to X \to Y$: $XW \to Y$ und $XW \to W$. Mit der Additivität (c) ergibt dies $XW \to YW \to Z$, also $XW \to Z$ (Transitivität (d)).

Für die Akkumulation (f) betrachten wir $X \to YZ \to Z \to V$; demnach gilt $X \to V$ (Transitivität). Die Additivität (c) liefert dann mit $X \to YZ$ die Behauptung $X \to YZV$.

Beweis der Erweiterung (g): $XW \to W \to Z$ und $XW \to X \to Y$ liefern $XW \to YZ$ (Projektivität, Additivität).

Bemerkungen

(1) Im Falle $\{Y\} \subseteq \{X\}$ (wie in (a)) wird $X \to Y$ als *triviale funktionale Abhängigkeit* bezeichnet.

(2) So wie die Additivität sich unmittelbar aus Satz 2.7 herleiten läßt, so kann umgekehrt auch Satz 2.7 aus den Aussagen (a), (c) und (d) abgeleitet werden: ‚$\Rightarrow$' ergibt sich dort aus $X \rightarrow Y$ und $Y \rightarrow B_i$, $1 \leq i \leq j$, nach (a) und (d) und ‚$\Leftarrow$' läßt sich unmittelbar mit (c) zeigen. Aussage (c) kann auch auf direktem Weg hergeleitet werden.

Offensichtlich dürfen wir eine gegebene Relationen-Struktur durch ergänzende Attribute erweitern, ohne die bestehenden funktionalen Abhängigkeiten zu stören. Man spricht deshalb auch von der *Kontext-Unabhängigkeit* der funktionalen Abhängigkeiten.

Verlustfreier Join

Eine Relation R ist als *verlustfreier Join* ihrer Projektionen $R[L_1]$ und $R[L_2]$ darstellbar, wenn $R = R[L_1] * R[L_2]$ besteht. Wie Beispiel 2.6 (Abschnitt 2.2.3) zeigt, trifft diese Eigenschaft im allgemeinen Fall *nicht* zu. Allerdings gilt:

Satz 2.9

Die Attribute einer gegebenen Relation $R(A_1, \ldots, A_n)$ seien in drei paarweise disjunkte Attribut-Kombinationen X, Y, Z aufgeteilt, für die $XYZ = (A_1, \ldots, A_n)$ (ohne Einschänkung der Allgemeinheit) angenommen werden darf. Falls

(a) $X \rightarrow Y$ oder

(b) $X \rightarrow Z$

erfüllt ist, gilt

$$R = R[XY] * R[XZ].$$

Beweis

Nach Satz 2.4 (b) (Abschnitt 2.2.3) brauchen wir nur Voraussetzung (a) zu berücksichtigen. Satz 2.5 zeigt $R \subseteq R[XY] * R[XZ]$. Deshalb bleibt noch $R[XY] * R[XZ] \subseteq R$ zu zeigen.

Zu $t = xyz \in R[XY] * R[XZ]$ finden wir zwei Tupel $xy \in R[XY]$ und $xz \in R[XZ]$ mit $xyz = xy * xz$. Weiterhin leiten sich xy und xz als Projektionen gewisser Tupel $xyz' \in R$ und $xy'z \in R$ her. Die funktionale Abhängigkeit in Voraussetzung (a) besagt aber $y = y'$ – also gilt $t = xyz = xy'z \in R$.

Zerlegungen, wie sie der letzte Satz ermöglicht, spielen beim Datenbank-Design eine wichtige Rolle. Aus komplizierten Relationen, die in einem Tupel Aussagen über mehrere Gegenstände oder Sachverhalte ausdrücken, können damit einfachere Relationen erzeugt werden. Die Relation

MA_ABT (Pers_Nr, Name, Vorname, Abteilung, Anz),

wo Anz die Zahl der Mitarbeiter in den Abteilungen bedeutet, gibt etwa gleichzeitig Auskunft über Mitarbeiter und über Abteilungen. Wegen (Abteilung) → (Anz) dürfen die Informationen in die Projektionen MA_ABT[Pers_Nr, Name, Vorname, Abteilung] und MA_ABT[Abteilung, Anz] aufgetrennt werden; MA_ABT läßt sich aus diesen Projektionen wieder rekonstruieren.

2.4 Mehrwertige Abhängigkeiten

Mit der funktionalen Abhängigkeit X → Y sind Zusammenhänge innerhalb eines Tupels charakterisiert worden; den Ausprägungen einer Attribut-Kombination X ist jeweils genau ein Wert der Attribut-Kombination Y zugewiesen. Situationen, bei denen einem X-Wert (z. B. der Benutzer-Nr.) *mehrere* Y-Ausprägungen als feste Menge (etwa Vornamen) zugeordnet sind, können im relationalen Modell nur mit Hilfe einer Aufteilung auf mehrere Tupel beschrieben werden. Die mehrwertige Abhängigkeit (engl.: multivalued dependency) untersucht derartige feste Zuordnungen in Relationen. Ihre Definition geht auf R. FAGIN [77a], C. DELOBEL [73], [78] und C. ZANIOLO [76] zurück.

Die Bedeutung der mehrwertigen Abhängigkeit wollen wir an einem Beispiel veranschaulichen.

Beispiel 2.11

Mehrbändige Werke in unserer Bibliothek können nur als Ganzes entliehen werden. Die folgende Relation BAENDE beschreibt die Werke mit ihren Bänden:

Sign_Nr	Anzahl	Band	Verfasser	Titel
12	2	1	Dinky, M.	Eltern-Kind-Beziehung
12	2	2	Dinky, M.	Eltern-Kind-Beziehung
16	1	1	Zwiebeltreter, G.	Der Reiter im Rauch
24	3	1	Hempel, C.	Chaos-Theorie und Praxis

Fortsetzung Tabelle

Sign_Nr	Anzahl	Band	Verfasser	Titel
24	3	2	Hempel, C.	Chaos-Theorie und Praxis
24	3	3	Hempel, C.	Chaos-Theorie und Praxis
34	1	1	Moos, L. et al.	Kohle-Gewinnung
35	1	1	Speierling, H.	Stoffe

(Bei Werken mit mehr als einem Verfasser wird nur der erste Autor mit dem Zusatz et al. vermerkt.) Schlüssel: (Sign_Nr, Band); weitere funktionale Abhängigkeiten: (Sign_Nr) → (Anzahl, Verfasser, Titel).

Für Ausleihen wird die Relation LEIHDATEI geführt (als modifizierte Form von AUSLEIHE), die über folgende Eintragungen verfügt:

Sign_Nr	Band	Ben_Nr	Datum_Ausgabe
34	1	224	1.4.1989
12	1	224	7.4.1989
12	2	224	7.4.1989
24	1	215	12.4.1989
24	2	215	12.4.1989
24	3	215	12.4.1989
16	1	215	3.5.1989
12	1	215	14.5.1989
12	2	215	14.5.1989
24	1	232	15.7.1989
24	2	232	15.7.1989
24	3	232	15.7.1989

Mit den Abkürzungen $x_1 = 34$, $x_2 = 12$, etc. für Sign_Nr, $y_1 = 1$ etc. für Band und $z_1 = (224,\ 1.4.1989)$, $z_2 = (224,\ 7.4.1989)$, $z_3 = (215,\ 12.4.1989)$, $z_4 = (215,\ 3.5.1989)$, $z_5 = (215,\ 14.5.1989)$, $z_6 = (232,\ 15.7.1989)$ für (Ben_Nr, Datum_Ausgabe) erhält unsere Relation nach einer Umordnung folgende Darstellung:

X	Y	Z
x_1	y_1	z_1
x_2	y_2	z_2
x_2	y_2	z_2
x_2	y_1	z_5
x_2	y_2	z_5
x_3	y_1	z_3
x_3	y_2	z_3
x_3	y_3	z_3
x_3	y_1	z_6
x_3	y_2	z_6
x_3	y_3	z_6
x_4	y_1	z_4

Wir können in dieser Relation folgenden Zusammenhang beobachten: Wann immer eine Signatur-Nr. (x_i) mit einem Benutzer und Ausgabe-Datum (z_k) erscheint, tauchen stets dieselben Bände (y_j) auf, wie etwa $\{y_1, y_2, y_3\}$ zu x_3. Mit anderen Worten: Jede Ausprägung zu X (Sign_Nr) steht mit einer festen, wohldefinierten Menge von Werten zu Y (Band) in Verbindung – unabhängig von den Ausprägungen der restlichen Attribut-Kombination Z (Ben_Nr, Datum_Ausgabe).

Definition

Die beobachteten Phänomene lassen sich präzise formulieren:

Definition 2.7

Die Attribute einer gegebenen Relation $R(A_1, \ldots, A_n)$ seien in drei paarweise disjunkte Attribut-Kombinationen X, Y, Z aufgeteilt, für die ohne Einschänkung der Allgemeinheit $XYZ = (A_1, \ldots, A_n)$ angenommen werden darf. Für ein beliebiges $t \in R$ setzen wir $x_0 = t[X]$ und $z = t[Z]$ sowie

$$Y_{x_0z} = \{y = t[Y] \in R[Y] : t = x_0yz \in R\} \ .$$

Falls stets

$$Y_{x_0z} = Y_{x_0z'}$$

für Y_{x_0z}, $Y_{x_0z'} \neq \emptyset$ besteht, so heißt Y *mehrwertig abhängig* von X. In Zeichen:

$$X \twoheadrightarrow Y.$$

Während die funktionale Abhängigkeit den Zusammenhang von Attributwerten *innerhalb* eines Tupels herausstellt, betrachtet die mehrwertige Abhängigkeit den Zusammenhang der Tupel *untereinander*, also den Zusammenhang innerhalb der Relation.

Bemerkungen

(1) Im Falle der funktionalen Abhängigkeit $X \rightarrow Y$ bestehen die Mengen Y_{x_0z} aus genau einem Element: Zu x_0 ist dann y eindeutig festgelegt. Die mehrwertige Abhängigkeit umfaßt daher als allgemeinere Bedingung auch die funktionale Abhängigkeit. Mit *echter* mehrwertiger Abhängigkeit wollen wir Situationen charakterisieren, wenn mehrwertige, jedoch keine funktionale Abhängigkeit vorliegt.

(2) Das Kriterium der Definition 2.7 ist auch für die Sonderfälle $X = \emptyset$, $Y = \emptyset$ bzw. $Z = \emptyset$ überprüfbar:

Für $X = \emptyset$ besagt die mehrwertige Abhängigkeit, daß die Menge Y_z unabhängig ist von der vorgelegten Z-Ausprägung; dies ist gleichbedeutend damit, daß R als Produkt der Projektionen R[Y] und R[Z] darstellbar ist:

$$R = R[Y] \times R[Z].$$

Dagegen ist im Falle $Y = \emptyset$ (bzw. $Z = \emptyset$) die Bedingung der mehrwertigen Abhängigkeit von vornherein für jede Relation R(XZ) (bzw. R(XY)) erfüllt.

Anders als bei den Betrachtungen über die funktionale Abhängigkeit wollen wir im folgenden an der paarweisen Disjunktheit der beteiligten Attribut-Kombinationen X, Y und Z festhalten.

Austausch-Regel und Symmetrie

Bei der mehrwertigen Abhängigkeit $X \twoheadrightarrow Y$ treten Ausprägungen zu Y als unabhängig von den Z-Werten auf. In LEIHDATEI sind die Y-Werte (Band) zu einem Werk unabhängig von den Ausleih-Daten, was die Austauschbarkeit der Y- und Z-Werte zur Folge hat. So sind mit $(x_3, y_1, z_3) \in R$, $(x_3, y_2, z_6) \in R$ stets auch (x_3, y_1, z_6) und (x_3, y_2, z_3) in R enthalten. Diese Art der unabhängigen Kombinierbarkeit von Y- und Z-Ausprägungen wird in dem folgenden Satz festgehalten:

Satz 2.10 (Austausch-Regel)

Für die Relation R(XYZ) mit paarweise disjunkten Attribut-Kombinationen X, Y und Z gilt:

$$X \twoheadrightarrow Y \Leftrightarrow \text{mit } t_1 = x_0yz \in R,\ t_2 = x_0y'z' \in R \text{ gilt auch stets } x_0y'z \in R \text{ und } x_0yz' \in R.$$

Beweis

a) $\Rightarrow$: Wir nehmen die mehrwertige Abhängigkeit $X \twoheadrightarrow Y$ an und betrachten ein Tupel $t_1 = x_0yz \in R$. Offensichtlich gilt dann für ein beliebiges z' mit $Y_{x_0z'} \neq 0$: $x_0yz' \in R$, da $Y_{x_0z} = Y_{x_0z'}$ nach Definition 2.7 besteht. Die Aussage $x_0y'z \in R$ erhalten wir mit der gleichen Argumentation, wenn wir nur mit $t_2 = x_0y'z' \in R$ beginnen.

b) $\Leftarrow$: Mit $t_1 = x_0yz \in R$ und $t_2 = x_0y'z' \in R$ gelte stets auch $t_3 = x_0y'z \in R$ und $t_4 = x_0yz' \in R$.

Die Existenz des Tupels t_3 in R besagt, daß jedes y' aus $x_0y'z' \in R$ ebenfalls zusammen mit x_0 und z in $x_0y'z \in R$ anzutreffen ist; mithin gilt $Y_{x_0z} \subseteq Y_{x_0z}$, und $t_4 \in R$ läßt auf $Y_{x_0z} \subseteq Y_{x_0z'}$ schließen. Damit ist $Y_{x_0z} = Y_{x_0z'}$ nachgewiesen.

Eine unmittelbare Konsequenz dieses Satzes lautet:

Satz 2.11 (Komplementär-Regel)

X, Y und Z seien paarweise disjunkte Attribut-Kombinationen mit $R(XYZ) = R(A_1, \ldots, A_n)$. Es gilt in R:

$$X \twoheadrightarrow Y \Leftrightarrow X \twoheadrightarrow Z.$$

Bemerkung

Die Aussage des Satzes 2.11 läßt sich *nicht* auf funktionale Abhängigkeiten übertragen.

Verlustfreier Join

Wir kehren wieder zur Frage zurück, wann eine Relation sich als Join gewisser Projektionen darstellen läßt (vgl. Abschnitt 2.3).

Satz 2.12

X, Y und Z seien paarweise disjunkte Attribut-Kombinationen bezüglich R(XYZ) = $R(A_1, \ldots, A_n)$. Es gilt

$$R = R[XY] * R[XZ] \Leftrightarrow X \twoheadrightarrow Y.$$

Beweis

a) Es gelte R = R[XY] * R[XZ]; wir wollen die Gültigkeit der Austausch-Regel (Satz 2.10) nachweisen. Dazu wählen wir zwei Tupel $t_1, t_2 \in R$ mit $t_1[X] = t_2[X] = x_0$. $t_1 = x_0yz$ und $t_2 = x_0\,y'z'$ können offensichtlich als Verkettungen

$$t_1 = x_0y * x_0z, \quad t_2 = x_0y' * x_0z'$$

mit x_0y, $x_0y' \in R[XY]$ und x_0z, $x_0z' \in R[XZ]$ dargestellt werden. Dann sind allerdings auch die Tupel-Paare x_0y, x_0z' sowie x_0y', x_0z verknüpfbar, mithin gilt $x_0yz' \in R$ und $x_0y'z \in R$. Satz 2.10 garantiert dann die mehrwertige Abhängigkeit $X \twoheadrightarrow Y$.

b) Es gelte nun $X \twoheadrightarrow Y$. Mit Satz 2.5 (Abschnitt 2.2.3) wissen wir bereits $R \subseteq R[XY] * R[XZ]$.

Zum Nachweis der Mengengleichheit greifen wir ein $t \in R[XY] * R[XZ]$ heraus. Zu diesem t müssen zwei Tupel $t_1, t_2 \in R$ mit $t = t_1[XY] * t_2[XZ]$ existieren. Mit $t_1 = x_0yz$, $t_2 = x_0y'z'$ nimmt t die Gestalt $t = x_0yz'$ an. Die Austausch-Regel (Satz 2.10), angewandt auf t_1 und t_2, liefert dann auch $t \in R$.

Der letzte Satz läßt sich gut an der symbolisierten Darstellung unserer Relation LEIHDATEI veranschaulichen. Die beiden Projektionen (auf der nächsten Seite) lassen sogar eine inhaltliche Interpretation zu: R[XY] beschreibt die Verteilung der Bände auf die jeweiligen Werke, und R[XZ] hält fest, wer welche Werke wann ausgeliehen hat. LEIHDATEI kann demnach als verlustfreier Join seiner Projektionen WERKE (Sign_Nr, Band) und WERKVERLEIH (Sign_Nr, Ben_Nr, Datum_Ausgabe) dargestellt werden.

R[XY]:

X	Y
x_1	y_1
x_2	y_1
x_2	y_2
x_3	y_1
x_3	y_2
x_3	y_3
x_4	y_1

R[XZ]:

X	Z
x_1	z_1
x_2	z_2
x_2	z_5
x_3	z_3
x_3	z_6
x_4	z_4

Offensichtlich gilt
$R = R[XY] * R[XZ]$.

Beispiel 2.12

Anders als in Beispiel 2.11 soll bei Werken mit mehr als einem Verfasser jetzt jeder Autor in

AUTOREN_VZ (Sign_Nr, Band, Verfasser)

(Autoren-Verzeichnis) aufgeführt werden. Wir erkennen, daß in AUTOREN_VZ die mehrwertigen Abhängigkeiten

(Sign_Nr) →→ (Band),

(Sign_Nr) →→ (Verfasser),

vorliegen. AUTOREN_VZ läßt sich dann mit

WERKE = AUTOREN_VZ [Sign_Nr, Band],

AUTOR = AUTOREN_VZ [Sign_Nr, Verfasser]

darstellen als

AUTOREN_VZ = WERKE * AUTOR.

Zusammenfassung der Sätze

Der Zusammenhang der Sätze 2.10, 2.11 und 2.12 wird noch deutlicher, wenn wir uns den Join der Relationen $R_1 = R_1(XY)$ und $R_2 = R_2(XZ)$ (mit paarweise disjunkten Attribut-Kombinationen X, Y, Z) veranschaulichen: Die Verkettungen in $R = R_1 * R_2$ entstehen, indem zu jeder X-Ausprägung (x_0) *alle* YZ-Werte aus dem Produkt

$$\big((R_1(X = x_0))[Y]\big) \times \big((R_2(X = x_0))[Z]\big)$$

mit x_0 zusammengefügt und anschließend zu der Ergebnis-Relation vereinigt werden. Dies erklärt die Gleichwertigkeit der folgenden Aussagen:

- R entspricht einem Join zweier Relationen;
- in R liegt mehrwertige Abhängigkeit vor;
- es gilt die Austausch-Regel (Satz 2.10);
- es gilt die Komplementär-Regel (Satz 2.11).

Weitere Eigenschaften

Die mehrwertige Abhängigkeit in einer Relation R überträgt sich auch auf einige ihrer Projektionen:

Satz 2.13

In $R(A_1, \ldots, A_n) = R(XYZ)$ mit paarweise disjunkten Attribut-Kombinationen X, Y und Z gelte $X \twoheadrightarrow Y$. Mit Y* und Z* seien Attribut-Kombinationen bezeichnet, die in Y bzw. Z enthalten sind (d. h. $\{Y^*\} \subseteq \{Y\}$, $\{Z^*\} \subseteq \{Z\}$). Dann gilt für die Projektion R[XY*Z*]:

$$X \twoheadrightarrow Y^*.$$

Beweis

Die Behauptung ist für R(XY*Z) unmittelbar ersichtlich, da $Y^*_{x_0z} = Y_{x_0z}[Y^*] = Y_{x_0z'}[Y^*] = Y^*_{x_0z'}$ gilt; die Komplementär-Regel (Satz 2.11) liefert die Aussage dann auch für R(XY*Z*).

Bemerkung

Wird eine Relationen-Struktur durch ergänzende Attribute erweitert, so führt dies in der Regel zur Verletzung der vorhandenen mehrwertigen Abhängigkeiten – im Unterschied zu den funktionalen Abhängigkeiten. Mehrwertige Abhängigkeiten werden deshalb auch als *Kontext-abhängig* bezeichnet.

Beispiel 2.13

Während ein Werk (Beispiel 2.11) nur als ganzes ausleihbar ist, lassen wir jedoch die teilweise Rückgabe der einzelnen Bände zu. Wir halten deshalb in der folgenden Relation WERKVL_A zu jedem Band noch die Dauer (in Tagen) fest:

Sign_Nr	Band	Ben_Nr	Datum_Ausgabe	Dauer
34	1	224	1.4.1989	25
12	1	224	7.4.1989	27
12	2	224	7.4.1989	34
24	1	215	12.4.1989	11
24	2	215	12.4.1989	11
24	3	215	12.4.1989	23
16	1	215	3.5.1989	19
12	1	215	14.5.1989	27
12	2	215	14.5.1989	26
24	1	232	15.7.1989	35
24	2	232	15.7.1989	35
24	3	232	15.7.1989	22

Offensichtlich treffen jetzt die Abhängigkeiten (Sign_Nr) $\rightarrow\!\!\!\rightarrow$ (Band) oder (Sign_Nr) $\rightarrow\!\!\!\rightarrow$ (Band, Dauer) *nicht* mehr zu!

Unter der Voraussetzung der paarweisen Disjunktheit aller vorkommenden Attribut-Kombinationen können wir die Transitivität für mehrwertige Abhängigkeiten nachweisen:

Satz 2.14 (Transitivität)

X, Y, Z und W seien paarweise disjunkte Attribut-Kombinationen bezüglich $R(A_1, \ldots, A_n) = R(XYZW)$. Dann gilt

$$X \rightarrow\!\!\!\rightarrow Y,\ Y \rightarrow\!\!\!\rightarrow Z \Rightarrow X \rightarrow\!\!\!\rightarrow Z.$$

Beweis

Mit $t_1 = x_0yzw \in R$ und $t_2 = x_0y'z'w' \in R$ ist nachzuweisen, daß auch $t_3 = x_0y'zw'$ und $t_4 = x_0yz'w$ in R anzutreffen sind.

Mit $X \twoheadrightarrow Y$ folgt $t_5 = x_0y'zw \in R$ sowie $t_6 = x_0yz'w' \in R$. Nun liefert die Austausch-Regel (Satz 2.10) für $Y \twoheadrightarrow Z$, daß mit t_1, t_6 auch $x_0yz'w = t_4$ und x_0yzw' in R enthalten sind; noch einmal liefert die gleiche Regel mit t_2, t_5: $x_0y'zw' = t_3 \in R$ und (gratis) $x_0y'z'w \in R$.

2.5 Grundlagenfragen

Im Mittelpunkt dieses Abschnitts stehen Verknüpfungen von funktionalen Abhängigkeiten. Zuerst werden wir die Möglichkeiten charakterisieren, wie funktionale Abhängigkeiten aus anderen gewonnen werden können (Abschnitt 2.5.1). Schließlich beschäftigen wir uns mit einem algorithmischen Verfahren, das zur Herleitung von Abhängigkeiten dient (Abschnitt 2.5.2). Allerdings sind die hier behandelten Fragestellungen eher von theoretischem Interesse; die restlichen Themen des Buches sind unabhängig davon nachvollziehbar.

2.5.1 Armstrong-Axiome

Unsere Betrachtungen zielen jetzt weniger auf einzelne konkrete Relationen, sondern vielmehr auf Relationen-Strukturen ab, deren Konkretisierungen stets gewissen Abhängigkeiten genügen. (In Abschnitt 2.3 wurde teilweise schon von dieser Interpretation Gebrauch gemacht; vgl. Beispiel 2.9). Abhängigkeiten werden dabei als Restriktionen für Relationen aufgefaßt, die man zu den Struktur-Eigenschaften zählt: So wie eine Relationen-Struktur (Abschnitt 2.1) den Aufbau der Tupel in allen ihren Konkretisierungen festlegt, so formulieren funktionale Abhängigkeiten die generell gültigen Zusammenhänge zwischen den Attributwerten. Mit dem *Relationen-Schema* faßt man nun alle Struktur-Eigenschaften zusammen: die Bauart der Tupel (Relationen-Struktur) und alle Restriktionen, zu denen vor allem die funktionalen Abhängigkeiten zählen.

Im Hinblick auf Relationen-Strukturen $R(A_1, \ldots, A_n)$ ist jetzt auch die Redeweise zu verstehen, daß funktionale Abhängigkeiten $FA_1, FA_2, \ldots, FA_m$ eine andere FA_0 *implizieren:* Für alle möglichen Konkretisierungen von R, die $FA_1, FA_2, \ldots, FA_m$ genügen, ist stets auch FA_0 gültig – oder gleichbedeutend: es kann keine Relation existieren, in der zwar FA_1, FA_2, ..., FA_m, nicht jedoch FA_0 erfüllt sind. Unsere Untersuchungsobjekte sind deshalb allein die funktionalen Abhängigkeiten, die wir als Elemente in der Form $(X \rightarrow Y)$ kennzeichnen; wenn die Abhängigkeit eher als Eigenschaft einer einzelnen Relation aufzufassen ist, verwenden wir wie bisher die Form $X \rightarrow Y$. Zwei Elemente $(X \rightarrow Y)$ und $(U \rightarrow V)$ betrachten wir als *gleich*, wenn ähnlich wie bei Tupeln $X = U$ und $Y = V$ besteht.

Hülle

Die Hülle (engl. closure) einer Abhängigkeitsmenge faßt alle Implikationen daraus zusammen:

Definition 2.8

Zu einer Menge F von funktionalen Abhängigkeiten (bzgl. $R(A_1, \ldots, A_n)$) bezeichnet die *Hülle* F^+ die Menge aller funktionalen Abhängigkeiten (bzgl. R), die von F impliziert werden. Im Falle $F = F^+$ wird F auch als *volle Familie* von funktionalen Abhängigkeiten bezeichnet.

Bemerkungen

(1) F^+ ist eindeutig festgelegt: $(X \rightarrow Y)$ ist genau dann *nicht* in F^+ enthalten, wenn sich eine Konkretisierung von R angeben läßt, die den Abhängigkeiten in F, nicht jedoch $X \rightarrow Y$ genügt. (Allerdings wissen wir jetzt noch nicht, mit welchen Mitteln F^+ zu konstruieren ist.)

(2) F^+ ist stets eine endliche Menge, da zu jeder Relationen-Struktur überhaupt nur endlich viele funktionale Abhängigkeiten bestehen können.

(3) Es gilt $F \subseteq F^+$.

(4) F^+ ist eine volle Familie: $(F^+)^+ = F^+$.

Beispiel 2.14

Für $R = R(A, B, C)$ und $F = \{(A \rightarrow B), (C \rightarrow A)\}$ enthält F^+

- alle trivialen Abhängigkeiten wie etwa $(A \rightarrow A)$, ..., $(AB \rightarrow A)$, ..., $(ABC \rightarrow ABC)$;

- die Abhängigkeiten $(A \to B)$, $(C \to A)$, $(C \to B)$;
- alle Herleitungen hieraus, wo die linkte Seite durch beliebige Attribute ergänzt wird, wie z.B. $(AC \to B)$ etc.;
- alle Herleitungen, wobei die Additivität (Satz 2.8 (c)) angewandt wird, wie etwa bei $(C \to AB)$, $(AC \to AB)$ etc.

In diesem einfachen Beispiel wurden nur ein paar einfache Regeln benutzt. Wir werden noch zeigen, daß man zur Konstruktion von F^+ generell nur wenige elementare Regeln anzuwenden braucht.

Axiome

Wie die Durchsicht der Beweise in Abschnitt 2.3 zeigt, geben

(A1) Projektivität: $\{Y\} \subseteq \{X\} \Rightarrow X \to Y$,

(A2) Additivität: $X \to Y,\ X \to Z \Rightarrow X \to YZ$,

(A3) Transitivität: $X \to Y,\ Y \to Z \Rightarrow X \to Z$

allgemeingültige Regeln ab, mit deren Hilfe aus gegebenen funktionalen Abhängigkeiten andere herleitbar sind. Der Nachweis dieser Regeln stützt sich ausschließlich auf den Begriff der funktionalen Abhängigkeit (vgl. auch Bemerkung 2 zu Satz 2.8). In der aktuellen Interpretation bilden diese Regeln Anleitungen, wie funktionale Abhängigkeiten (korrekt) erzeugt bzw. miteinander verknüpft werden dürfen.

Wir zeigen: Jede Abhängigkeit aus F^+ kann allein mit Hilfe der Regeln (A1)–(A3) aus F hergeleitet werden. Dieses Ergebnis wurde zuerst von W. W. ARMSTRONG [74] mit Mitteln der Verbandstheorie nachgewiesen. (A1)–(A3) werden deshalb auch als *Armstrong-Axiome* bezeichnet. Zuvor benötigen wir noch

Definition 2.9

X bezeichne eine Attribut-Kombination und F eine Menge funktionaler Abhängigkeiten bzgl. $R(A_1,\ldots,A_n)$; die *Hülle* X^+ (bzgl. F) ist dann definiert als Menge aller Attribute A_i, für die $(X \to (A_i))$ aus F unter Anwendung der Armstrong-Axiome (A1)–(A3) herleitbar ist.

Offensichtlich gilt nach (A1) stets $\{X\} \subseteq X^+$.

Lemma 2.1

Gegeben sei eine Menge F von funktionalen Abhängigkeiten (bzgl. $R(A_1, \ldots, A_n)$). Dann läßt sich mit den Regeln (A1)–(A3) $(X \rightarrow Y)$ aus F genau dann herleiten, wenn $\{Y\} \subseteq X^+$ gilt.

Beweis

a) ‚⇒' folgt mit (A1) und (A3): Kann $(X \rightarrow Y)$ aus F (mit Hilfe von (A1)–(A3)) gewonnen werden, so gilt nach (A1) für jedes $B \in \{Y\}$ auch: $Y \rightarrow (B)$; und (A3) ergibt dann $X \rightarrow (B)$, also $B \in X^+$.

b) ‚⇐' läßt sich unmittelbar mit (A2) nachweisen: Für jedes Attribut $B \in \{Y\} \subseteq X^+$ gilt nach der Definition von X^+: $X \rightarrow (B)$; (A2) garantiert dann aber auch die Gültigkeit von $X \rightarrow Y$ bzw. $(X \rightarrow Y) \in F^+$.

Das folgende Lemma zeigt, daß die Zwei-Tupel-Relationen bereits über Existenz und Nicht-Existenz von Abhängigkeiten Auskunft geben:

Lemma 2.2

F bezeichne eine Menge funktionaler Abhängigkeiten und X eine Attribut-Kombination (bzgl. $R(A_1, \ldots, A_n)$). Falls Y keine Teilmenge von X^+ ist ($\{Y\} \not\subseteq X^+$), so existiert eine Konkretisierung von R, die aus *zwei Tupeln* besteht und

- alle Abhängigkeiten aus F erfüllt (und somit alle Implikationen aus F) sowie
- $X \rightarrow Y$ jedoch *nicht* genügt.

Beweis

Als Tupel $r = (r_1, \ldots, r_n)$ und $s = (s_1, \ldots, s_n)$ wählen wir

$$r_i = a_i, \; i = 1, \ldots, n,$$

mit geeignet gewählten Werten a_i und

$$s_i = \begin{cases} a_i, & \text{falls } A_i \in X^+ \\ b_i \; (\neq a_i) & \text{sonst.} \end{cases}$$

a) Jede Abhängigkeit $(U \rightarrow V) \in F$ ist erfüllt. Wir müssen dazu zeigen: Gilt $r[U] = s[U]$, so auch $r[V] = s[V]$.

Die Tupel r und s stimmen auf U genau dann überein, wenn $\{U\} \subseteq X^+$ (bzw. nach Lemma 2.1: $X \to U$) besteht; im Falle $r[U] = s[U]$ schließen wir wegen $(U \to V) \in F$ mit (A3) auf $(X \to V) \in F^+$, was uns nach Lemma 2.1 zu $\{V\} \subseteq X^+$ bzw. $r[V] = s[V]$ führt.

b) $(X \to Y)$ ist nicht erfüllt: Wegen $\{Y\} \not\subseteq X^+$ finden wir $r[Y] \neq s[Y]$ vor, obwohl $r[X] = s[X]$ wegen $X \subseteq X^+$ besteht; dies zeigt uns $X \not\to Y$ bzw. $(X \to Y) \notin F^+$.

Beide Aussagen ergeben, daß F – und somit F^+ –, nicht jedoch $X \to Y$ erfüllt sind.

Satz 2.15

Die Armstrong-Axiome (A1)–(A3) sind vollständig: Aus einer Menge funktionaler Abhängigkeiten F (bzgl. R) kann F^+ allein unter Anwendung von (A1)–(A3) hergeleitet werden.

Beweis

Falls $(X \to Y)$ *nicht* mittels (A1)–(A3) herleitbar ist, trifft nach Lemma 2.1 $\{Y\} \not\subseteq X^+$ zu. Lemma 2.2 liefert uns eine Zwei-Tupel-Relation, in der die Elemente aus F^+, nicht aber $X \to Y$ Gültigkeit besitzen. Deshalb: $(X \to Y) \notin F^+$.

Bemerkung

Anstelle von (A1)–(A3) lassen sich auch noch andere Regeln als vollständiges Axiomensystem für funktionale Abhängigkeiten aufstellen. Eine dieser Alternativen wird in Abschnitt 2.5.2 noch weiter behandelt.

Jede funktionale Abhängigkeit $(X \to Y)$, die von F impliziert wird, läßt sich nach Satz 2.15 konstruktiv gewinnen: In einer endlichen Anzahl von Schritten ist jeweils eine der Regeln (A1)–(A3) auf Elemente aus F bzw. die Zwischenergebnisse anzuwenden. Man spricht deshalb bei $(X \to Y)$ auch von einer *Ableitung* aus F.

Armstrong-Relationen

Mit Tupel-Paaren wie in Lemma 2.2 lassen sich Relationen konstruieren, die exakt einer vorgegebenen Menge F von funktionalen Abhängigkeiten, jedoch *keiner* Abhängigkeit $(X \to Y) \notin F^+$ genügen. Derartige Relationen bezeichnet man als *Armstrong-Relationen.*

Konstruktion: Zu jeder Abhängigkeit $(X \to Y) \notin F^+$ wählen wir zwei Tupel r, s nach Lemma 2.2, die wir alle zusammen in einer Relation vereinigen; falls $(\emptyset \to (A_j)) \in F^+$, setzen wir in allen Tupeln $a_j = a$. Man sieht ähnlich wie oben, daß diese Tupel insgesamt den Abhängigkeiten aus F^+ genügen; zu $(X \to Y) \notin F^+$ finden wir jedoch stets ein geeignetes Paar r, s, welches $X \to Y$ verletzt. Mithin ist $X \to Y$ in dieser Relation (Konkretisierung) *nicht* gültig.

Zerlegbarkeit

Zwei-Tupel-Relationen wie in Lemma 2.2 lassen sich auch dazu verwenden, um die Zerlegbarkeit von Relationen zu testen. Eine Relationen-Struktur $R(A_1, \ldots, A_n)$ ist mit Hinblick auf ihre Restriktionen *verlustfrei zerlegbar* in $R_1(B_1, \ldots, B_k)$ und $R_2(C_1, \ldots, C_m)$, wenn gilt:

(a) $\{B_1, \ldots, B_k\} \cup \{C_1, \ldots, C_m) = \{A_1, \ldots, A_n\}$ sowie

(b) jede Konkretisierung von R ist als verlustfreier Join ihrer Projektionen bzgl. R_1 und R_2 darstellbar.

Wie bei Konkretisierungen drücken wir die verlustfreie Zerlegbarkeit von R aus durch

$$R = R_1 * R_2.$$

Wir betrachten eine Relationen-Struktur $R = R(XYZ)$ mit paarweise disjunkten Attribut-Kombinationen sowie eine Menge F von funktionalen Abhängigkeiten bzgl. R. Falls weder $X \to Y$ noch $X \to Z$ besteht, finden wir Attribute $B \in \{Y\}$ und $C \in \{Z\}$ mit $X \not\to (B)$ und $X \not\to (C)$ bzw. $\{B, C\} \cap X^+ = \emptyset$ (vgl. Lemma 2.1). Für die entsprechende Zwei-Tupel-Relation {r, s} nach Lemma 2.2 mit $r = x_1y_1z_1$, $s = x_2y_2z_2$ gilt offensichtlich $r[X] = s[X]$, $r[Y] = y_1 \neq y_2 = s[Y]$, $r[Z] = z_1 \neq z_2 = s[Z]$; $x_1y_1z_2 \in R[XY]*R[XZ]$ ist jedoch nicht in R enthalten – mithin ist R nicht verlustfrei zerlegbar. Dies zeigt:

Satz 2.16

$R = R(XYZ)$ mit paarweise disjunkten Attribut-Kombinationen X, Y und Z genüge den funktionalen Abhängigkeiten F. Dann gilt:

$$R = R[XY] * R[XZ] \Leftrightarrow (X \to Y) \in F^+ \text{ oder } (X \to Z) \in F^+.$$

Bemerkung

Satz 2.16 ist natürlich mit Satz 2.12 verträglich: Satz 2.16 sagt aus, daß die Zerlegbarkeit für alle möglichen Konkretisierungen von R(XYZ) nicht mehr gegeben ist, wenn auf jegliche Zusammenhänge zwischen X und Y oder zwischen X und Z verzichtet wird ($(X \to Y) \notin F^+$ und $(X \to Z) \notin F^+$). Eine schwächere Bedingung als $X \to Y$ oder $X \to Z$ – die mehrwertige Abhängigkeit – garantiert uns jedoch wieder die Zerlegbarkeit der Relation (mit verlustfreiem Join) in ihre Projektionen.

2.5.2 RAP-Ableitungen

Ähnlich wie (A1)–(A3) geben auch die Regeln

(A1*) Reflexivität: $(X \to X) \in F^+$,
(A2*) Akkumulation: $(X \to YZ)$, $(Z \to V) \in F^+ \Rightarrow (X \to YZV) \in F^+$,
(A3*) Projektivität: $(X \to YZ) \in F^+ \Rightarrow (X \to Y) \in F^+$

ein vollständiges Axiomensystem für die Herleitung von funktionalen Abhängigkeiten ab (vgl. Aufgabe 2.6). Die Regeln (A1*)–(A3*) lassen sich nun gut zur methodischen Konstruktion von Abhängigkeiten einsetzen.

Ableitungsvorschrift

Werden die Regeln (A1*)–(A3*) zur Herleitung von $(X \to Y) \in F^+$ mit folgender Reihenfolge angewendet, so sprechen wir von einer *RAP-Ableitung* (von: Reflexivität-Akkumulation-Projektivität) von $(X \to Y)$ bzgl. F (D. MAIER [83]*, Ch. 4):

Start: (A1*) mit $(X \to X)$;

Zwischenschritte: (A2*), wo ein $(U \to V) \in F$ mit einer Abhängigkeit der Form $(X \to Z)$ verknüpft wird;

letzter Schritt: (A3*) mit dem Ergebnis $(X \to Y)$.

Beispiel 2.15

Gegeben sei $F = \{(AB \to C), (BC \to A), (BC \to D), (CD \to A), (CD \to E)\}$

bzgl. R(A, B, C, D, E). Die RAP-Ableitungen für $(AB \to E)$ lautet:

(1) (A1*): $(AB \to AB) \in F^+$;
(2) (A2*): $(AB \to ABC) \in F^+$ (mit $(AB \to C) \in F$);
(3) (A2*): $(AB \to ABCD) \in F^+$ (mit $(BC \to D) \in F$);

(4) (A2*): $(AB \to ABCDE) \in F^+$ (mit $(CD \to E) \in F$);
(5) (A3*): $(AB \to E) \in F^+$.

Bei einer RAP-Ableitung von $(X \to Y)$ sammeln die Zwischenschritte mit (A2*) so lange Attribute auf der rechten Seite, bis Y überdeckt ist; der letzte Schritt projiziert schließlich die rechte Seite auf die gewünschte Attribut-Kombination Y. Wir werden zeigen, daß jede beliebige Ableitung aus F auch mit Hilfe einer RAP-Ableitung gewonnen werden kann (Satz 2.17).

Implikationsgraphen

Jede beliebige Anwendung der Regeln (A1*)–(A3*) läßt sich in der Form eines gerichteten Graphen darstellen, den wir als *Implikationsgraphen* bezeichnen. (Wir stützen uns hier nur auf ein intuitives, anschauliches Verständnis der Graphen; zur formalen Behandlung vgl. Kapitel 7.) Die Knoten eines Implikationsgraphen werden von funktionalen Abhängigkeiten gebildet; eine Kante $(U \to V) \longrightarrow (W \to Z)$ bedeutet, daß $(W \to Z)$ mit (A2*) oder (A3*) aus $(U \to V)$ (und ggf einer anderen Abhängigkeit) hergeleitet wird. (A1*) nimmt eine Sonderstellung ein: Es ist ohne eine andere Abhängigkeit als Voraussetzung anwendbar (und wird deshalb auch als Tautologie bezeichnet), was wir mit $\underline{(X \to X)}$ darstellen.

Beispiel 2.16

Die obige Ableitung aus Beispiel 2.15 besitzt den Implikationsgraphen:

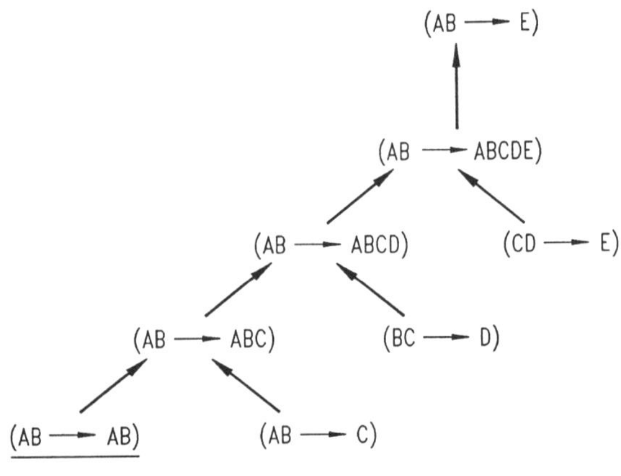

Eine Ableitung darf – einfach so – Zwischenschritte benutzen, die letztendlich keinen Beitrag zum Ergebnis liefern und somit eliminierbar sind. Wir betrachten nur noch *effiziente* Ableitungen bzw. Implikationsgraphen, die sich durch folgende Eigenschaften auszeichnen:

(A) Bis auf das Ergebnis $(X \to Y)$ liegt jeder andere Knoten $(U \to V)$ auf einem Pfad nach $(X \to Y)$; mithin ist $(U \to V)$ relevant für $(X \to Y)$.

(B) Mehrfache Ableitungen derselben Abhängigkeit werden ausgeschlossen. Jede abgeleitete Abhängigkeit wird dann auf genau einem Wege gewonnen. Damit gibt der Implikationsgraph sogar Auskunft über die verwendeten Regeln. Derartige Graphen sind frei von Zyklen, und alle Pfade führen zu genau einem Endpunkt – dem Ergebnis.

F^+ und RAP-Ableitungen

Zum Nachweis von Satz 2.17 benutzen wir folgende Teilergebnisse:

Lemma 2.3

Jedes $(U \to V) \in F^+$ besitzt eine Ableitung mittels (A1*), (A2*) und (A3*), in der die Projektivität, Regel (A3*), als Schluß-Schritt angewendet wird.

Beweis

Wir gehen von einer effizienten Ableitung aus. Eliminiert (A3*) bei $(X \to YZ) \longrightarrow (X \to Y)$ die Attribute Z, so darf der nachfolgende Schritt (mit (A2*) oder (A3*)) erst recht mit dem ursprünglichen $(X \to YZ)$ anstelle von $(X \to Y)$ benutzt werden. Die Anwendung von (A3*) darf deshalb (mit geeigneter Anpassung) bis zum Schluß aufgehoben werden.

Lemma 2.4

Wird $(U \to V)$ in einer Ableitung, die sich allein auf (A1*) und (A2*) stützt, für $(X \to Y)$ verwendet, so gilt

(a) $U = X$ und $\{V\} \subseteq \{Y\}$ oder

(b) $\{UV\} \subseteq \{Y\}$.

Beweis

Offensichtlich brauchen wir nur Ableitungsschritte unter Anwendung von (A2*) zu berücksichtigen.

(I) Sofern sich $(X \rightarrow Y)$ direkt mit (A2*) aus $(U \rightarrow V)$ herleiten läßt, ist die aufgestellte Behauptung identisch mit der Formulierung von (A2*) und deshalb richtig.

(II) Wir nehmen nun an, daß wir auf einem Pfad von $(U \rightarrow V)$ aus auf eine Abhängigkeit $(W \rightarrow Z)$ stoßen, für welche die Aussage des Lemmas als gültig vorausgesetzt wird (mit $(W \rightarrow Z)$ anstelle von $(X \rightarrow Y)$):
(a) $U = W$ mit $\{V\} \subseteq \{Z\}$ oder
(b) $\{UV\} \subseteq \{Z\}$.

(III) Wir zeigen sodann: Falls $(W \rightarrow Z)$ zusammen mit einer anderen Abhängigkeit nach (A2*) zu $(X \rightarrow Y)$ verknüpft wird, so gilt für $(X \rightarrow Y)$ ebenfalls die Aussage des Lemmas. Wir müssen dazu gemäß (A2*) zwei Fälle unterscheiden:

Fall 1: $W = X$ und $\{Z\} \subseteq \{Y\}$ oder

Fall 2: $\{WZ\} \subseteq \{Y\}$.

Im Fall 1 finden wir bei Voraussetzung (a) $U = W = X$ und $\{V\} \subseteq \{Z\} \subseteq \{Y\}$ vor oder mit (b) $\{UV\} \subseteq \{Z\} \subseteq \{Y\}$. Fall 2 beschert uns mit (a) $\{UV\} \subseteq \{UZ\} = \{WZ\} \subseteq \{Y\}$ bzw. mit (b) $\{UV\} \subseteq \{Z\} \subseteq \{WZ\} \subseteq \{Y\}$. In allen Kombinationen hat sich die obige Behauptung als richtig erwiesen (vollständige Induktion).

Satz 2.17

F bezeichne eine Menge von funktionalen Abhängigkeiten (bzgl. R). Dann kann jedes $(X \rightarrow Y) \in F^+$ mit Hilfe einer RAP-Ableitung gewonnen werden.

Beweis

Wir schränken uns von vornherein auf effiziente Ableitungen ein. Nach Lemma 2.3 darf (A3*) als Schluß-Schritt eingesetzt werden. Es muß jetzt nur noch gezeigt werden, daß (A1*) höchstens einmal – zu Beginn mit $(X \rightarrow X)$ – anzuwenden ist.

Für jede Abhängigkeit, die mit $(U \rightarrow U)$, $U \neq X$, gewonnen wurde, trifft einer der in Lemma 2.4 genannten Fälle (a) oder (b) zu. Wegen $U \neq X$ muß ein Schritt existieren, in dem zwei Abhängigkeiten der Form $(U \rightarrow V)$ und $(W \rightarrow Z)$, $\{U\} \subseteq \{Z\}$, mittels (A2*) miteinander verknüpft werden. Dann können aber auch die Schritte, die sich bis zu $(U \rightarrow V)$ auf $(U \rightarrow U)$ aufbauen, direkt mit $(W \rightarrow Z)$ durchgeführt werden – mit dem gleichen Resultat wie die Verknüpfung von $(U \to V)$ mit $(W \to Z)$. Die Wiederholung dieser Argumentation führt zu der Aussage, daß jede Abhängigkeit $(U \to V)$, $U \neq X$, die einen Beitrag zur Ableitung von $(X \to Y)$ leistet, direkt mit einer Abhängigkeit der Form $(X \to Z)$, $\{U\} \subseteq \{Z\}$, verknüpft werden darf. Mithin ist $(U \to U)$ überflüssig. Auf ähnliche Weise erkennt man, daß eine zweite Verwendung von $(X \to X)$ nicht notwendig ist.

Da $(X \to X)$ voraussetzungslos ist, darf es als erster Schritt ausgeführt werden.

Dieser Satz legt die Folgerungen nahe:

Corollar 1

Wird in der RAP-Ableitung von $(X \to Y)$ bzgl. F die Abhängigkeit $(U \to V)$ verwendet, so gilt $(X \to UV) \in F^+$.

Der *Beweis* ist unmittelbar aus (A2*) ablesbar.

Corollar 2

In einer RAP-Ableitung von $(X \to Y)$ bzgl. F genügt es, eine Abhängigkeit $(U \to V)$ höchstens einmal zu verwenden.

Beweis

$(U \to V)$ werde in einer RAP-Ableitung dazu benutzt, um mit (A2*) $(X \to W)$ herzuleiten. Für alle späteren Zwischenergebnisse $(X \to Z)$ gilt $\{UV\} \subseteq \{W\} \subseteq \{Z\}$, so daß die Verknüpfung von $(X \to Z)$ mit $(U \to V)$ wieder zu $(X \to Z)$ führt.

X^+ als RAP-Ableitung

Die Hülle einer Attribut-Kombination X bzgl. einer Relationen-Struktur R und den Abhängigkeiten F läßt sich auf einfache Weise als RAP-Ableitung konstruieren. Wir nehmen an, daß die Elemente aus F in einer Liste $\mathscr{L}$ angegeben sind. Die folgende Konstruktionsvorschrift macht unmittelbar von Satz 2.17 und Corollar 2 Gebrauch:

Start: Setze $Z = X$;

Ableitungsschritt:

a) Suche $(U \rightarrow V)$ aus $\mathscr{L}$ mit $\{U\} \subseteq \{Z\}$;
b) Ersetze Z durch ZV;
c) Eliminiere $(U \rightarrow V)$ aus $\mathscr{L}$.

Der Ableitungsschritt wird so lange wiederholt, bis keine Abhängigkeit aus $\mathscr{L}$ mehr Bedingung (a) genügt.

Ergebnis: $X^+ = Z$.

Dieser Algorithmus kann dazu benutzt werden, das *Membership-Problem* zu lösen: Zu einer gegebenen Menge F von funktionalen Abhängigkeiten fragt man, ob eine Abhängigkeit $(X \rightarrow Y)$ sich aus F ableiten läßt. Man hat den obigen Ableitungsschritt so lange zu wiederholen, bis $\{Y\} \subseteq \{Z\}$ erfüllt ist. Sofern dies gelingt, gilt $(X \rightarrow Y) \in F^+$; andernfalls, wenn der Algorithmus vorzeitig terminiert, gilt $(X \rightarrow Y) \notin F^+$ (vgl. Lemma 2.1).

Äquivalente Abhängigkeitsmengen

Wenn F und G zwei unterschiedliche Mengen funktionaler Abhängigkeiten bzgl. einer gemeinsamen Relationen-Struktur bezeichnen, so fragen wir nun noch, ob sie dieselben Zusammenhänge dort beschreiben. Zur Beurteilung der Frage $F^+ = G^+$ benötigen wir:

Definition 2.10

F und G seien zwei Mengen von funktionalen Abhängigkeiten. Dann wird F als *Überdeckung* (engl.: cover) von G bezeichnet, wenn $G \subseteq F^+$ besteht. F und G heißen *äquivalent*, wenn $F^+ = G^+$ gilt.

Definition 2.11

F bezeichne eine Menge funktionaler Abhängigkeiten. Dann heißt *F redundant*, wenn ein $(U \rightarrow V) \in F$ existiert mit $(F \setminus \{(U \rightarrow V)\})^+ = F^+$; andernfalls wird F als *nicht-redundant* bezeichnet.

In einer redundanten Menge funktionaler Abhängigkeiten gibt es mindestens eine Abhängigkeit, die sich aus den anderen ableiten läßt; sie ist deshalb eliminierbar, ohne daß sich damit die Hülle der Menge ändert.

Satz 2.18

Für zwei äquivalente nicht-redundante Mengen F und G von funktionalen Abhängigkeiten (bzgl. R) gilt: Zu jedem $(X \rightarrow Y) \in F$ existiert ein $(U \rightarrow V) \in G$ mit $(X \rightarrow U) \in F^+$ und $(U \rightarrow X) \in F^+$.

Beweis

a) Wegen $(X \rightarrow Y) \in G^+$ existiert eine RAP-Ableitung für $(X \rightarrow Y)$ mit Elementen aus G. Sofern dort $(U \rightarrow V) \in G$ beteiligt ist, folgt nach Corollar 1 zu Satz 2.17: $(X \rightarrow UV) \in G^+ = F^+$ bzw. $(X \rightarrow U) \in F^+$.

b) Andererseits besitzt jedes in a) beteiligte $(U \rightarrow V) \in G$ eine RAP-Ableitung bzgl. F. *Behauptung:* Mindestens in einem Fall muß $(X \rightarrow Y)$ in der betreffenden RAP-Ableitung verwendet werden. Andernfalls erkennen wir sonst immer $(U \rightarrow V) \in (F \setminus \{(X \rightarrow Y)\})^+$ – dann ist aber $(X \rightarrow Y)$ aus $(F \setminus \{(X \rightarrow Y)\})$ ableitbar, und F wäre redundant! Deshalb gilt auch $(U \rightarrow X) \in F^+$, das Gegenstück zu a).

Man erkennt auch unmittelbar, daß F und G äquivalent sind, wenn die Aussage des letzten Satzes als Voraussetzung zutrifft.

Anmerkungen

Relationen wurden mit mathematischen Mitteln als Mengen von Tupeln dargestellt. Diese Interpretation gestattet den formalen Umgang mit den Operationen Selektion, Projektion, Join, Vereinigung, Differenz und Durchschnitt, was uns auch bei der Behandlung der Datenbanksprache SQL weiter behilflich sein wird. Da jeder Join als eine Verknüpfung der Operationen (Cartesisches) Produkt, Selektion und Projektion darstellbar ist, bilden Selektion, Projektion und Produkt zusammen mit den reinen Mengen-Operationen (Vereinigung, Differenz, Durchschnitt) die Basis-Operationen der relationalen Algebra (vgl. J. D. ULLMAN [82]*).

Andere Einführungen der relationalen Algebra verzichten auf die Festlegung einer Reihenfolge der Attribute bzw. Attributwerte bei Relationen. Dies gelingt, wenn jede Tabellenzeile als eine Funktion $A_i \rightarrow dom(A_i)$, $i = 1, \ldots, n$, aufgefaßt wird. Wir wollen durchweg an der (anschaulicheren) Tupel-Darstellung festhalten; die Äquivalenz-Betrachtung (Abschnitt 2.1) relativiert die Einschränkung auf eine Reihenfolge jedoch wieder.

Im praktischen Einsatz geben Tupel Informationen über Gegenstände oder Sachverhalte wieder; durch diesen Bezug stehen die Attributwerte untereinander in einem

Zusammenhang. Funktionale Abhängigkeiten, die auf E. F. CODD [72a]* zurückgehen, und mehrwertige Abhängigkeiten helfen uns, logische Zusammenhänge in Relationen zu formulieren. Dabei interessieren uns weniger einzelne, konkrete Relationen als vielmehr die Relationen-Strukturen mit den stets gültigen inneren Zusammenhängen zwischen den Attributen. Die logischen Abhängigkeiten liefern die Kriterien an die Hand, wann Informationen aus einer Relation aufgeteilt und in mehreren separaten Relationen wiedergegeben werden können (verlustfreier Join). Sie können als Restriktionen an jegliche Konkretisierungen der Relationen-Struktur angesehen werden. Während zum Anfang unserer Betrachtungen mehr konkrete Relationen (extensionaler Aspekt des relationalen Modells) von Interesse waren, haben wir zum Schluß in Abschnitt 2.5 von konkreten Relationen abstrahiert und vorrangig die Struktur in den Vordergrund gestellt (intentionaler Aspekt des relationalen Modells; zur ausführlicheren Behandlung des Themenkreises Extension und Intension der Datenmodelle vgl. D. C. TSICHRITZIS, F. H. LOCHOVSKI [82]*).

Dieses Kapitel fragt nicht danach, ob Relationen-Strukturen adäquat gewählt sind. Hier wurde lediglich davon ausgegangen, daß Tupel gewisse Informationseinheiten – Entities – beschreiben. Die beiden nächsten Kapitel sind der Frage nach der Konstruktion von Relationen gewidmet. Die klassische Theorie der Normalformen (Kapitel 3) markiert auf der Basis vorhandener logischer Abhängigkeiten ‚defekte' Relationen-Strukturen, während Kapitel 4 Hilfen zum Verständnis von Tupeln, Entities und logischen Abhängigkeiten geben will.

Aufgaben

Aufgabe 2.1

Zu den Relationen eines Hotels

GAESTE

Name	Land	Stadt	Geschlecht	Kunden_Nr
Luigi	I	Roma	m	451
Esmeralda	E	Valencia	w	341
Wendelin	D	Miltenberg	m	631
Fritz	D	Bochum	m	837
Osman	TR	Ankara	m	545
Luise	D	Kassel	w	213

BUCHUNG

Kunden_Nr	Zimmer	Tag	Jahr	Dauer
631	105	45	90	6
837	109	47	90	4
451	104	61	90	8
545	207	103	90	3
451	104	122	90	2
837	109	145	90	3
631	106	287	90	6

MAHNUNG

Kunden_Nr	Tag	Jahr	Betrag
452	143	90	240.00
454	143	90	150.00
566	177	90	167.00
732	290	90	210.00

ermittle man

(a) GAESTE (Land = D UND Geschlecht = w)
(b) BUCHUNG [Zimmer, Kunden_Nr]
(c) GAESTE * BUCHUNG
(d) GAESTE * MAHNUNG

Aufgabe 2.2

Welche Tupel müssen in der folgenden Relation ergänzt werden, damit $A \twoheadrightarrow B$ (bzw. $A \twoheadrightarrow C$) gilt?

A	B	C
x	u	m
x	u	n
x	u	o
x	r	n
y	u	r
y	r	s
y	u	s
y	r	r
z	r	s
z	u	t

Aufgabe 2.3

In der folgenden Relation finde man alle (aussagekräftigen) funktionalen und mehrwertigen Abhängigkeiten:

VERANSTALTUNGEN

Veranstaltung	Saal	Termin	Anzahl	Dozent	Hilfsmittel
Graphische DV	209	Mi. 1	53	0210	Overhead-Pr.
Graphische DV	209	Fr. 3	53	0210	Overhead-Pr.
C	413	Di. 1	86	0111	PC
C	413	Di. 1	86	0111	Overhead-Pr.
C	413	Mi. 3	86	0111	PC
C	413	Mi. 3	86	0111	Overhead-Pr.
Mathematik	418	Mo. 1	76	0342	Tafel
Mathematik	318	Do. 2	76	0342	Tafel
Datenstrukturen	310	Fr. 2	32	0550	Tafel
Datenstrukturen	310	Fr. 2	32	0550	Overhead-Pr.

(Mi. 1 bedeutet: Mittwoch, 1. Stunde etc.)

Wie lautet der Schlüssel von VERANSTALTUNGEN?

Aufgabe 2.4

Gegeben sei eine Relation R(XAYZ) mit (paarweise disjunkten) Attribut-Kombinationen X, A, Y und Z. Man zeige:

(a) Gilt $X \rightarrow A$ und $X \rightarrow\!\!\!\rightarrow Y \Rightarrow XA \rightarrow\!\!\!\rightarrow Y$ und $X \rightarrow\!\!\!\rightarrow AY$.

(b) $X \rightarrow\!\!\!\rightarrow AY$ und $X \rightarrow\!\!\!\rightarrow AZ \Rightarrow X \rightarrow\!\!\!\rightarrow A$.

(c) $XA \rightarrow\!\!\!\rightarrow Y$ und $X \rightarrow\!\!\!\rightarrow A \Rightarrow X \rightarrow\!\!\!\rightarrow Y$.

Aufgabe 2.5*

Man beweise Satz 2.14 (Transitivität der mehrwertigen Abhängigkeiten) auf alternativem Wege, bei dem ausschließlich von der Join-Darstellung von Relationen Gebrauch gemacht wird.

Aufgabe 2.6

Man zeige, daß die Axiome (A1)–(A3) und (A1*)–(A3*) äquivalent sind: Aus (A1)–(A3) folgen (A1*)–(A3*) und umgekehrt.

Literatur

Als ergänzende Literatur werden S. ALAGIC, S. [86]*, E. F. CODD [70]*, [72a]*, [72b]*, D. MAIER [83]*, empfohlen. Die Ergebnisse des Abschnitts 2.5 finden sich bei J. D. ULLMAN [82]* und D. MAIER [83]*. Hinsichtlich eines Axiomensystems für mehrwertige Abhängigkeiten vgl. C. BEERI, R. FAGIN, J. H. HOWARD [77] und A. O. MENDELZON [79].

Vertiefende Arbeiten:

AHO, A. H., BEERI, C., ULLMAN, J. [79]: The theory of joins in relational databases. ACM Trans. on Database Systems 4 (1979), 298–314.

ARMSTRONG, W. W. [74]: Dependency structures of databases. In: Proc IFIP 74, North Holland 1974, pp. 580–583.

ARMSTRONG, W. W., DELOBEL, C. [80]: Decompositions and functional dependencies in relations. ACM Trans. on Database Systems 5 (1980), 404–430.

BEERI, C., FAGIN, R., HOWARD, J. H. [77]: A complete axiomatization for functional and multivalued dependencies in database relations. In: Proc. ACM-SIGMOD Int. Conf. on Management of Data (Toronto, Aug. 1977). ACM, New York, pp. 47–61.

BEERI, C., DOWD, M., FAGIN, R., STATMAN, R. [78]: On the structure of Armstrong relations for functional dependencies. J. ACM 31 (1984), 30–46.

DELOBEL, C. [78]: Normalization and hierarchical dependencies in the relational data model. ACM Trans. on Database Systems 3 (1978), 201–222.

DELOBEL, C. [73]: Contributions théoretiques à la conception d'un système d'informations. Ph. D. Th., U. of Grenoble, Grenoble 1973.

FAGIN, R. [77a]: Multivalued dependencies and a new normal form for relational databases. ACM Trans. on Database Systems 2 (1977), 262–278.

FAGIN, R. [77b]: Functional dependencies in a relational database and propositional logic. IBM J. Res. and Dev. 21 (1977), 534–544.

MENDELZON, O. A. [79]: On axiomatizing multivalued dependencies in relational databases. Journ. of the ACM 26 (1979), 37–44.

RISSANEN, J. [78]: Theory of relations for databases – a tutorial survey. LNCS 64, Springer Verlag Berlin 1978, pp. 537–551.

ZANIOLO, C. [76]: Analysis and Design of relational schemata for database systems. Ph.D. Dissertation, Univ. of California, Los Angeles 1976.

Die mit [ ]* gekennzeichneten Zitate (auch im Text) beziehen sich auf übergreifende Werke, die am Ende des Buches aufgeführt sind.

3. Normalformen

Relationen müssen adäquat strukturiert sein, damit der Datenbank-Betrieb nicht durch unerwünschte Effekte gestört wird. Vor allem ist der Gefahr mehrfach gespeicherter – redundanter – Daten zu begegnen. Mit der Theorie der Normalformen werden Relationen systematisch auf Schwachstellen hin analysiert und ggf. umstrukturiert.

Die Normalformen sind zum Teil schon mit der Vorstellung des relationalen Modells durch E. F. CODD [70]* eingeführt und schrittweise weiterentwickelt worden. Sie können auf folgende Weise angeordnet werden:

Erste Normalform (1NF)
Zweite Normalform (2NF)
Dritte Normalform (3NF)
Boyce-Codd-Normalform (BCNF)
Vierte Normalform (4NF)
Fünfte Normalform (5NF).

Diese Skala gibt die zunehmende Präzision ihrer Bedingungen wieder: Eine Relation in der 5. Normalform befindet sich gleichzeitig in der 4. Normalform, was sich bis hin zur 1. Normalform fortsetzt.

Während alle anderen Normalformen inhaltliche Aspekte über Zusammenhänge der Informationen einbeziehen, schreibt die erste Normalform lediglich eine Struktur-Bedingung vor: Attribute dürfen nür über *elementare* Ausprägungen verfügen, so daß eine weitere Aufteilung in aussagekräftige Einheiten nicht mehr möglich ist. Einheiten mit nicht-elementarem Charakter sind z. B.

- *Feldgruppen* mit mehreren Attributen, wie es z. B. mit der Gruppierung von ‚PLZ‘, ‚Ort‘, ‚Straße‘ und ‚Haus-Nr‘ zu ‚Adresse‘ der Fall ist;
- *Wiederholungsgruppen*, wo mehrere Ausprägungen derselben Art zu einer Einheit zusammengefaßt werden; Beispiel: ‚Vornamen‘ oder ‚Anschriften‘ einer Person.

1. Normalform

Eine Relation befindet sich in der *ersten Normalform* (1NF), wenn jedes Attribut über elementare Ausprägungen verfügt. Grundsätzlich unterlegen wir dem Begriff ‚Relation‘ stets die Bedingung der ersten Normalform, so wie es auch Definition 2.1 nahelegt.

Damit Tupel im Bestand identifiziert werden können, verlangen wir, daß der Schlüssel einer Relation immer wohlbestimmte Ausprägungen besitzt.

Bei der Untersuchung der Normalformen spielt die Analyse der logischen Abhängigkeiten eine fundamentale Rolle. Die Definitionen der Abschnitte 2.2 und 2.3 lassen sich inhaltlich auch auf folgende Weise formulieren:

- Funktionale Abhängigkeit $X \rightarrow Y$:

  Mit der Ausprägung zu X ist genau ein Wert zu Y festgelegt;
- mehrwertige Abhängigkeit $X \rightarrow\!\!\rightarrow Y$:

  Zu einem Wert X ist unabhängig von den anderen Attributen eine wohl-bestimmte Menge von Ausprägungen zu Y – verteilt über mehrere Tupel – gegeben.

Zur Veranschaulichung der Normalformen nehmen wir in diesem Kapitel auf Informationen aus dem Umfeld eines Hotels Bezug.

3.1 Die zweite Normalform

Mit Hilfe der Relation

BELEGG (Gast_ID, Zimmer_Nr, Tag, Name, Vorname)

werden Informationen über Gäste (Gast_ID, Name, Vorname) und ihre tägliche Zimmerbelegung gespeichert. Schlüssel: (Gast_ID, Tag) oder (Zimmer_Nr, Tag). Diese Relation verfügt über folgende Mängel:

- Ohne Zuweisung einer Zimmerbelegung (mit Angabe des Tages) ist es nicht möglich, Informationen über einen Gast aufzunehmen (Insert-Anomalie).
- Mit dem Entfernen (älterer) Belegungen werden gleichzeitig die Informationen über Gäste eliminiert (Deletion-Anomalie).
- So oft ein Gast ein Zimmer belegt, wird sein Name (redundant) mitgeführt. Namens-Änderungen können zu widersprüchlichen Daten führen (Update-Anomalie).

Grund dieser Phänomene: In BELEGG werden Informationen über Entities geführt, welche bereits durch einen Teil des Schlüssels festgelegt sind: Name bezieht sich auf den Gast und ist nur von Gast_ID funktional abhängig. Diese Informationen betreffen deshalb nur *mittelbar* (via Gast_ID) eine Zimmerbelegung. Die 2. Normalform verbietet, daß Attribute nur von einem Teil des Schlüssels funktional abhängig sind: Attribute müssen vom Schlüssel voll funktional abhängig sein (vgl. Abschnitt 2.3).

Sofern Schlüssel miteinander konkurrieren, wollen wir alle als gleichberechtigt behandeln. Deshalb wird die volle funktionale Abhängigkeit vom Relationen-Schlüssel *nur* für Nichtschlüssel-Attribute gefordert. Wir bezeichnen dazu ein Attribut, das an (irgend) einem Schlüssel einer Relation R beteiligt ist, als ein *Primär-Attribut* (bzgl. R); alle anderen wollen wir *Sekundär-Attribute* (bzgl. R) nennen. Z. B. treffen wir in BELEGG die Primär-Attribute Gast_ID, Zimmer_Nr und Tag an; Name und Vorname sind dagegen als Sekundär-Attribute einzustufen.

2. Normalform

Eine Relation R befindet sich in der *zweiten Normalform* (2NF), wenn jedes Sekundär-Attribut von jedem beliebigen Schlüssel von R voll funktional abhängig ist.

Anmerkung

Besitzt eine Relation nur einen Schlüssel, der gleichzeitig elementaren Charakter besitzt, so befindet sie sich automatisch in der 2. Normalform.

Normalisierung

Eine Relation, die sich noch nicht in der 2. Normalform befindet, kann schrittweise in 2NF-Relationen transformiert werden (vgl. Satz 2.9, Abschnitt 2.3):

Normalisierungsschritt

Ist in R = R(A1, ..., An) eine Attribut-Kombination Y nicht voll funktional abhängig vom Schlüssel S, etwa $X \rightarrow Y$, $\{X\} \subsetneq \{S\}$, mit $\{S\} \cap \{Y\} = 0$, so kann R als verlustfreier Join zweier Projektionen R1 und R2 dargestellt werden mit

a) R1 = R[XY] und

b) R2 = R[Z] mit $\{Z\} = \{A1, \ldots, An\} \setminus \{Y\}$

Der Normalisierungsschritt reduziert die Struktur einer Ausgangsrelation um mindestens ein Attribut. Sofern die Relationen R1 oder R2 noch nicht in 2NF vorliegen, ist der Schritt zu wiederholen. Das Verfahren terminiert.

Beispiel 3.1

Im Fall der Relation BELEGG finden wir die Abhängigkeit (Gast_ID) → (Name, Vorname) vor. Der Normalisierungsschritt führt dann zu

R1 = BELEGG [Gast_ID, Name, Vorname]

und

R2 = BELEGG [Gast_ID, Zimmer_Nr, Tag].

3.2 Die dritte Normalform

Datenbanken mit Relationen in der zweiten Normalform garantieren noch keinen Anomalie-freien Betrieb. In der Relation

RECHNG (Rechng_ID, Gast_ID, Name, PLZ, Ort, Straße, Betrag)

werden Informationen über Gäste und ihre Rechnungen geführt. Schlüssel:
S = (Rechng_ID).

RECHNG befindet sich in der zweiten Normalform. Trotzdem sind folgende Mängel festzuhalten:

- Informationen über einen neuen Gast dürfen erst nach Ausstellung der Rechnung aufgenommen werden (Insert-Anomalie).
- Mit dem Entfernen der Rechnungen verlieren wir gleichzeitig die Informationen über die betreffenden Gäste (Deletion-Anomalie).
- Informationen über Gäste werden redundant gehalten. Eine Adreß-Änderung muß unter Umständen mehrfach nachgetragen werden, was zu einer unvollständigen Aktualisierung führen kann (Update-Anomalie).

Grund: In RECHNG werden detaillierte Aussagen über Gäste festgehalten, die sich nur mittelbar – über die Gast_ID – auf eine Rechnung beziehen! Zur Beschreibung dieses Phänomens hilft uns die folgende Definition.

Definition 3.1

Mit X, Y und Z seien paarweise verschiedene Attribut-Kombinationen bezüglich $R(A_1, \ldots, A_n)$ bezeichnet. Falls die funktionalen Abhängigkeiten $X \rightarrow Y$, $Y \not\rightarrow X$, und $Y \rightarrow Z$ (also auch $X \rightarrow Z$) bestehen, so heißt Z *transitiv abhängig* (via Y) *von* X.

In dieser Definition ist Z nur mittelbar – über den Zwischenschritt Y – funktional abhängig von X. Es ist zu beachten, daß Y nicht mehr als Schlüssel der Relation in Frage kommt, wenn X diese Funktion einnimmt.

Unsere Schwierigkeiten rühren in RECHNG offensichtlich von der transitiven Abhängigkeit (Rechng_ID) → (Gast_ID) → (Name, PLZ, Ort, Straße) ((Gast_ID) $\not\rightarrow$ (Rechng_ID)) her.

Die 3. Normalform verbietet transitive Abhängigkeiten.

3. Normalform

Eine Relation befindet sich in der *dritten Normalform* (3NF), falls kein Sekundär-Attribut von einem Schlüssel der Relation transitiv abhängig ist.

Die 3NF-Bedingung schließt diejenige der zweiten Normalform in sich ein: Ist ein Sekundär-Attribut (Y) von einem echten Teil (X) des Schlüssels (S) funktional abhängig, so finden wir stets auch die transitive Abhängigkeit $S \rightarrow X \rightarrow Y$ ($X \not\rightarrow S$) vor. Im Unterschied zur 3NF verzichtet 2NF darauf, funktionale Abhängigkeiten zwischen Sekundär-Attributen zu berücksichtigen.

Normalisierung

Eine Relation, die sich noch nicht in der 3. Normalform befindet, kann in Projektionen zerlegt und verlustfrei rekonstruiert werden. Wie bei der 2NF-Normalisierung basiert das folgende Verfahren auf Satz 2.9 (Abschnitt 2.3).

Normalisierungsschritt

Für $R = R(A_1, \ldots, A_n)$ gelte $S \rightarrow X$, $X \rightarrow Y$, wo S den Schlüssel und X, Y zwei disjunkte Attribut-Kombinationen bzgl. R bezeichnen. Dann kann R als verlustfreier Join zweier Projektionen R1 und R2 mit

a) $R1 = R[XY]$ und

b) $R2 = R[Z]$ mit $\{Z\} = \{A_1, \ldots, A_n\} \setminus \{Y\}$

dargestellt werden:

$$R \sim R[XY] * R[Z].$$

Der Normalisierungsschritt kann ggf. für R1 oder R2 wiederholt werden.

Beispiel 3.2

Für RECHNG haben wir mit S = (Rechngs_ID), X = (Gast_ID) und Y = (Name, Name, PLZ, Ort, Straße) die transitive Abhängigkeit S → X → Y festgestellt. RECHNG kann als Join der Relationen

R1 = RECHNG [Gast_ID, Name, Name, PLZ, Ort, Straße]

und

R2 = RECHNG [Rechng_ID, Gast_ID, Betrag]

dargestellt werden.

3.3 Die Boyce-Codd-Normalform

Relationen in der dritten Normalform können versteckte Anomalien aufweisen, wie das folgende Beispiel zeigt: Unser Hotel bietet gewisse Service-Leistungen an, die in Veranstaltungsgruppen (V_Gruppe) ‚Sightseeing', ‚Kultur' und ‚Sport' untergliedert sind. Zur Vermeidung von Konkurrenz-Situationen findet pro Termin höchstens eine Veranstaltung aus einer Gruppe statt. Das Angebot wird in einer Relation

SERVICE(V_Gruppe, Termin, Veranstaltung).

festgehalten. SERVICE befindet sich mit dem gewählten Schlüssel S = (V_Gruppe, Termin) in der dritten Normalform. Sie besitzt trotzdem den Nachteil, daß z. B. die Aufnahme einer Veranstaltung, die noch keiner Gruppe zugeordnet ist, abzuweisen ist (Insert-Anomalie). Außerdem muß die Umbenennung einer Veranstaltungsgruppe wie z. B. ‚Sightseeing' in ‚Besichtigungen' mehrfach nachgehalten werden, was bei inkonsequenter Handhabung zu Problemen führt (Update Anomalie).

Grund: Wir können für SERVICE einen günstigeren Schlüssel, S' = (Termin, Veranstaltung), wählen; dann zeigt sich wegen (Veranstaltung) → (V_Gruppe), daß unsere Relation hinsichtlich S' *nicht* mehr der Bedingung der 2. Normalform genügt!

Boyce-Codd-Normalform

Eine Relation R befindet sich in der *Boyce-Codd-Normalform* (BCNF), falls jede nicht-triviale funktionale Abhängigkeit X → Y die Eigenschaft besitzt: X enthält den Schlüssel von R.

Die Boyce-Codd-Normalform verbietet funktionale Abhängigkeiten, die nicht *direkt* von einem Schlüssel der Relation abhängen. Während die 3. Normalform nur die funktionalen Abhängigkeiten der Sekundär-Attribute von einem Schlüssel berücksichtigt, bezieht die Boyce-Codd-Normalform auch Abhängigkeiten zwischen Primär-Attributen ein. Die Bedingung der BCNF enthält offensichtlich die der 3. Normalform.

Normalisierung

Wieder kann eine Relation, die sich noch nicht in der Boyce-Codd-Normalform befindet, aufgrund von Satz 2.9 (Abschnitt 2.3) in ‚einfachere' Relationen (Projektionen) zerlegt werden.

Normalisierungsschritt

Für eine Relation $R = R(A_1, \ldots, A_n)$ bestehe die funktionale Abhängigkeit $X \rightarrow Y$ (X und Y bezeichnen disjunkte Attribut-Kombinationen bzgl. R), wo X *keinen* Schlüssel von R abgibt. Dann kann R als verlustfreier Join ihrer Projektionen R1 und R2 mit

a) $R1 = R[XY]$ und

b) $R2 = R[Z]$ mit $\{Z\} = \{A_1, \ldots, A_n\} \setminus \{Y\}$

dargestellt werden:

$$R \sim R[XY] * R[Z] \ .$$

Wieder kann der Normalisierungsschritt bei Bedarf wiederholt angewandt werden.

Beispiel 3.3

Für SERVICE wurde bereits (Veranstaltung) → (V_Gruppe) vermerkt; deshalb ist SERVICE als Join der beiden Projektionen

R1 = SERVICE [Veranstaltung, V_Gruppe]

und

R2 = SERVICE [Termin, Veranstaltung]

darstellbar.

Mit der Boyce-Codd-Normalform werden die funktionalen Abhängigkeiten hinsichtlich *aller* Schlüssel-Kandidaten untersucht. Der Spielraum für Relationen-Zerlegungen auf der Basis funktionaler Abhängigkeiten (Satz 2.9, Satz 2.16) ist damit vollständig ausgeschöpft. Eine andere Zerlegungsmöglichkeit bietet Satz 2.12 an – das Fundament für die vierte Normalform des nächsten Abschnitts.

3.4 Die vierte Normalform

Auch bei Relationen, in denen sich alle nicht-trivialen funktionalen Abhängigkeiten ausschließlich auf den Relationen-Schlüssel beziehen, können Anomalien angetroffen werden, wie der folgende Fall zeigt:

Zu den Service-Leistungen unseres Hotels gehören Sightseeing-Touren mit festen Zielen. An einem Tag ist eine Tour aus organisatorischen Gründen höchstens einmal durchführbar. Die folgende Relation hält die angebotenen Touren mit ihren Zielen fest:

ANGEBOT (Tour_Nr, Ziel, Tag).

Schlüssel: (Tour_Nr, Ziel, Tag). Obwohl sich ANGEBOT offensichtlich in der Boyce-Codd-Normalform befindet, müssen wir folgende Mängel festhalten:

- Ohne die Vereinbarung eines ersten Termins (Tag) ist es nicht möglich, eine neue Tour mit ihren Zielen in den Bestand aufzunehmen (Insert-Anomalie).
- Werden (ältere) Touren eliminiert, so verlieren wir gleichzeitig Informationen über deren Ziele (Deletion-Anomalie).
- Sooft eine Tour stattfindet, führen wir jedesmal die gleichen Ziele auf. Ändert sich ihre Zusammensetzung, müssen wir diesen Sachverhalt mehrfach nachtragen, was bei inkonsequentem Vorgehen zu widersprüchlichen Daten führen kann (Update-Anomalie).

Die Schwierigkeiten in ANGEBOT rühren daher, daß zwei unterschiedliche Aspekte über die Touren beschrieben werden: die Ziele (Ziel) und die Termine (Tag). Formal: In ANGEBOT treffen wir die (echte) mehrwertige Abhängigkeit (Tour_Nr) $\rightarrow\!\!\rightarrow$ (Ziel) (bzw. (Tour_Nr) $\rightarrow\!\!\rightarrow$ (Tag)) an.

4. Normalform

Eine Relation R befindet sich in der *vierten Normalform* (4NF), wenn jede Abhängigkeit $X \rightarrow\!\!\rightarrow Y$ die Eigenschaft besitzt: X enthält den Schlüssel von R.

Die 4. Normalform verbietet indirekt echte mehrwertige Abhängigkeiten: Mit $X \rightarrow\rightarrow Y$, $X \not\rightarrow Y$, kann X auf keinen Fall als Schlüssel der Relation auftreten. Da jede funktionale Abhängigkeit auch als mehrwertige Abhängigkeit interpretierbar ist (vgl. Abschnitt 2.4), umfaßt die Bedingung der 4NF die der BCNF.

Normalisierung

Satz 2.12 (Abschnitt 2.4) bildet die Grundlage für den folgenden

Normalisierungsschritt

Liegt in $R = R(A_1, \ldots, A_n)$ eine echte mehrwertige Abhängigkeit $X \rightarrow\rightarrow Y$ vor, so kann R als verlustfreier Join zweier Projektionen dargestellt werden:

$$R \sim R[XY] * R[Z]$$

mit $\{Z\} = \{A_1, \ldots, A_n\} \setminus \{Y\}$

Auch dieser Normalisierungsschritt reduziert wieder die Struktur einer Relation um mindestens ein Attribut. Er kann bei Bedarf wiederholt angewandt werden.

Beispiel 3.4

Für ANGEBOT wurde die Abhängigkeit (Tour_Nr) $\rightarrow\rightarrow$ (Ziel) bereits erwähnt. Die Normalisierung führt dann zu

R1 = ANGEBOT [Tour_Nr, Ziel],

R2 = ANGEBOT [Tour_Nr, Tag].

Nach Satz 2.12 ist die Zerlegung einer Relation R in zwei Projektionen (mit verlustfreier Rekonstruktion) dann und nur dann sinnvoll, wenn eine mehrwertige Abhängigkeit in R feststellbar ist. Es ist deshalb aussichtslos, nach einem weiteren Normalisierungsverfahren zu suchen, das ebenfalls eine Zerlegung in *zwei* Projektionen liefert.

3.5 Die fünfte Normalform

Mit der 5. Normalform, die auch als *Projektion/Join Normalform* bezeichnet wird, wollen wir auf Relationen aufmerksam machen, die sich als Join von mehr (!) als zwei ihrer Projektionen darstellen lassen. Im Unterschied zum bisherigen Vorgehen stellen wir zunächst die Projektionen einer noch zu erzeugenden Relation TOUR_ORG vor.

Anwendungsbeispiel:

Unser Hotel bietet Touren an, die von gewissen Unternehmen durchgeführt und von einem Mitarbeiter des Hauses begleitet werden. Folgende organisatorische Regelung wurde getroffen:

- Einem Unternehmen sind bestimmte Touren zugewiesen, beschrieben in der Relation TOUREN(Unternehmen, Tour_Nr);
- jeder Mitarbeiter (identifiziert über Mitarbeiter_ID) betreut ein bestimmtes Touren-Angebot (wiedergegeben in BETREUUNG(Mitarbeiter_ID, Tour_Nr));
- darüber hinaus werden Mitarbeiter nur im Zusammenhang mit bestimmten Unternehmen eingesetzt, was in der Relation CONTACT(Mitarbeiter_ID, Unternehmen) festgehalten wird.

Folgende Relationen geben dazu ein Beispiel ab:

TOUREN:

Unternehmen	Tour_Nr
Ikarus-Reisen	T1
Ikarus-Reisen	T2
Dallas-Tours	T2
Dallas-Tours	T3
Rheinfall-Reisen	T1
Rheinfall-Reisen	T3

BETREUUNG

Mitarbeiter_ID	Tour_Nr
25	T2
25	T3
26	T2
26	T1
35	T3
38	T1

CONTACT:

Mitarbeiter_ID	Unternehmen
25	Dallas-Tours
26	Dallas-Tours
26	Ikarus-Reisen
35	Rheinfall-Reisen
38	Rheinfall-Reisen

Wer mit wem welche Tour durchführen kann, wird in der Relation TOUR_ORG (Tour_Nr, Unternehmen, Mitarbeiter_ID), dem Join von TOUREN, BETREUUNG und CONTACT, festgehalten:

TOUR_ORG

Unternehmen	Tour_Nr	Mitarbeiter_ID
Dallas-Tours	T2	25
Dallas-Tours	T3	25
Dallas-Tours	T2	26
Rheinfall-Reisen	T1	38
Rheinfall-Reisen	T3	35
Ikarus-Reisen	T1	26
Ikarus-Reisen	T2	26

Schlüssel: (Tour_Nr, Unternehmen, Mitarbeiter_ID).

TOUR_ORG liegt offensichtlich in der 4. Normalform vor.

Man überprüft leicht:

TOUREN = TOUR_ORG [Unternehmen, Tour_Nr]
BETREUUNG = TOUR_ORG [Mitarbeiter_ID, Tour_Nr]
CONTACT = TOUR_ORG [Mitarbeiter_ID, Unternehmen].

TOUR_ORG gestattet es jedoch nicht, neue Zuordnungen zwischen Mitarbeiter und Touren, Mitarbeiter und Unternehmen oder Unternehmen und Touren einzutragen (INSERT-Anomalie). Im Unterschied zu früheren Fällen ist es allerdings nicht möglich, diese Relation als verlustfreien Join *zweier* Projektionen darzustellen (vgl. Aufgabe 3.1).

Faktorisierungen

Definition 3.2

Eine Relation $R = R(A_1, \ldots, A_n)$ unterliegt einer *Join-Abhängigkeit* $*\{X_1, \ldots, X_k\}$ (engl.: join dependency), falls

$$R = R[X_1] * \ldots * R[X_k]$$

gilt für Attribut-Kombinationen $X_1, \ldots, X_k$ bzgl R.

Bemerkungen

(1) In Definition 3.2 darf angenommen werden, daß alle beteiligten Attribut-Kombinationen paarweise verschieden sind, da für Relationen stets $R * R = R$ gilt (Idempotenz; vgl. Anmerkung zu Definition 2.4, Abschnitt 2.2.3).

(2) In R liegt genau dann eine Join-Abhängigkeit $*\{X_1, \ldots, X_k\}$ vor, wenn folgende Aussage gilt:

Für (nicht notwendigerweise verschiedene) Tupel $t_1, \ldots, t_k \in R$ ist auch jedes t^* in R enthalten, für welches gilt

$$\begin{aligned} t^*[X_1] &= t_1[X_1] \\ t^*[X_2] &= t_2[X_2] \\ &\vdots \\ t^*[X_k] &= t_k[X_k]. \end{aligned}$$

Zum Nachweis dieser Aussage (Aufgabe 3.2) stützen wir uns auf Definition 2.4.

Nicht jede Join-Abhängigkeit muß Anomalien nach sich ziehen, wie der folgende Fall zeigt: Die Relation GAST(Gast_ID, Name, Vorname, PLZ, Ort, Straße) kann nach Satz 2.9 (Abschnitt 2.3) so dargestellt werden:

GAST = GAST [Gast_ID, Name]
        * GAST [Gast_ID, Vorname]
        * GAST [Gast_ID, PLZ, Ort, Straße].

Alle Projektionen geben Informationen wieder, die sich ausschließlich auf dieselben Entities (Gast) mit Schlüssel (Gast_ID) beziehen! Natürlich wollen wir eine derartige Zerlegbarkeit nicht als Struktur-Defekt bewerten. Probleme haben wir nur dann zu erwarten, wenn mindestens eine der Verknüpfungen über eine Attribut-Kombination vollzogen wird, in der *nicht* der Schlüssel von R enthalten ist. In diesem Fall sprechen wir auch von einer *nicht-trivialen* Join-Abhängigkeit.

5. Normalform

Eine Relation R befindet sich in der *fünften Normalform* (5NF; Projektion/Join-Normalform; PJNF), wenn in R ausschließlich triviale Join-Abhängigkeiten bestehen.

Beschränkt man sich auf Faktorisierung mit zwei Projektionen, so entsprechen sich 4NF und 5NF.

Die 5. Normalform schließt den entsprechenden Normalisierungsschritt bereits in ihrer Formulierung mit ein. Sie beanstandet, daß TOUR_ORG als Join seiner *drei* vorgestellten Projektionen TOUREN, BETREUUNG, CONTACT ausgedrückt werden kann.

Anmerkungen

In diesem Kapitel wurden die Normalformen vorgestellt. Im Mittelpunkt steht dabei die Frage, ob die *einzelnen* Relationen ‚korrekt' strukturiert sind. Der Normalisierungsprozeß zeigt den Weg auf, wie komplexe Relationen zu entflechten sind, damit der Datenbank-Betrieb frei von den sich sonst einstellenden Anomalien ist.

W. KENT [83a] drückt die Bedingungen der Normalformen prägnant so aus:

2NF, 3NF: 'a nonkey field must provide a fact about the key, the whole key, and nothing but the key';

4NF: 'a record type should not contain two or more independent multivalued facts about an entity'.

Die Normalformen allein geben allerdings keine vollständige Antwort darauf, *wie* die Relationen-Strukturen in einem Unternehmen adäquat zu wählen sind; sie bereinigen lediglich gewisse Struktur-Defekte. Ein Ansatz, der in engem Zusammenhang mit den Normalformen steht, geht von einer globalen *Universal-Relation* aus, in der alle Attribute, die von Interesse sind, aufgeführt sind (vgl. die unten zitierte Literatur). Zusätzlich werden die logischen Abhängigkeiten als bekannt (und der Universal-Relation zugehörig) vorausgesetzt; Projektionen liefern dann die Anomalie-freien Relationen (zu der Diskussion des Universal-Relationen-Ansatzes vgl. W. KENT [81], [83b] und J. D. ULLMAN [83]).

Zum Normalisierungsprozeß mit seinem formalen Bezug auf die logischen Abhängigkeiten muß allerdings folgendes ergänzt werden: Für die Normalisierungsschritte sind nur volle funktionale Abhängigkeiten $Y \to Z$ einzubeziehen, wo – ähnlich wie bei einem Schlüssel – die linke Seite als minimal zu betrachten ist. In den Beispielen wurde dies stets berücksichtigt; ebenso verweist darauf die obige Interpretation nach W. KENT [83a].

Bedauerlicherweise führt die Normalisierung im allgemeinen Fall zu keinem eindeutigen Ergebnis; je nach Präferenz sind in manchen Fällen mit denselben funktionalen Abhängigkeiten völlig unterschiedliche (normalisierte) Relationen-Strukturen ableitbar (vgl. Aufgabe 3.4). Darüber hinaus können mit der Normalisierung auch funktionale Abhängigkeiten verloren gehen: In Beispiel 3.3 ist (V Gruppe, Termin) $\to$ (Veranstaltung) nicht mehr in einer der normalisierten Relationen wiedergegeben. Das neue Design lädt dazu ein, beide Relationen unabhängig voneinander zu bearbeiten, was dann leicht zu Verletzungen der genannten Geschäftsregel führen kann (vgl. J. RISSANEN [77]).

Alternativ zu dem analytischen Weg, welcher mit der Normalisierung beschritten wird, hat P. A. BERNSTEIN [76] ein algorithmisches Verfahren vorgestellt, das aus einer Menge funktionaler Abhängigkeiten normalisierte Relationen-Strukturen (3NF) konstruiert (vgl. auch D. MAIER [83]*, Ch. 6.5). Ein Überblick über andere Ansätze des theoretischen Datenbank-Designs findet sich in C. BEERI, M. KIFER [86]. Dort wird vor allem auch auf die unterschiedliche Bedeutung der logischen Abhängigkeiten hingewiesen, wobei z. B. zwischen Struktur-Abhängigkeiten und Integritätsbedingungen unterschieden wird.

Weitere Methoden zur Datenmodellierung, die sich in erster Linie auf semantische Aspekte stützen und auf die formale Einbeziehung logischer Abhängigkeiten verzichten, werden in Kapitel 9 vorgestellt. Zwischendurch beschreibt Kapitel 4, wie sich einige Situationen in Unternehmen im relationalen Modell abbilden lassen. Es handelt sich dabei weniger um einen geschlossenen methodischen Ansatz als vielmehr um ein paar praktische Hilfestellungen.

Aufgaben

Aufgabe 3.1

Man prüfe nach:

$$\text{TOUR\_ORG} \neq \text{TOUREN} * \text{BETREUUNG},$$
$$\text{TOUR\_ORG} \neq \text{TOUREN} * \text{CONTACT},$$
$$\text{TOUR\_ORG} \neq \text{BETREUUNG} * \text{CONTACT}$$

(vgl. Abschnitt 3.5).

Aufgabe 3.2

Man zeige: In R liegt genau dann eine Join-Abhängigkeit $*\{X_1, \ldots, X_k\}$ vor, wenn für beliebige $t_1, \ldots, t_k \in R$ und t^* mit

$$\begin{aligned} t^*[X_1] &= t_1[X_1], \\ t^*[X_2] &= t_2[X_2], \\ &\vdots \\ t^*[X_k] &= t_k[X_k], \end{aligned}$$

gilt: $t^* \in R$ (vgl. Bem. 2 zu Definition 3.2 in Abschnitt 3.5).

Aufgabe 3.3

Die Relation

VERANSTALTUNGEN (Veranst, Saal, Termin, Anzahl, Dozent, Hilfsmittel)

(vgl. Aufgabe 2.3) ist auf die Bedingungen der Normalformen hin zu überprüfen und ggf. zu normalisieren.

Aufgabe 3.4

Man zeige, daß der Normalisierungsprozeß für die (allgemeine) Relation

$$R = R(A, B, C, D, E)$$

mit den Abhängigkeiten

FA1: $AB \rightarrow CDE$,
FA2: $AC \rightarrow BDE$,
FA3: $B \rightarrow CE$,
FA4: $C \rightarrow BD$

zu unterschiedlichen Relationen-Strukturen führt (D. MAIER [83]*, Ch. 6.4).

Literatur

Die Normalformen wurden zum Teil in unterschiedlichen Versionen vorgestellt. Die Ausführungen dieses Kapitels orientieren sich an der Darstellung, wie sie etwa in C. J. DATE [86]* zu finden ist. Die ersten Normalformen wurden ursprünglich von E. F. CODD [72a]* formuliert; 4NF und 5NF gehen auf R. FAGIN [77a] (siehe Kapitel 2) bzw. [79] zurück.

Aufgrund des engen Zusammenhangs beider Kapitel wird auf die Literatur-Angaben des letzten Kapitels hingewiesen.

Die folgenden Arbeiten geben eine kleine Auswahl von Publikationen wieder, die den tieferliegenden Struktur-Untersuchungen in relationalen Datenbanken gewidmet sind.

BEERI, C., BERNSTEIN, P.A. [79]: Computational problems related to the design of normal form relational schema. ACM Trans. on Database Systems 4 (1979), 30–59.

BEERI, C., KIFER, M. [86]: An integrated approach to logical design of relational database schemes. ACM Trans. on Database Systems 11 (1986), 134–158.

BERNSTEIN, P.A. [76]: Synthesizing third normal form relations from functional dependencies. ACM Trans. on Database Systems 1 (1976), 277–298.

FAGIN, R. [79]: Normal forms and relational database operators. In: Proc. of the ACM SIGMOD Conf. on Management of Data, 1979.

FAGIN, R. [81]: A normal form for relational databases that is based on domains and keys. ACM Trans. on Database Systems 6 (1981), 387–415.

FAGIN, R., MENDELZON, A.O., ULLMAN, J.D. [82]: A simplified universal relation Assumption and its properties. ACM Trans. on Database Systems 7 (1982), 343–360.

KENT, W. [81]: Consequences assuming a universal relation. ACM Trans. on Database Systems 6 (1981), 539–556.

KENT, W. [83a]: A simple guide to five normal forms. Comm. ACM 26 (1983), 120–125.

KENT, W. [83b]: Universal relationen revisted. ACM Trans. on Database Systems 8 (1983), 644–648.

LIEN, Y.E. [81]: Hierarchical schemata for relational databases. ACM Trans. on Database Systems 6 (1981), 48–69.

MAIER, D., ULLMAN, J.D. [83]: Maximal objects and the semantics of universal relation databases. ACM Trans. on Database Systems 8 (1983), 1–14.

MAIER, D., ULLMAN, J.D., VARDI, M.Y. [84]: On the foundations of the universal relation. ACM Trans. on Database Systems 9 (1984), 283–308.

ÖZSOYOGLU, Z.M., YUAN, L. [87]: A new normal form for nested relations. ACM Trans. on Database Systems 12 (1987), 218–246.

RISSANEN, J. [77]: Independent components of relations. ACM Trans. on Database Systems 2 (1977), 317–325.

ULLMAN, J.D. [83]: On Kent's "Consequences assuming a universal relation." ACM Trans. on Database Systems 8 (1983), 637–639.

ZANIOLO, C. [82]: A new normal form for the design of relational databases schemata. ACM Trans. on Database Systems 7 (1982), 489–498.

Die mit [ ]* gekennzeichneten Zitate (auch im Text) beziehen sich auf übergreifende Werke, die am Ende des Buches aufgeführt sind.

4. Semantische Aspekte

In Kapitel 2 sind Relationen vorrangig unter formalen Aspekten betrachtet worden. Innere Zusammenhänge zwischen den Attributen in einer Relation haben wir dort als funktionale und mehrwertige Abhängigkeiten mit mathematischen Mitteln ausgedrückt. Die Theorie der Normalformen hilft uns, damit auf analytischem Weg zu adäquaten Relationen-Strukturen zu gelangen. Wir schlagen jetzt eine andere Richtung ein und stellen das Unternehmen mit den Zusammenhängen zwischen seinen Informationen in den Mittelpunkt. Uns interessiert, wie sich gewisse Situationen mit den Mitteln des relationalen Modells wiedergeben lassen.

Zur Veranschaulichung unserer Überlegungen wollen wir wieder das Beispiel einer Bibliothek heranziehen.

4.1 Objekte und Entities

Die Tupel einer Relation geben in unserer Auffassung elementare Aussagen über Gegenstände oder Sachverhalte wieder. Die folgenden Vereinbarungen sollen uns helfen, die Kluft zwischen der unstrukturierten Erfahrungswelt und ihrem Abbild in Relationen zu überbrücken. Dazu wollen wir den Sinn einiger Begriffe präzisieren bzw. aus einer bestimmten Perspektive betrachten.

Objekte und Entities

Unter einem *Objekt* (aus einer bestimmten Informationsumgebung eines Unternehmens) verstehen wir hier einen Gegenstand oder Sachverhalt – ungeachtet seiner informationstechnischen Darstellung. Im Rahmen des „common sense" gibt ein Objekt eine Einheit mit Ganzheitscharakter wieder.

Über Objekte können Informationen aus unterschiedlichen Perspektiven gesammelt werden. Wir dürfen im allgemeinen Fall jedoch nicht erwarten, daß *alle* Aussagen über ein Objekt in der Form eines einzigen Tupels darstellbar sind. Deshalb sind wir zu einer Aufgliederung der Objekt-Informationen in feinere Einheiten gezwungen.

Unter einem *Entity* verstehen wir jetzt eine in sich aussagekräftige Informationseinheit zu einem Objekt. Ein Entity gibt einen Aspekt wieder und ist in den Überlegungen dieses Kapitels immer auf ein bestimmtes Objekt bezogen. Im allgemeinen Fall wird ein Objekt durch mehrere, zum Teil unterschiedlich strukturierte Entities beschrieben; ähnlich können Entities mit Hilfe untergeordneter Entities dargestellt werden.

Beispiel 4.1

Neben den elementaren Angaben zu einem ‚Buch' (Objekt) wie etwa ‚ISBN', ‚Erscheinungsjahr', ‚Titel', ‚Verlag', etc. interessieren wir uns auch für seine Autoren, was uns zu den untergeordneten Entities ‚Autor' führt (Die Autoren selbst sollen uns nicht weiter interessieren). Zu einem Autor sind unter Umständen mehrere Entities ‚Vorname' festzuhalten. Wir werden im allgemeinen Fall ein Objekt durch ein Gefüge von nachgeordneten Entities beschreiben.

Die Unterscheidung zwischen Objekt und Entity hat einen praktischen Ursprung. Objekte sind Einheiten in den Abläufen und Vorgängen eines Unternehmens. Entities liefern dagegen nur nachgeordnete Aspekte. Während sich die Bedeutung eines Objektes aus dem alltäglichen Gebrauch und dem Zweckzusammenhang des Unternehmens herleitet, verwenden wir Entities als Mittel zur Strukturierung. Oft treten Objekte in anderen Zusammenhängen nur als Aspekte einer anderen Sache auf; wir wollen sie dann als Entities zu einem anderen Objekt verstehen. Beispiel: Für einen Leihvorgang sind die Aspekte ‚Benutzer' und ‚Buch' interessant; ‚Benutzer' tritt an anderer Stelle allerdings auch als eigenständige Einheit auf, etwa als aktenkundige Person, die unsere Bibliothek benutzen darf.

Entities und Tupel

Für jedes Entity (bzw. Objekt) von Interesse werden wir in der Regel einige elementare Aussagen festhalten, die wir dann in Tupelform darstellen. Alle weiteren Betrachtungen basieren auf der folgenden

Grundannahme

Jedes Tupel einer Relation gibt elementare Aussagen über ein eindeutig festgelegtes Entity wieder. Es wird vorausgesetzt, daß diese Aussagen insgesamt stets den Bezug zu ihrem Entity vermitteln, so wie alle Informationen über ein Entity den Verweis auf sein eindeutig bestimmtes Bezugsobjekt führen sollen. Die Begriffe *Information* und *Aussage* verwenden wir im selben Sinne.

Entity (inhaltlicher Aspekt) und Tupel (formaler Aspekt) zielen auf denselben Informationsausschnitt eines Objektes ab. Wir sprechen von *Objekt-Relationen*, wenn wir dort elementare Aussagen vorfinden, die sich unmittelbar auf die Objekte beziehen. Andere Relationen nennen wir dagegen *Entity-Relationen.* Werden die elementaren Aussagen über ein Entity auf mehrere Relationen aufgeteilt, so nehmen wir dort stets denselben Primär-Schlüssel an. Als *Entity-Schlüssel* bezeichnen wir den Primär-Schlüssel der betreffenden Relation.

Beispiel 4.2

Informationen über Bücher (vgl. Beispiel 4.1) lassen sich in den Relationen BUCH (Objekt-Relation), AUTOR, VORNAME_AUTOR (Entity-Relationen) etc. ablegen.

Existenzabhängigkeit

Die Datensammlung eines Unternehmens zielt in der Regel weniger auf die Beschreibung isolierter, von einander unabhängiger Objekte ab; die Bedeutung der Informationen erwächst vielmehr oft durch den Zusammenhang der Objekte bzw. Entities. So sind manche Objekte erst mit Hilfe anderer Objekte vollständig interpretierbar, wie z. B. eine Rechnung sich auf Objekte ‚Kunde‘ und ‚Artikel‘ bezieht.

Ein Objekt heißt *Kernobjekt,* wenn seine Beschreibung auf keine anderen Objekte zurückgreift. Wir sprechen dagegen von einem *existenzabhängigen Objekt*, wenn es erst durch seinen Bezug auf andere Objekte verstanden werden kann. Spielt ein Objekt in diesem Sinn für die Existenz eines anderen eine Rolle, so bezeichnen wir es als ein *konstituierendes Objekt.* Konstituierende Objekte selbst können Kernobjekte oder ebenfalls existenzabhängige Objekte sein.

Entities sind nach unserer Interpretation grundsätzlich als existenzabhängig von ihrem Objekt zu betrachten, sofern sie kein konstituierendes Objekt wiedergeben.

Beispiel 4.3

In der Bibliothek ist ein Leihvorgang – als Objekt ‚Ausleihe‘ interpretiert – nur durch das Einbeziehen der Informationen über die Objekte ‚Bibliotheksbenutzer‘

und ‚Buch' interpretierbar. ‚Ausleihe' muß deshalb als existenzabhängiges Objekt aufgefaßt werden, das sich auf die Kernobjekte ‚Bibliotheksbenutzer' und ‚Buch' (als konstituierende Objekte) bezieht.

Identifizierbarkeit

Es wird empfohlen, bei der Identifizierbarkeit von Objekten die folgende Unterscheidung zu berücksichtigen:

- *Technische Identifizierbarkeit*

  Jedes Objekt sollte durch ein elementares, unveränderbares Attribut, die *Objekt-ID*, identifiziert werden. Die Objekt-ID dient ausschließlich zu internen Verwaltungszwecken, in erster Linie zur Dokumentation der Beziehungen. Sie sollte vom System (DBMS oder Anwendungssystem) vergeben werden. Derartige Identifikationsattribute werden auch als *Surrogate* bezeichnet (E. F. CODD [79]*).

  Die Objekt-ID spiegelt sich als Schlüssel der Objekt-Relation wider.

- *Semantische Identifizierbarkeit*

  Anhand der gespeicherten Daten muß ein Benutzer jederzeit das Bezugsobjekt eines Tupels feststellen können. Zur Bestimmung einer Person etwa verwendet man häufig die Angaben zu ‚Name', ‚Vorname', ‚Adresse'. (Bei Bedarf sind unter Umständen weitere Aussagen wie etwa ‚Geburtsdatum' oder ‚Geburtsort' einzubeziehen.)

  Attribute, welche die semantische Identifizierbarkeit ermöglichen, können im Lauf der Zeit gewissen Veränderungen unterworfen sein. Da sie als elementare Aussagen zu Objekten, die im System bereits über Surrogate identifiziert sind, auftreten, ist ihre Modifikation ohne weitere Konsequenzen möglich.

Die technische Identifizierbarkeit setzt voraus, daß die Objekt-ID für jedes Objekt bzw. Tupel einer Objekt-Relation stets einen wohlbestimmten, definiten Wert besitzt (Schlüssel-Postulat). Diese Überlegungen lassen sich auch auf Entities und ihre Relationen übertragen (vgl. auch Abschnitt 4.2).

Beispiel 4.4

In unserer Bibliothek verwenden wir zur Identifikation der Bücher, Benutzer und Ausleihvorgänge die System-internen Attribute ‚Buch_ID', ‚Benutzer_ID' und

‚Leih_ID'. Wenn wir wissen wollen, welches Buch gemeint ist, fragen wir nach Angaben zu ‚Titel', ‚Autor' und ‚Erscheinungsjahr'.

4.2 Beziehungen

Zusammenhänge zwischen Objekten und bzw. oder Entities interpretieren wir als Beziehungen. Eine *Beziehung* (engl.: relationship) zwischen den Elementen zweier Objekt- oder Entity-Mengen E_1 und E_2 können wir als Relation (vgl. Abschnitt 2.1)

$$RS \subseteq S_1 \times S_2$$

darstellen, wo S_1 bzw. S_2 die Schlüssel-Ausprägungen zu Objekten oder Entities aus E1 bzw. E2 bedeuten. RS wird dann auch als *Assoziationen-Relation* und $(s, s') \in RS$ als eine *Assoziation* bezeichnet. Assoziationen-Relationen dürfen neben den Schlüssel-Attributen natürlich noch weitere Attribute führen, wie es etwa in NUTZUNG (Ben_Nr, Sign_Nr, Anzahl) mit ‚Anzahl' der Fall ist; ‚Anzahl' hält hier fest, wie oft ein Benutzer das Buch ausgeliehen hat. Ein beliebiges Tupel ist andererseits als eine Assoziation zu charakterisieren, wenn es zwei separate Schlüssel zu gewissen (nicht notwendigerweise verschiedenen) Relationen enthält. Wir nennen eine Attribut-Kombination X bzgl. einer Relation $R = R(A_1, \ldots, A_n)$ einen *Fremdschlüssel*, wenn

1. X als Schlüssel einer anderen Relation auftritt und
2. X kein Schlüssel von R ist.

In der oben erwähnten Relation NUTZUNG treten (Ben_Nr) und (Sign_Nr) als Fremdschlüssel auf.

Typisierung der Beziehungen

Beziehungen zwischen den Elementen zweier Objekt- oder Entity-Mengen E_1 und E_2 sind oft natürlichen Einschränkungen unterworfen. Zwei Fragen stehen bei ihrer Typisierung im Vordergrund:

- Eindeutigkeit:
  Falls $x \in E_1$ in einer Beziehung zu einem $y \in E_2$ steht: Ist y eindeutig festgelegt oder können noch andere Elemente aus E_2 in einer Beziehung zu x existieren,

- Überdeckung:
  Steht jedes $x \in E_1$ mit (mindestens) einem $y \in E_2$ in Beziehung?

Die Frage nach der Überdeckung berücksichtigt den Rahmen, in dem die Beziehungen betrachtet werden.

Beide Aspekte führen zusammen zu den folgenden *Beziehungstypen:*

1 : 1-Beziehung:

Jedes Element aus E_1 steht mit genau einem Element aus E_2 in Beziehung und umgekehrt.

Darstellung: $E_1 \longleftrightarrow E_2$.

c : 1-, c : c-Beziehung:

Bei diesen bedingten Beziehungen (engl.: conditional relationships) ist die Zuordnung wie bei einer 1 : 1-Beziehung durch Eindeutigkeit ausgezeichnet; jedoch braucht nicht mehr jedes Element aus E_1 (c:1) bzw. aus beiden Mengen (c:c) in die Beziehung verwickelt zu sein.

Darstellung: E_1 (⟶ E_2 (c : 1-Beziehung)
E_1 (⟶) E_2 (c : c-Beziehung)

1 : n-Beziehung:

Einem Element $x \in E_1$ sind 1 bis n Elemente aus E_2 zugeordnet; jedes $y \in E_2$ steht jedoch mit genau einem $x \in E_1$ in Beziehung. Es wird sowohl E_1 als auch E_2 überdeckt.

Darstellung: E_1 ⟵↠ E_2

c : n-, 1 : cn-, c : cn-Beziehung:

Wie bei einer 1 : n-Beziehung; bei der mit „c" gekennzeichneten Seite braucht allerdings keine Überdeckung vorzuliegen.

Darstellung: E_1 (⟶↠ E_2 (c : n-Beziehung)
E_1 ⟵)) E_2 (1 : cn-Beziehung)
E_1 (⟶)) E_2 (c : cn-Beziehung)

n : m-Beziehung:

Wir sprechen von einer n : m-Beziehung zwischen den Elementen aus E_1 und E_2, wenn kein anderer Beziehungstyp zutrifft; ein $x \in E_1$ kann mit mehreren Elementen (0 bis n) aus E_2 in Beziehung stehen, so wie es auch umgekehrt für $y \in E_2$ der Fall sein kann.

Darstellung: E_1 ↞⟶↠ E_2

Anmerkung

Bei der Formulierung der n : m-Beziehung haben wir auf eine Berücksichtigung der Überdeckungseigenschaft bzgl. E_1 und E_2 verzichtet. Im strengen Sinne könnten wir zwischen den Beziehungstypen n : m, cn : m und cn : cm unterscheiden. Die Überdeckungseigenschaft spielt in der Praxis allerdings nur im Zusammenhang mit 1 : 1- und 1 : n-Beziehungen eine Rolle.

Beispiel 4.5

Zwischen Personen und Abteilungen eines Unternehmens können wir die Beziehung ‚A leitet die Abteilung B' betrachten. Je nachdem, wie E_1 und E_2 gewählt sind, liegen folgende Beziehungstypen vor:

1 : 1:
E_1 = Menge aller Abteilungen,
E_2 = Menge aller Abteilungsleiter/innen;

c : 1:
E_1 = Menge aller Abteilungen,
E_2 = Menge aller Leiter/innen der technischen Abteilungen;

c : c:
E_1 = Menge aller Abteilungen,
E_2 = Menge aller Mitarbeiter/innen aus den technischen Abteilungen.

Die Beziehung ‚Abteilung A beschäftigt Person B als Mitarbeiter' läßt sich dagegen typisieren als

1 : n:
E_1 = Menge aller Abteilungen,
E_2 = Menge aller Mitarbeiter/innen

c : n:
E_1 = Menge aller Abteilungen,
E_2 = Menge aller Mitarbeiter/innen aus den technischen Abteilungen;

1 : cn:
E_1 = Menge aller technischen Abteilungen,
E_2 = Menge aller Mitarbeiter/innen;

c : cn:
E_1 = Menge aller Abteilungen, mit Ausnahme der Personalabteilung,
E_2 = Menge aller Mitarbeiter/innen aus dem Verwaltungsbereich.

Eine n : m-Beziehung ergibt sich zwischen Mitarbeiter/innen (E_1) und Maschinen (E_2), wenn danach gefragt wird, wer welche Maschine bedient.

Funktionen, funktionale Abhängigkeit

Assoziationen können in gewissen Fällen als Funktionen interpretiert werden. Bei Beziehungen vom Typ 1 : 1 handelt es sich um eine bijektive, bei c : 1 um eine injektive Funktion (oder Abbildung) zwischen E_2 und E_1 bzw. zwischen den Ausprägungen zu deren Schlüssel S_1 und S_2. 1 : n-Beziehungen können als surjektive Funktionen von E_2 (S_2) nach E_1 (S_1) aufgefaßt werden. Entsprechende Einschränkungen sind hinsichtlich der Überdeckungsvarianten zu berücksichtigen. Je nach Beziehungstyp lassen sich deshalb in Assoziationen-Relationen $RS \subseteq S_1 \times S_2$ folgende funktionale Abhängigkeiten feststellen:

- 1 : 1- und 1 : c-Beziehung:
  S_1 ist funktional abhängig von S_2 und umgekehrt ist S_2 funktional abhängig von S_1; als Schlüssel der Assoziationen-Relation darf S_1 (bzw. beim Typ 1 : 1 auch S_2) angenommen werden.
- 1 : n-Beziehung:
  S_1 ist funktional abhängig von S_2. Der Schlüssel der Assoziationen-Relation wird von S_2 gebildet.

Eine n : m-Beziehung ist dagegen dadurch ausgezeichnet, daß keine funktionale Abhängigkeit zwischen den beteiligten Fremdschlüsseln feststellbar ist.

Mit der Ausnahme von n : m-Beziehungen lassen sich die Attribute einer Assoziationen-Relation RS auch auf *eines* der beiden beteiligten Entities beziehen. RS kann dann mit gleichem Recht auch als eine Objekt- bzw. Entity-Relation betrachtet werden.

Hierarchisch strukturierte Schlüssel

Nicht immer müssen Tupel, die eine Beziehung ausdrücken, zwei separate Entity-Schlüssel führen. Wir können z. B. Bücher in disjunkte Sachgebiete aufteilen und (Sachgebiet, Nr) als Schlüssel der Bücher wählen. ‚Nr' bezieht sich dabei allein auf das jeweilige Sachgebiet. Die Relation BUCH (Sachgebiet, Nr, Titel, Jahr, ...) drückt implizit auch eine Beziehung zur Relation SACHGEBIETE (Sachgebiet, Bezeichnung, ...) aus. Wir treffen derartige Bezüge immer dann an, wenn Entities (Tupel) über einen hierarchisch gegliederten Schlüssel verfügen.

Ein Schlüssel $S = (A_1, \ldots, A_j)$ $(j > 1)$ wird als ein *hierarchischer Schlüssel* bezeichnet, wenn gilt:

1. $(A_1, \ldots, A_k)$ mit $1 \leq k < j$ identifiziert (Teil-) Klassen, deren Elemente den Schlüssel $(A_1, \ldots, A_{k+1})$ besitzen sowie

2. jede Komponente A_k des Schlüssels S mit $2 \leq k \leq j$ ist nur im Zusammenhang mit der Attribut-Kombination $(A_1, \ldots, A_k)$ interpretierbar; die Ausprägungen zu A_k identifizieren Elemente innerhalb einer Klasse, deren Schlüssel durch $(A_1, \ldots, A_{k-1})$ gegeben ist.

Entities mit hierarchischem Schlüssel stehen von vornherein in einer 1 : n-Beziehung zu den übergeordneten Klassen (unabhängig davon, ob diese in einer anderen Relation noch explizit beschrieben werden).

Beispiel 4.6

In Unternehmen, deren Räume sich über mehrere Gebäude erstrecken, finden wir oft eine Identifikation der Zimmer über den hierarchischen Schlüssel (Gebäude, Stockwerk, Zimmer) wie etwa A4.05.

Objekt-Entity-Beziehungen und Entity-Entity-Beziehungen

Jedes Entity, welches nicht als ein konstituierendes Objekt verstanden wird, ist nach unserer Interpretation eindeutig auf ein übergeordnetes Entity bzw. Objekt bezogen. Die daraus resultierende funktionale Abhängigkeit legt folgende Schlüssel-Konstruktion nahe

- 1 : 1-, c : 1-Beziehung:
  Unveränderte Übernahme des übergeordneten Objekt- bzw. Entity-Schlüssels;
- 1 : n- oder c : n-Beziehung
  Hierarchischer Entity-Schlüssel der Form (S_1, S_2); S_1 bezeichnet den übergeordneten Objekt- bzw. Entity-Schlüssel und S_2 eine Identifikation relativ zu S_1.

In allen Fällen werden Objekt-Entity-Beziehungen und hierarchische Beziehungen zwischen Entities zum selben Objekt auf implizitem Wege dargestellt, was auch die Existenzabhängigkeit unterstreichen hilft. Eine n:m-Beziehung zwischen Entities (zum selben Objekt) fassen wir als ein eigenes Entity auf.

Objekt-Objekt-Beziehungen

Eine Beziehung zwischen den Gliedern zweier Objekt-Klassen gibt entweder das Zusammenspiel zweier gleichberechtigter Objekte als *faktische Objekt-Beziehung* wieder, oder sie notiert die konstituierenden Objekte zu einem existenzabhängigen Objekt. In beiden Fällen ist mit n : m-Beziehungen zu rechnen.

Beispiel 4.7

Wer welches Buch leiht, kann in der Assoziationen-Relation AUSLEIHE (Sign_Nr, Ben_Nr, Ausgabe_Datum, Rueck_Datum) dokumentiert werden (als faktische Beziehung). Wir können die Ausleihe aber auch als Vorgang (Objekt) interpretieren, in dem ein Benutzer auch mehrere Bücher entgegenehmen kann. Existenzabhängige Objekte: ‚Leihvorgänge' mit den konstituierenden Objekten ‚Benutzer' und ‚Buch'. Dazu ergeben sich die Relationen-Strukturen:

LEIHVORGANG (Leih_ID, Ben_Nr, Ausgabe_Datum)

RUECKNAHME (Leih_ID, Sign_Nr, Rueck_Datum).

Vorteil dieses Designs: Auf die Leihvorgänge kann an anderer Stelle weiter Bezug genommen werden.

Mehrfache Beziehungen

Beziehungen zwischen Objekten bzw. Entities aus mehreren Mengen können mit Hilfe einer n-fachen Assoziationen-Relation RS

$$RS \subseteq S_1 \times S_2 \times \ldots \times S_n$$

wiedergegeben werden, wo $S_1, S_2, \ldots, S_n$ die betreffenden Schlüsselwerte bedeuten. Wieder dürfen noch andere beschreibenden Attribute mitgeführt werden.

Beispiel 4.8

In unserer Bibliothek ist es einigen Benutzern gestattet, Bücher per Fernbestellung zu beziehen. Die Auslieferung der Bücherpakete ist mit

AUSLIEFG (Ben_Nr, Fahrer_ID, Wagen, Sign_Nr, Datum)

(Schlüssel: (Ben_Nr, Sign_Nr, Datum)) beschreibbar. Infolge der mehrfachen n : m-Beziehungen (etwa zwischen Ben_Nr und Sign_Nr oder Ben_Nr und Wagen) ist die Interpretation der Tupel jedoch nicht leicht zugänglich.

Auch im Fall einer n-fachen Assoziationen-Relation RS haben wir ein Tupel als Darstellung eines Objektes bzw. Entities aufzufassen. Die Interpretation der Tupel fällt dann leicht, wenn sich die Aussagen nur auf eines der beteiligten Objekte (bzw. Entities) beziehen.

Beispiel 4.9

Die Zusammenhänge in AUSLIEFG lassen sich schneller überblicken, wenn wir Objekte ‚Lieferung' mit den konstituierenden Objekten ‚Benutzer', ‚Fahrer', ‚Wagen' und ‚Buch' einbeziehen und die Relationen

LIEFERG (Liefg_ID, Ben_Nr, Fahrer_ID, Wagen, Datum),
(Schlüssel: (Liefg_ID)) und

LIEFER_TEILE (Liefg_ID, Sign_Nr)
(Schlüssel: (Liefg_ID, Sign_Nr))

verwenden.

Empfehlung

Um das Zusammenspiel mehrerer Fremdschlüssel durchschauen zu können, sollten n-fache Beziehungen gemieden werden, wenn sich darin mehrere n : m-Beziehungen verbergen. Dazu muß man herausfinden, auf welche Informationseinheit sich die Aussagen eines Tupels beziehen. Gegebenenfalls ist wie in Beispiel 4.9 erst noch ein übergeordnetes Objekt mit geeigneter Identifikation ausfindig zu machen. Auf diese Weise können oft mehrere n : m-Beziehungen, die sich zusammen in einer Relation widerspiegeln, separat in mehreren einfacheren Relationen dargestellt werden.

4.3 Logische Abhängigkeiten, Anomalien, Redundanz

Ungeschickt strukturierte Relationen können zu Störungen des Datenbank-Betriebs führen, wie die Beispiele aus Kapitel 3 (Normalformen) zeigen. Der Anomalie-freie Betrieb hängt sehr davon ab, wie eng die Attribute bzw. Aussagen der Tupel aufeinander bezogen sind. Wir wollen jetzt die Zusammenhänge zwischen logischen Abhängigkeiten, Daten-Redundanz und Anomalien aus inhaltlicher Sicht aufzeigen.

Funktionale und mehrwertige Abhängigkeiten

Eine Aussage, die uns ein Attributwert eines Tupels vermittelt, besitzt nur dann einen Sinn, wenn sie als Aussage über eine wohlbestimmte Informationseinheit (Objekt bzw. Entity) verstanden wird. Gewisse Informationen (X) lassen deshalb nur dann einen Schluß auf andere (Y) zu, wenn sie gleichzeitig ihre Bezugseinheit – das gemeinsame Objekt bzw. Entity – identifizieren. Die nicht-triviale funktionale Abhängigkeit $X \rightarrow Y$, $\{Y\} \not\subseteq \{X\}$, ist aus dieser Sicht vorrangig als funktionale Abhängigkeit von dem Schlüssel eines Objektes bzw. Entities aufzufassen.

Ähnliche Bezüge lassen sich auch für echte mehrwertige Abhängigkeiten $X \twoheadrightarrow Y$, $X \twoheadrightarrow Z$ in R(XYZ) feststellen. Wir können einer Ausprägung von X nur dann sinnvoll eine Menge von Ausprägungen (Aussagen) zu Y zuordnen, wenn mit X gleichzeitig ein Objekt bzw. Entity identifiziert wird. Y ist dann als (von Z unabhängiger) Aspekt interpretierbar, der mehrere nachgeordnete Entities zu X liefert bzw. auf konstituierende Objekte hinweist. Mehrwertige Abhängigkeit ist deshalb ebenfalls vor allem als mehrwertige Abhängigkeit von dem Schlüssel eines Objektes bzw. Entities zu verstehen. Dies erhellt auch die Context-Abhängigkeit: Wenn ein ergänzendes Attribut die Verschränkung der beiden Aspekte, die mit X und Y beschrieben werden, festhält, löst sich deren Unabhängigkeit auf (vgl. Beispiel 2.13 in Abschnitt 2.4).

Je nachdem, ob Y oder Z Entities oder konstituierende Objekte beschreiben, drückt eine echte mehrwertige Abhängigkeit $X \twoheadrightarrow Y$, $X \twoheadrightarrow Z$ das Vorhandensein einer zweifachen 1 : n- bzw. n : m-Beziehung aus (vgl. Abschnitt 4.2):
- zwischen den Entities, welche X identifiziert und denjenigen, welche Y beschreiben hilft, sowie
- zwischen den Entities, die X identifiziert und denjenigen, auf die sich Z bezieht.

Auf diese Weise wird in R auch eine n : m-Beziehung zwischen den Entities zu Y und Z wiedergegeben, die allerdings nur mittels X interpretierbar ist. In LEIHDATEI (vgl. Beispiel 2.11, Abschnitt 2.4) finden wir Informationen über Objekte ‚Buch‘ (X) mit Schlüssel Sign_Nr, über Entities ‚Band‘ (Y) sowie über ‚Benutzer‘ zusammen mit dem Datum seines Leihvorgangs (Z). An dem Schlüssel der Relation R sind entsprechend X sowie Komponenten aus Y *und* aus Z beteiligt. (Anmerkung: Wenn wir die Leihvorgänge als Objekte mit eigener Identifikation einbeziehen, erhalten wir übersichtlichere und einfacher zu interpretierende Relationen-Strukturen.)

Restriktionen

Nicht in allen Fällen beziehen sich funktionale oder mehrwertige Abhängigkeiten direkt auf Objekt- oder Entity-Schlüssel. So können Sachverhalte häufig durch Angaben zu Raum und Zeit eindeutig identifiziert werden. In einem Hörsaal ist z. B. zu einer bestimmten Zeit nur eine Lehrveranstaltung durchführbar, was sich auch als funktionale Abhängigkeit formulieren läßt. Ähnlich geben Geschäftsregeln oft Einschränkungen wieder, die sich formal als funktionale oder mehrwertige Abhängigkeiten interpretieren lassen. Derartige Struktur-Eigenschaften wollen wir weniger als direkte Aussagen über Objekte, sondern als *Restriktionen* verstehen. Es bleibt allerdings auch hier zu berücksichtigen, daß derartige Zusammenhänge ohne einen herstellbaren Bezug auf Objekte bzw. Entities ohne Sinn sind.

Redundanz

Ein gespeichertes Datum bezeichnen wir als *redundant*, wenn die Aussage, die es vermittelt, auch auf anderem Wege aus dem Datenbestand gewonnen werden kann.

Redundanz treffen wir trivialerweise an, wenn ein Tupel doppelt in einer Relation abgelegt ist – was wir nach Abschnitt 2.1 grundsätzlich ausschließen. Redundanz kann aber auch auftreten, wenn eine Aussage aus anderen Tupeln herleitbar ist; so hält

LEIHVORGG (Ben_Nr, Sign_Nr, Datum, PLZ, Wohnort, Straße)

dieselbe Adresse eines Benutzers n mal fest, wenn er n Bücher entliehen hat!

Ob eine Relationen-Struktur zur Redundanz neigt, hängt mit der „Nähe" der Aussage zum betreffenden Objekt bzw. Entity – repräsentiert durch den Relationen-Schlüssel – zusammen. Wir sprechen davon, daß ein Attribut einer Relation eine *mittelbare Aussage* liefert, wenn es sich in erster Linie auf Entities bezieht, die *nicht* durch den Relationen-Schlüssel identifiziert werden. Eine mittelbare Aussage setzt voraus, daß die betreffende Relation explizit oder implizit eine Beziehung ausdrückt. Sofern sich eine Aussage (bzw. ein Attribut) allein auf Entities bezieht, welche der Relationen-Schlüssel identifiziert, haben wir *direkte Aussagen* vorliegen.

Die Frage, ob ein Attribut einer Relation mittelbare oder direkte Aussagen wiedergibt, läßt sich in manchen Fällen auch auf formalem Wege beantworten: Ein Attribut A liefert sicher dann eine direkte Aussage, wenn es außer zum Schlüssel der vorliegenden Relation in keiner anderen funktionalen Abhängigkeit steht. In der oben genannten Relation LEIHVORGG bezieht sich ‚Datum' direkt auf die Leihvorgänge, während die Adreß-Angaben des Benutzers nur mittelbare Aussagen liefern. Offensichtlich birgt das Speichern mittelbarer Aussagen die Gefahr nicht-trivialer Redundanz in sich, wenn die betreffenden Objekte bzw. Entities in einer 1 : n- bzw. n : m-Beziehung (oder einer der Überdeckungsvarianten) zueinander stehen.

Die gemeinsame Darstellung zweier Aspekte, die mehrere Entities liefern, in *einer* Relation entspricht der Situation, die wir als echte mehrwertige Abhängigkeit in R charakterisieren. Bereits die formale Definition der mehrwertigen Abhängigkeit deutet Redundanz an: Gilt $X \twoheadrightarrow Y$, $X \twoheadrightarrow Z$ für R(XYZ), so finden wir – zu *jedem* der Z-Werte – in Y_{xz} immer die gleichen Ausprägungen vor. Über die Entities, auf die sich Y bezieht, werden demnach Informationen mehrfach abgelegt – so oft, wie unterschiedliche Aussagen (Entities) zu Z vorhanden sind.

Anomalien

Mittelbare Aussagen und echte mehrwertige Abhängigkeiten können zu Komplikationen führen, die auch als *Anomalien* bezeichnet wurden. Im einzelnen bedeuten (vgl. auch Kapitel 3):

(a) *Update-Anomalie.*

Eine *Update-Anomalie* taucht im Zuammenhang mit redundaten Daten auf: mehrfach gespeicherte Informationen werden (unbeabsichtigt) nur teilweise auf den neuesten Stand gebracht. Derartige Situationen wurden oben schon charakterisiert.

(b) *Insert-Anomalie.*

Aufgrund unseres Schlüssel-Postulats (Abschnitt 4.1) darf ein Tupel nur dann in den Bestand aufgenommen werden, wenn es über einen definiten Schlüssel verfügt. Die Zurückweisung aussagekräftiger Informationen wegen eines indefiniten Relationen-Schlüssels wird als *Insert-Anomalie* bezeichnet.

(c) *Deletion-Anomalie.*

Die *Deletion-Anomalie* stellt die Kehrseite der Insert-Anomalie dar: Mit dem Entfernen der Informationen über ein Objekt bzw. Entity (Tupel) werden auch alle mittelbaren Aussagen eliminiert.

Alle Anomalien treten in Relationen auf, deren Tupel mehr als ein Objekt bzw. Entity beschreiben; sie drücken demnach auch Beziehungen aus. Hierzu zählen vor allem mittelbare Aussagen und Relationen mit echter mehrwertiger Abhängigkeit. Ähnlich läßt sich auch das in Abschnitt 3.5 aufgeführte Beispiel interpretieren, wo drei verschiedene, sich verschränkende Aspekte (TOUREN, BETREUUNG und CONTACT) in einer Relation (TOUR_ORG) wiedergegeben werden. Allgemein: Wenn wir Informationen über mehrere Aspekte in einer Relation mischen, müssen wir auf Anomalien gefaßt sein.

Anmerkungen

Die Theorie der Normalformen stützt sich (wie auch die die in Kapitel 3 erwähnte Relationen-Synthese nach P. A. BERNSTEIN [76]) auf formalisierbare Struktur-Zusammenhänge (funktionale bzw. mehrwertige Abhängigkeiten, Join-Abhängigkeiten) und gelangt damit zu adäquaten Relationen-Strukturen. Dieses Kapitel lenkt den Blick dagegen mehr auf den Bezug der Relationen bzw. Tupel zu den nicht-formalisierten Gegenständen der Lebenswelt.

Die Ausführungen des Kapitels gehen in erster Linie davon aus, daß Attributwerte stets auf bestimmte Gegenstände oder Sachverhalte zielgerichtet sind. Gleichzeitig haben wir das Zusammenspiel und die Abhängigkeit der Informationseinheiten, die hinter den Tupeln stehen, einbezogen; dabei haben wir eine Bewertung der Informationseinheiten als (nachgeordnete) Entities bzw. als existenzunabhängige oder als existenzabhängige Objekte vorgenommen. Informationseinheiten (Entities) sind aus dieser Perspektive nur dann interpretierbar, wenn sie als Informationen über Objekte begriffen werden. (Der Entity-Begriff dieses Kapitels unterscheidet sich damit von seiner Verwendung in den Kapiteln 2 oder 9, wo Informationseinheiten durchweg als Entities bezeichnet werden; ebenso verwenden wir den Objekt-Begriff mit seiner einfachen Auslegung in einem anderen Sinn, als es in der derzeitigen Diskussion der Objekt-Orientierung getan wird.) Vor allem sollen damit auch Anregungen über den Sinn und die Festlegung der Schlüssel gegeben werden.

Literatur

In diese Interpretationen lassen sich auch die logischen Abhängigkeiten sowie die Begriffe Redundanz und Anomalien einbeziehen. Die inhaltliche Deutung der Anomalien steht in Verwandtschaft zu KENT [83a] (Kapitel 3). (Zu einer formalen Fassung der Anomalien vgl. J. RISSANEN [77], Kapitel 3). Weitere Literaturhinweise: vgl. die in Kapitel 3 zitierten Arbeiten C. BEERI, M. KIFER [86] und J. RISSANEN [77] (mit einer formalen Fassung der Anomalien); vgl. auch M. VETTER [89]*.

Die mit [ ]* gekennzeichneten Zitate (auch im Text) beziehen sich auf übergreifende Werke, die am Ende des Buches aufgeführt sind.

5. SQL

SQL (Structured Query Language) ist eine nicht-prozedurale, mengenorientierte Sprache für relationale Datenbank-Systeme. Sie ermöglicht es, Relationen als Einheiten zu verarbeiten. SQL verfügt allerdings (noch) nicht über Sprachmittel zur Steuerung des Kontrollflusses wie z. B. Schleifen oder Fallunterscheidungen.

SQL ist im interaktiven Betrieb einsetzbar. Die Anweisungen können aber auch (in modifizierter Form) in den Programm-Code einer prozeduralen Sprache eingelagert werden. Diese Verwendungsform wird als *Embedded SQL* (ESQL) bezeichnet (z. B. für Sprachen Pascal, COBOL, ADA, C etc.)

Datenbank-Anweisungen können generell auf folgende Weise aufgeteilt werden (vgl. auch Abschnitt 1.2.1):

- Datendefinitionssprache (engl.: data definition language; DDL)

  Die DDL stellt Anweisungen zur Vereinbarung von Daten-Strukturen (z. B. Relationen-Strukturen), Zugriffspfaden etc. zur Verfügung.

- Datenmanipulationssprache (engl.: data manipulation language; DML): MitHilfe der DML-Anweisungen wird die Verarbeitung der Daten vollzogen (Einfüge- und Lösch-Aktivitäten, Daten-Änderungen (Updates) oder Suchanfragen mit der Ausgabe der Ergebnis-Relation).

Frühere Datenbanksysteme haben beide Bereiche oft in separate Oberflächen eingebunden. Diese Trennung ist bei SQL aufgehoben. DML- und DDL-Anweisungen sind hier von ähnlichem Aufbau und können aus der gleichen interaktiven Umgebung heraus abgesetzt werden.

SQL geht auf die Sprache SEQUEL zurück. SEQUEL wurde für den Prototyp SYSTEM/R der Firma IBM entwickelt (D. D. CHAMBERLIN, R. F. BOYCE [74]). Inzwischen steht SQL für die meisten marktgängigen relationalen DBMS zur Verfügung. Standardisierung: ISO 1986.

Wir werden hier nur auf diejenigen Anweisungen eingehen, die für den Umgang mit relationalen Datenbanken am wichtigsten sind. Trotz der Standardisierung sind für einzelne DBMS-Produkte meistens noch gewisse Hersteller-Abweichungen zu berücksichtigen.

5.1 Allgemeine Regeln

Für SQL gelten die für Programmiersprachen üblichen Konventionen wie z. B. Regeln für die Vergabe von Namen (Bezeichner für Attribute, Relationen etc.). Die Unterscheidung zwischen Groß- und Klein-Schreibweise ist nicht signifikant. Sofern mehrere SQL-Anweisungen nacheinander spezifiziert werden, wird das Semikolon (;) als Trennzeichen verwendet.

Zu der Darstellung der Sprachelemente lehnen wir uns an die Symbole der Extended Backus-Naur-Form (EBNF) an; es bedeuten dabei im einzelnen

(X|Y) Trennung von Alternativen (X oder Y); sofern es notwendig ist, wird die Klammer zur Abgrenzung der Alternativen verwendet; sie wird in einer Anweisung jedoch nicht benutzt.

[X] X kann optional verwendet werden;

{X} ein Ausdruck der Art X darf 0 bis n mal aufgeführt sein;

Jede SQL-Anweisung stützt sich auf *Schlüsselbegriffe* mit einer festen Bedeutung und Verwendung sowie auf frei gewählte Namen für Relationen, Attribute etc., die wir als *Bezeichner* charakterisieren. Bei der Vorstellung der Anweisungen werden alle Schlüsselbegriffe in Großschreibweise, Stellvertreter für Bezeichner dagegen in Kleinschreibweise wiedergegeben; von uns frei gewählte Bezeichner in den Beispielen besitzen einen großen Anfangsbuchstaben. Außerhalb der SQL-Anweisungen sprechen wir die Relationen wie bisher üblich mit Großbuchstaben an.

In den Anweisungen greifen wir häufig auf die folgenden Stellvertreter zurück:

relation: Name einer Relation in der Datenbank;

attribut: Name eines Attributes einer bestimmten Relationen-Struktur.

Wir beziehen unsere Beispiele auf eine Datenbank zu einer Bibliothek mit den Relationen

BENUTZER (Ben_Nr, Vorname, Name, PLZ, Wohnort, Lebensalter, Geschlecht)

AUSLEIHE (Sign_Nr, Ben_Nr, Tag, Mon, Jahr, Tage)

(‚Tag', ‚Mon', ‚Jahr' geben das Ausleih-Datum und ‚Tage' die Leih-Dauer an. Da ‚Alter' ein geschützter Schlüsselbegriff ist, verwenden wir ein Attribut Lebensalter.) Die Herstellung der Datenbank (analog zu Abschnitte 2.1 und 2.2.3) ist in Anhang B dokumentiert.

5.2 Die SELECT-Anweisung

SELECT-Anweisungen ermöglichen es, auf vielfache Weise Bestandsauswertungen durchzuführen. Dies betrifft vor allem die elementaren Verknüpfungen Selektion, Projektion und Join (Abschnitt 5.2.1) und deren Erweiterungen (Abschnitt 5.2.2).

Die Ergebnis-Relation einer SELECT-Anweisung wird am Bildschirm als Tabelle ausgegeben. Als Spalten-Überschriften sind die entsprechenden Attribut-Namen aufgeführt, sofern nicht andere Vereinbarungen getroffen wurden.

5.2.1 Basisoperationen

Eine SELECT-Anweisung ist aus verschiedenen „Klauseln" zusammengesetzt; damit sind Bauteile gemeint, welche die Anweisung spezifizieren helfen. Die Klauseln sorgen für die Vielfalt und Mächtigkeit dieser Sprache.

Stets beginnt eine SELECT-Anweisung mit der SELECT-Klausel; dort wird die Struktur der Ergebnis-Relation vereinbart; es muß sich die FROM-Klausel anschließen, welche die zu verarbeitende(n) Relation(en) nennt.

Selektion

Form:

```
SELECT *
FROM relation
[WHERE bedingung];
```

Es bedeuten:

bedingung: Selektionsbedingung; die Tupel, für welche die Bedingung zutrifft (mit dem Wahrheitswert ‚wahr') bilden die Ergebnis-Relation.

In der SELECT-Klausel wird mit ‚*' vereinbart, daß die Ergebnis-Relation dieselbe Struktur wie die Relation aus der FROM-Klausel besitzen soll. Fehlt die WHERE-Klausel, so werden *alle* Tupel berücksichtigt.

Beispiel 5.1

Die Personen in BENUTZER, die älter als 32 Jahre sind, können wir durch folgende Anweisung auswählen:

```
SELECT *
FROM   Benutzer
WHERE Lebensalter >32;
```

In Abschnitt 2.2.1 wurden schon gewisse Basis-Bedingungen vorgestellt. SQL gestattet folgende Bedingungen zu formulieren:

- **Vergleich:**
  Form:

  attribut vergleichsoperator wert

mit
attribut: Bezeichnung eines Attributes der Relation;
wert: Vergleichswert.

Als Vergleichsoperatoren dürfen „=“, „<“, „>“, „<=“ (für ‚kleiner oder gleich‘), „>=“ (für ‚größer oder gleich‘), „< >“ bzw. „!=“ (für ‚ungleich‘) verwendet werden.

Anstelle von attribut und wert sind auch Ausdrücke (Verknüpfungen) erlaubt.

- **Mengenabgleich:**

Form:

attribut mengenoperator (menge)

attribut besitzt die gleiche Bedeutung wie vorher; menge wird entweder durch explizites Aufzählen der Werte in der Klammer vorgegeben; die abzugleichende Menge kann aber auch als eine SELECT-Anweisung (mit der Projektion auf *ein* Attribut; s. u.) spezifiziert werden (vgl. Abschnitt 5.2.2).

Als mengenoperator darf verwendet werden:

IN: es wird überprüft, ob der Attributwert in der betreffenden Menge vorkommt;
vglopANY: vglop bezeichnet einen der vorgestellten Vergleichsoperatoren; trifft der Vergleich (des vorgelegten Tupels) für mindestens einen Wert der Menge zu, so wird dem Tupel der Wahrheitswert ‚wahr‘ zugeordnet;
vglopALL: wie beim ANY-Vergleich, jedoch wird geprüft, ob die Vergleichsbeziehung für *alle* Elemente der Menge besteht.

Beispiel 5.2

a)
```
SELECT *
FROM   Benutzer
WHERE  Lebensalter IN (35, 32, 28);
```

Diese Anfrage liefert die Benutzer, die 35, 32 oder 28 Jahre alt sind (Ben_Nr 224 und 240).

b)
```
SELECT *
FROM   Benutzer
WHERE  Ben_Nr IN
  (SELECT Ben_Nr FROM Ausleihe);
```

Hiermit werden alle Benutzer ermittelt, die schon einmal Bücher ausgeliehen haben (Ben_Nr 215, 224, 232).

c)
```
SELECT *
FROM   Benutzer
WHERE  Lebensalter<ALL (32, 35, 28);
```

Ergebnis: Alle Benutzer, die jünger als 28 Jahre sind (Ben_Nr 215).

d)
```
SELECT *
FROM   Benutzer
WHERE  Lebensalter <ANY (32, 35, 28);
```

Diese Anfrage liefert alle Benutzer, deren Altersangabe kleiner als mindestens einer der aufgezählten Werte ist (Ben_Nr 213, 215, 224)

- **Existenzabgleich**
  Form:

  EXISTS (SELECT-Anweisung)

Zu jedem zu überprüfenden Tupel aus der äußeren Anweisung wird die in Klammern stehende SELECT-Anweisung ausgeführt. Die innere Anweisung benutzt in ihrer Selektions-Bedingung in der Regel die Attributwerte des aktuellen Tupels aus der äußeren SELECT-Anweisung. (Damit der Bezug hergestellt werden kann, ist das Attribut mit dem Relationen-Namen als Qualifier zu kennzeichnen; vgl. Beispiel 5.3.) Erzielt die innere SELECT-Anweisung mindestens einen Treffer, so erhält das aktuelle Tupel den Wahrheitswert ‚wahr' und erscheint in der Ergebnis-Relation.

Beispiel 5.3

```
SELECT *
  FROM   Benutzer
  WHERE EXISTS
      (SELECT *
       FROM   Ausleihe
       WHERE Ausleihe.Ben_Nr = Benutzer.Ben_Nr);
```

Diese Anweisung liefert alle Benutzer, die jemals ein Buch ausgeliehen haben (vgl. auch Beispiel 5.2 (b)). Erläuterung: Zu jedem, von der äußeren SELECT-Anweisung vorgelegten Tupel wird die innere Anweisung ausgeführt. In die Bedingung geht dort die Benutzer-Nr. des vorgelegten Tupels ein (gekennzeichnet durch den Qualifier ‚Benutzer'). Kann mindestens ein Tupel aus AUSLEIHE mit dieser Benutzer-Nr. gefunden werden, so erscheint das BENUTZER-Tupel in der Ergebnis-Relation.

- **Bereichsabfrage:**

  attribut BETWEEN wert1 AND wert2

  Bedeutung: Bereichsabfrage für das Intervall zwischen den beiden Werten.

  Genau wie der BETWEEN- und der IN-Ausdruck sind auch die Negationen ‚NOT BETWEEN' und ‚NOT IN' zu verwenden.

Wie in Abschnitt 2.2.1 erwähnt, sind Bedingungen mit den Booleschen Operatoren

- AND
- OR
- NOT

weiter verknüpfbar. Zur Steuerung der Prioritätenfolge können Klammern verwendet werden; allgemein gilt sonst die Regel „NOT vor AND vor OR".

Beispiel 5.4

SELECT *
FROM Benutzer
WHERE (Lebensalter >32 OR Geschlecht = ‚m') AND PLZ > 6300;

Ergebnis: Alle Personen, welche älter als 32 oder männlichen Geschlechts sind; zusätzlich müssen sie in einem Ort mit der PLZ > 6300 wohnen (was die Personen mit Ben_NR 220 und 232 liefert).

Projektion

Form:

SELECT attribut {,attribut}
FROM relation;

relation wird auf (ihre) Attribute projiziert, die in der SELECT-Klausel aufgeführt sind.

Bemerkung: Die vorgestellte Anweisung schließt bedauerlicherweise identische Tupel *nicht* automatisch aus! SQL bietet dazu jedoch die SELECT DISTINCT-Klausel an, welche die folgende
Form hat:

SELECT DISTINCT attribut {,attribut}
FROM relation;

Projektionen ohne automatischen Ausschluß identischer Tupel entsprechen auch der Form

SELECT ALL attribut {,attribut}
FROM relation;

Beispiel 5.5

SELECT Lebensalter
FROM Benutzer;

Ausgabe der Altersangaben der Benutzer (6 Tupel); der Ausschluß identischer Tupel (hier: der Wert 44) erfolgt mit der Anweisung:

SELECT DISTINCT Lebensalter
FROM Benutzer;

Join

Form:

SELECT name.attribut {,name.attribut}
FROM relation [corr_name], relation [corr_name];
WHERE joinbedingung;

Da wir uns jetzt auf zwei Relationen beziehen, müssen die auszugebenden Attribute (attribut) der Ergebnis-Relation hinsichtlich ihres Bezuges gekennzeichnet sein. Dieser Bezug wird mit Hilfe des Qualifiers name hergestellt. name meint entweder den jeweiligen Bezeichner der betreffenden Relation aus der FROM-Klausel oder den dort vereinbarten Korrelationsnamen corr_name. Der Korrelationsname gibt eine frei gewählte (Kurz-) Bezeichnung der Relation wieder, die nur während der Ausführung Gültigkeit besitzt. Sofern ein Korrelationsname vereinbart ist, *muß* er in der gesamten SELECT-Anweisung konsequent für name verwendet werden; die Verwendung des Relationen-Namens als Qualifier ist dann nicht mehr erlaubt.

Joinbedingung gibt an, über welche Attribute die Verknüpfung des Joins auszuführen ist; *Aufbau:*

name.attribut = name.attribut
{AND name.attribut = name.attribut}

(name besitzt die gleiche Bedeutung wie in der SELECT-Klausel.)

Mit einem allgemeineren Abgleich in joinbedingung kann ein Theta-Join (vgl. Abschnitt 2.2.3) formuliert werden.

Beispiel 5.6

```
SELECT X.Name, X.Wohnort, Y.Sign_Nr, Y.Datum_Ausgabe
FROM   Benutzer X, Ausleihe Y
WHERE  X.Ben_Nr = Y.Ben_Nr;
```

Damit wird aufgelistet, wer welche Bücher ausgeliehen hat; X und Y geben Korrelationsnamen für BENUTZER und AUSLEIHE wieder (vgl. Beispiel 2.5, Abschnitt 2.2.3).

Anmerkung: Die Verwendung einer WHERE-Klausel ist in jeder SELECT-Anweisung grundsätzlich optional. Fehlt sie bei einem Join, so legt das DBMS das Produkt der Relationen aus der FROM-Klausel der Ausgabe zugrunde (vgl. Abschnitt 2.1).

Soll eine Relation mit sich selbst verknüpft werden, *müssen* Korrelationsnamen vergeben (und benutzt) werden. Wir können uns den Join einer Relation mit sich selbst so veranschaulichen: Zwei Kopien der betreffenden Relation (Momentaufnahmen) werden unter dem jeweiligen Korrelationsnamen abgelegt und miteinander verknüpft.

Beispiel 5.7

In der Relation

MITARBEITER (MA_ID, Name, Vorname, Lebensalter, Vorg_ID),

werde unter ‚Vorg_ID‘ die Mitarbeiter-ID (MA_ID) des Vorgesetzten geführt (vgl. Beispiel 2.8, Abschnitt 2.2.3). Alle Mitarbeiter, die älter als ihr Chef sind, können mit folgender Anweisung ermittelt werden

```
SELECT M.NAME, M.MA_ID
FROM   Mitarbeiter M, Mitarbeiter V
Where  M.Vorg_ID = V.MA_ID AND M.Lebensalter>V.Lebensalter;
```

Die drei Basisoperationen zeigen im Vergleich:

Die Struktur der Ergebnis-Relation wird durch die SELECT-Klausel bestimmt. Sie entspricht der Projektion einer Relation, die als Produkt der Relationen aus der FROM-Klausel vorgelegt wird. Welche Tupel dabei in die Ergebnis-Relation übernommen werden, wird durch die WHERE-Klausel entschieden. Es ist möglich, die drei Basisoperationen in einer einzigen Anweisung zu formulieren.

5.2.2 Erweiterungen

Zu den Basis-Operationen können folgende Zusätze spezifiziert werden:

Ergebnis-Spalten und Spaltenüberschrift

In der SELECT-Klausel dürfen anstelle der Attribute auch Ausdrücke verwendet werden, in denen Konstante (Literale) oder Attributwerte des aktuellen Tupels miteinander verknüpft werden. Damit die Ergebnis-Relation optisch interpretierbar bleibt, kann (generell) für jede Spalte eine frei gewählte Überschrift vereinbart werden.

Form:

```
SELECT spalte = ausdruck {,spalte=ausdruck}
FROM   relation {,relation}
....
```

Es bedeuten:

spalte: eine zu vereinbarende Spaltenüberschrift

ausdruck: Verknüpfung von Literalen oder Attributen (bzgl. der Relationen aus der FROM-Klausel; qualifizierte Angabe, falls mehrere Relationen aufgeführt sind).

Beispiel 5.8

Um die Personen in BENUTZER um 10 Jahre altern zu lassen, können wir die folgende Anweisung verwenden:

```
SELECT Benutzer_Nr = Ben_Nr, Name, Lebensalter = Lebensalter + 10
FROM   Benutzer;
```

Die Ergebnis-Relation wird mit den Spalten-Überschriften ‚BENUTZER_NR', ‚NAME' und ‚LEBENSALTER' ausgegeben.

Gruppenverarbeitung

In Übersichten möchte man oft Tupel aufgrund gemeinsamer Eigenschaften – also über gleiche Attribut-Ausprägungen – zu Gruppen zusammenfassen und jede Gruppe durch ein abgeleitetes Tupel beschreiben. In einem Unternehmen interessiert man sich z. B. für das Durchschnittseinkommen und die Mitarbeiterzahl in den Abteilungen. SQL unterstützt solche Zusammenfassungen individueller Tupel zu Gruppen. Natürlich dürfen hierbei nur noch Attribute bzw. Aussagen benutzt werden, die der betreffenden Gruppe eigen sind.

Die Gruppenauswertung geschieht mit Hilfe einer GROUP BY-Klausel in der SELECT-Anweisung. Dort werden die Gruppierungsattribute aufgeführt; eine Gruppe definiert sich als eine Menge von Tupeln, die über dieselben Ausprägungen der Gruppierungsattribute (wie z. B. ‚Abteilung' in einer Mitarbeiter-Relation) verfügen.

Form:

```
SELECT     gruppen-item {,gruppen-item}
FROM       relation
GROUP BY   gruppen-attribut {,gruppen-attribut}
[HAVING    bedingung];
```

gruppen-attribut bezeichnet ein Gruppierungsattribut; gruppen-item meint einen Wert (Komponente) des zu erzeugenden Gruppen-Tupels. Hierzu kommen z. B. die Gruppierungsattribute aus der Ausgangsrelation in Frage. Daneben stellt SQL für gruppen-item noch folgende Gruppen-Auswertungen (Funktionen) zur Verfügung:

AVG(A):	Durchschnittswert des Attributes A in der Gruppe (nur bei numerischen Attributen sinnvoll);
COUNT(A):	Anzahl der Attributwerte zu A in der Gruppe;
COUNT(*):	Anzahl der Tupel in der Gruppe;
MAX(A):	maximaler Wert des Attributes A in der Gruppe;
MIN(A):	minimaler Wert des Attributes A in der Gruppe;
SUM(A):	Summe aller Attributwerte zu A in der Gruppe (nur bei numerischen Attributen sinnvoll).

Die HAVING-Klausel erfüllt hinsichtlich der Gruppen-Tupel die gleiche Funktion wie die WHERE-Klausel für die Tupel einer gegebenen Relation: Sie selektiert die Tupel der Gruppen-Relation mit Hilfe von bedingung. Es darf auf alle Aussagen Bezug genommen werden, die für die Gruppe herleitbar sind (alle potentiellen gruppen-items), unabhängig davon, ob sie in der SELECT-Klausel aufgeführt sind.

Hinweis: COUNT (DISTINCT A) zählt nur die verschiedenen Ausprägungen von A in der Gruppe. Für die anderen Funktionen AVG, MAX, MIN und SUM darf als Argument ‚All A‘ (gleiche Wirkung wie ‚A‘) oder ‚DISTINCT A‘ (i. allg. wenig sinnvoll) formuliert werden. Für die Auswertung von Null-Werten sind spezielle Regeln zu berücksichtigen.

Beispiel 5.9

Für AUSLEIHE gibt die Anweisung

```
SELECT    Ben_Nr, COUNT(Sign_Nr)
FROM      Ausleihe
GROUP BY  Ben_Nr;
```

pro Benutzer die Anzahl seiner jemals ausgeliehenen Bücher aus; die Anweisung

```
SELECT    Ben_Nr, COUNT (DISTINCT Sign_Nr)
FROM      Ausleihe
GROUP BY  Ben_Nr;
```

listet dagegen auf, wieviele verschiedene Bücher jeweils von den Benutzern mitgenommen wurden.

Sofern nur Benutzer mit einer durchschnittlichen Leihdauer von mehr als 20 Tagen interessieren, kann die erste Version auf die folgende Weise modifiziert werden:

```
SELECT     Ben_Nr, COUNT(Sign_Nr)
FROM       Ausleihe
GROUP BY   Ben_Nr
HAVING     AVG(Tage) >20;
```

Ergänzungen

- In der SELECT-Klausel dürfen Gruppenfunktionen auch ohne die GROUP BY-Klausel benutzt werden; SQL interpretiert dann die Relation als eine Gruppe! Z. B. gibt

  ```
  SELECT COUNT(*) FROM Benutzer;
  ```

  die Anzahl der Tupel in dieser Relation an.

- Der Gruppen-Bildung kann eine (Vor-) Selektion der zu gruppierenden Tupel vorausgehen.

  Form:

  ```
  SELECT     gruppen-item {,gruppen-item}
  FROM       relation
  WHERE      bedingung
  GROUP BY   gruppen-attribut {,gruppen-attribut};
  ```

Es wird zuerst die Selektion ausgeführt; mit dem Zwischenergebnis wird anschließend die Gruppenbildung vorgenommen. Darüber hinaus kann eine HAVING-Klausel vereinbart werden.

Beispiel 5.10

In Abänderung des Beispiels 5.9 wollen wir jetzt eine Auswertung erstellen, bei der nur Leihvorgänge mit einer Dauer von mehr als 30 Tagen berücksichtigt werden:

```
SELECT     Ben_Nr, COUNT (Sign_Nr)
FROM       Ausleihe
WHERE      Tage >30
GROUP BY   Ben_Nr;
```

Sortierte Ergebnisse

Mit der ORDER BY-Klausel kann ein Sortierkriterium für die Ergebnis-Relation vereinbart werden.

Form:

```
SELECT      attribut {,attribut}
FROM        relation
[WHERE      bedingung]
ORDER BY    (sortier-attribut|zahl) [ASC|DESC] {,( sortier-attribut|zahl)
            [ASC|DESC]};
```

Neben den bekannten Stellvertretern relation und attribut bedeuten:

sortier-attribut: ein Attribut der Ergebnis-Relation (gemäß der SELECT-Klausel), nach dem zu sortieren ist.

zahl: wird eine Zahl anstelle des Sortier-Attributes angegeben, so verweist sie auf die Position eines Attributes in der SELECT-Klausel;

ASC: Sortieren nach aufsteigender (engl.: ascendent) Reihenfolge bzgl. des betreffenden Attributes;

DESC: absteigende (engl.: descendent) Reihenfolge (bzgl. des Attributes).

Standard: ASC.

Sind mehrere Sortier-Attribute spezifiziert, entscheidet ihre Reihenfolge über die Priorität beim Sortieren: Das zweite Attribut in der ORDER BY-Klausel ist nur dann relevant, wenn gleiche Werte für das erste vorliegen. Die ORDER BY-Klausel darf auch bei einem Join oder bei einer Gruppenauswertung (mit der GROUP BY-Klausel) in der gleichen Weise verwendet werden. Sie wird stets als letzte Klausel einer SELECT-Anweisung aufgeführt.

Beispiel 5.11

Für AUSLEIHE vereinbaren wir:

```
SELECT     Ben_Nr, Sign_Nr
FROM       Ausleihe
ORDER BY   Ben_Nr;
```

Diese Anweisung ist äquivalent zu

```
SELECT    Ben_Nr, Sign_Nr
FROM      Ausleihe
ORDER BY  1 ASC;
```

Subquery

Im Zusammenhang mit der Selektion haben wir in Abschnitt 5.2.1 bereits SELECT-Anweisungen innerhalb einer WHERE-Klausel kennengelernt; wir sprechen hier auch von *geschachtelten* SELECT-Anweisungen. Eine SELECT-Anweisung innerhalb einer anderen SQL-Anweisung wird allgemein als *Subquery* bezeichnet. Ihre mehrfache Schachtelung ist erlaubt; allerdings leidet dann oft die unmittelbare Interpretierbarkeit der Anweisung.

Die Abarbeitung einer geschachtelten SELECT-Anweisung können wir uns folgendermaßen veranschaulichen: Mit der FROM-Klausel der äußeren SELECT-Anweisung wird eine Ausgangsrelation (ggf. als ein Produkt) vorgegeben. Die Tupel dieser Relation werden nun mit der WHERE-Klausel überprüft. Dazu wird die innere SELECT-Anweisung ausgeführt und der Wahrheitswert ermittelt. Dieser Prozeß kann sich, wie erwähnt, über mehrere Stufen erstrecken.

Eine Subquery bezieht in der Regel das vorgelegte, äußere Tupel in seine WHERE-Klausel mit ein. Zur eindeutigen Kennzeichnung des Bezugs benutzen wir bei den Attributen die Korrelationsnamen.

Beispiel 5.12

Zusätzlich zu unseren Relationen BENUTZER und AUSLEIHE nehmen wir noch eine Relation BUCH(Sign_NR, Titel, Jahr, ISBN) an. Alle Buchtitel, die von Benutzern mit einem Alter von mehr als 50 Jahren ausgeliehen wurden, können mit der folgenden Anweisung aufgelistet werden:

```
SELECT    A.Sign_Nr, B.Titel
FROM      Ausleihe A, Buch B
WHERE     A.Sign_Nr = B.Sign_Nr AND EXISTS
          (SELECT*
               FROM   Benutzer Z
               WHERE  A.Ben_Nr  = Z.Ben_Nr AND
                      Z.Lebensalter > 50);
```

(Da ‚Lebensalter', eindeutig auf ‚Benutzer' bezogen ist, darf der Qualifier (Z) auch weggelassen werden.). Auswertungen wie in diesem Beispiel sind häufig auch mit Hilfe eines geeigneten Joins formulierbar.

Hinweis: Die ORDER BY-Klausel ist in einer Subquery sinnlos und verboten. Ebenso ist die Spezifikation einer Spalten-Überschrift sinnlos und untersagt.

Allgemeine Spezifikation der SELECT-Anweisung

Die allgemeine Form der SELECT-Anweisung setzt sich aus folgenden Klauseln zusammen:

SELECT-Klausel
FROM-Klausel
[WHERE-Klausel]
[GROUP BY-Klausel]
[HAVING-Klausel]
[ORDER BY-Klausel];

Die Einhaltung der Reihenfolge ist zwingend.

5.3 Struktur-Vereinbarungen

Damit das DBMS überhaupt Daten (Tupel) speichern kann, müssen zuvor die Relationen-Strukturen vereinbart sein. In den Bereich der Struktur-Vereinbarungen (DDL) fallen u.a. folgende Anweisungen:

- Festlegen einer Relationen-Struktur
- Löschen einer Relation
- Vereinbarung eines Views
  Ein View entspricht einer Ergebnis-Relation, die zur Ausführungszeit (mit Hilfe einer SELECT-Anweisung) erzeugt wird. Es steht dem Benutzer als eine ‚virtuelle' Relation zur Verfügung, die genau wie eine gespeicherte Relation mit SELECT-Anweisungen verarbeitet werden kann. Verwendungszweck: Vereinfachung von Abfragen, Datenschutz.

- Vereinbarung eines Index
  Ein Index entspricht einem ‚Inhaltsverzeichnis' zu einem Attribut bzw. einer Attribut-Kombination; er wird vom DBMS gepflegt und dient z. B. zum schnellen Aufsuchen der Tupel (vgl. Kapitel 6).

Die SQL-Versionen der einzelnen Produkte weisen in diesem Bereich die größten Unterschiede auf. Manche Produkte gestatten auch nachträglich Struktur-Veränderungen von Relationen (im Sinne ergänzender Attribute).

Vereinbarung von Basistabellen-Strukturen

Relationen, die im Speicher abgelegt werden, kennzeichnet man in der SQL-Literatur als *Basistabellen.* Ihre Vereinbarung geschieht in folgender Form:

CREATE TABLE relation
(attribut format {,attribut format});

relation gibt den Namen der Relation an; format spezifiziert den Typ eines Attributes (attribut). Es dürfen numerische und alphanumerische Format-Vereinbarungen (CHARACTER bzw. CHAR, INTEGER, SMALLINT, FLOAT etc.) angegeben werden.

Beispiel 5.13

Struktur-Vereinbarung der Relation BENUTZER:

```
CREATE TABLE    Benutzer
(Ben_Nr         INTEGER,
 Vorname        CHAR(15),
 Name           CHAR(20),
 PLZ            INTEGER,
 Wohnort        CHAR(20),
 Lebensalter    SMALLINT,
 Geschlecht     CHAR(1))
```

Die CREATE TABLE-Anweisung legt lediglich die Struktur einer neuen Relation fest. Will man die Ergebnis-Relation einer SELECT-Anweisung (Struktur und Inhalt) dauerhaft unter einem gewählten Namen abspeichern, so kann folgende Anweisung benutzt werden:

```
CREATE TABLE relation
[(attribut {,attribut})]
AS select-anweisung;
```

Fehlt die Angabe der Attribute, so werden die Bezeichner aus der Ergebnis-Relation übernommen.

Beispiel 5.14

Eine Relation mit den Adressen aller Personen, welche älter als 30 Jahre sind, wird aus der Relation BENUTZER mit der Anweisung erzeugt:

```
CREATE TABLE Adressen
(Name, V_Name, PLZ, Ort, Nr)
AS
  SELECT Name, Vorname, PLZ, Wohnort, Ben_Nr
  FROM Benutzer
  WHERE Lebensalter >30;
```

wenn wir die Attribut-Bezeichner ohne Veränderung übernehmen wollen, genügt

```
CREATE TABLE Adressen
AS
SELECT Name, Vorname, PLZ, Wohnort, Ben_Nr
FROM Benutzer
WHERE Lebensalter >30;
```

Eliminieren einer Relation

Form:

```
DROP TABLE relation {,relation};
```

Die aufgeführten Relationen werden entfernt (Struktur *und* Inhalt).

Beispiel 5.15

Mit

DROP TABLE Adressen

wird die in Beispiel 5.14 erzeugte Relation wieder entfernt.

View-Vereinbarung

Form:

CREATE VIEW viewname
[(attribut {,attribut})]
AS select-anweisung;

Ein View wird auf die gleiche Weise wie eine abzuspeichernde Ergebnis-Relation vereinbart. Die virtuelle Relation viewname (ggf. mit den neu vereinbarten Attribut-Namen) kann ähnlich wie eine Basistabelle mit den bekannten SELECT-Anweisungen bearbeitet werden.

Mit

DROP VIEW viewname

wird eine View-Vereinbarung wieder entfernt.

Erzeugen eines Index

Form:

CREATE [UNIQUE] INDEX indexname
ON relation
(attribut [ASC]|[DESC] {,attribut [ASC]|[DESC]});

Unter indexname wird ein Sekundär-Index für relation aufgebaut; er bezieht sich auf die spezifizierte Attribut-Kombination (attribut) einer Basistabelle (relation). Die Reihenfolge in der Aufzählung der Attribute ist für den effizienten Einsatz des Index entscheidend.

Sofern das DBMS die Eindeutigkeit der Index-Ausprägungen überprüfen soll, kann die UNIQUE-Option verwendet werden. Alle Aktivitäten (Aufnahme bzw. Update von Tupeln), die zur Verletzung der Eindeutigkeit führen, werden vom DBMS unterbunden.

Mit ASC (ascendent) bzw. DESC (descendent) wird die aufsteigende bzw. absteigender Reihenfolge je Attribut festgelegt. Standard: ASC.

Beispiel 5.16

Für den schnelleren Zugriff auf die Benutzer-Daten lassen wir einen Index zu Name und Vorname (Reihenfolge!) aufbauen:

CREATE INDEX Name_vn
ON Benutzer (Name, Vorname);

mit

CREATE INDEX Name_al
ON Benutzer (Name ASC, Lebensalter DESC)

vereinbaren wir einen Index, der primär in aufsteigender Reihenfolge nach dem Namen sortiert ist; bei Namensgleichheit wird die absteigende Reihenfolge hinsichtlich des Alters berücksichtigt.

Mit

DROP INDEX indexname

kann ein bestehender Index wieder eliminiert werden.

Ergänzungen

Vergabe von Zugriffsrechten

Mit der GRANT-Anweisung kann der Besitzer (User-ID) einer Datenbank bzw. Relation einem anderen Anwender gewisse Zugriffsrechte erteilen. Der Widerruf einer Berechtigung geschieht mit der REVOKE-Anweisung.

Ändern einer Relationen-Struktur

Manche Produkte gestatten es, bereits bestehende Relationen-Strukturen durch ergänzende Attribute zu modifizieren. Dazu wird die ALTER TABLE-Anweisung verwendet.

Integritätsbedingungen

Damit das DBMS den Zusammenhang zwischen Relationen überwachen kann, können innnerhalb einer CREATE-TABLE-Anweisung gewisse Integritätsbedingungen vereinbart werden. Dazu zählen:

- PRIMARY KEY-Vereinbarung als Zusatz zur Format-Vereinbarung, um ein Attribut als den Primärschlüssel der Relation zu kennzeichnen;
- NOT NULL-Vereinbarung als Zusatz zur Format-Vereinbarung;
- UNIQUE-Vereinbarung als Zusatz zur Format-Vereinbarung, um die Eindeutigkeit der Attribut-Ausprägungen zu vereinbaren;
- PRIMARY KEY-Klausel: Sie wird nach der Vereinbarung der Attribute aufgeführt und zählt explizit die Attribute des Primärschlüssels (Attribut-Kombination) auf;
- FOREIGN KEY-Klausel: In Ergänzung zur Format-Spezifikation wird dokumentiert, daß ein Attribut bzw. eine Attribut-Kombination (als Fremdschlüssel) ein Attribut bzw. eine Attribut-Kombination einer anderen Relation (dort: Primär-Schlüssel) referenziert. Beim Einspeichern wird überprüft, ob die Fremdschlüssel-Ausprägung in der referenzierten Relation bereits bekannt ist.

Generelle Überlegungen zu Integritätsbedingungen finden sich zusammen mit diesen genannten SQL-Vereinbarungen in Abschnitt 7.1.

5.4 Bestandsmanipulationen

Zur Aktualisierung eines Datenbestandes verwenden wir die folgenden Operationen:

- Einfüge-Operation (INSERT)
- Lösch-Operation (DELETE)
- Änderung von Attribut-Werten (UPDATE).

Einfüge-Operation (INSERT)

Die Aufnahme eines Tupels wird mit folgender Anweisung vollzogen.

Form:

INSERT INTO relation (attribut {,attribut})
VALUES (wert{,wert});

Es bedeuten:

attribut: ein Attribut, für welches ein Wert in der VALUES-Klausel bereitgestellt wird. Attribute der Relation, die nicht angesprochen werden, belegt das DBMS mit einem Default-Wert (z. B. 0, blank oder spezieller Nullwert);

wert: Attributwert für das einzuspeichernde Tupel (bezogen auf attribut mit derselben Position). Wenn *alle* Attributwerte des Tupels in der Anordnung der Relationen-Struktur übergeben werden, darf auf die Attributliste verzichtet werden.

Beispiel 5.17

Wir fügen einen neuen Benutzer in den Bestand (in die Relation BENUTZER) ein:

INSERT INTO Benutzer (Ben_Nr, Name, Wohnort, PLZ)
VALUES (511, ‚M.', ‚Sieglos', 6431);

Modifikation

Das Resultat einer SELECT-Anweisung kann auf direktem Wege in eine schon bestehende Relation eingefügt werden.

Form:

INSERT INTO relation [(attribut {,attribut})]
subquery;

hinsichtlich subquery (SELECT-Anweisung) vgl. Abschnitt 5.2.2.

Beispiel 5.18

In einer eigenen Relation ADRESSEN (vgl. Beispiel 5.14) sollen jetzt die Anschriften aller Benutzer ergänzt werden:

```
INSERT INTO Adressen
  SELECT Name, Vorname, PLZ, Wohnort, Ben_Nr
    FROM Benutzer
    WHERE Lebensalter <=30;
```

diese Anweisung entspricht der ausführlichen Form

```
INSERT INTO Adressen
(Name, V_Name, PLZ, Ort, Nr)
 SELECT Name, Vorname, PLZ, Wohnort, Ben_Nr
 FROM Benutzer
 WHERE Lebensalter <=30;
```

Lösch-Operation (DELETE)

Die DELETE-Anweisung löscht einige oder alle Tupel einer Relation.

Form:

```
DELETE FROM relation
  [WHERE bedingung];
```

Es bedeuten:

bedingung: Auswahl-Bedingung der zu löschenden Tupel (wie bei einer SELECT-Anweisung; vgl. Abschnitt 5.2.1).

Fehlt die WHERE-Klausel, so werden *alle* Tupel eliminiert; die Struktur-Vereinbarung bleibt jedoch – im Gegensatz zur DROP TABLE-Anweisung – erhalten.

Beispiel 5.19

Die Anweisung

```
DELETE FROM Ausleihe
  WHERE Tage <20;
```

löscht alle Tupel, für welche weniger als 20 Tage Leihdauer eingetragen sind.

Änderung von Attribut-Werten (UPDATE)

Mit der UPDATE-Anweisung können gespeicherte Attribut-Werte modifiziert werden.

Form:

```
UPDATE relation
  SET attribut = ausdruck {,attribut = ausdruck}
  [WHERE bedingung];
```

Es bedeuten:

attribut: ein von der Änderung betroffenes Attribut;
ausdruck: konstanter Wert oder Verknüpfung von Werten des aktuellen Tupels;
bedingung: Auswahl-Bedingung für Tupel, deren Attributwerte geändert werden sollen (wie bei einer SELECT-Anweisung; vgl. Abschnitt 5.2.1).

Fehlt die WHERE-Klausel, so werden *alle* Tupel entsprechend der SET-Klausel modifiziert.

Beispiel 5.20

a) Zu Jahresbeginn werden die Altersangaben in BENUTZER aktualisiert:

```
UPDATE Benutzer
SET Lebensalter = Lebensalter + 1;
```

b) Die Anweisung

```
UPDATE Benutzer
SET Wohnort = ‚Friedlos‘, PLZ = 6438
WHERE Ben_Nr = 232;
```

hat zur Folge, daß der Benutzer 232 jetzt in 6438 Friedlos wohnt.

5.5 Embedded SQL

Die vorgestellten SQL-Anweisungen sind für den interaktiven Datenbank-Betrieb konzipiert. Komplexe Auswertungen sind damit jedoch nicht programmierbar. Die Anbieter relationaler DBMS offerieren deshalb häufig komfortable, nicht-prozedurale Sprachen mit integrierten SQL-Anweisungen zu ihren Produkten. Oft besteht aber auch die Möglichkeit, (modifizierte) SQL-Anweisungen in Programme, die mit einer prozeduralen Sprache erstellt wurden, einzugliedern. Dieser Modus wird als *Embedded SQL* (ESQL), die zugrunde liegende Sprache als *Wirtssprache* (engl.: host language) bezeichnet.

Programme mit ESQL-Anweisungen müssen vor dem Übersetzen (Compilieren) durch einen sog. *Precompiler* vorbearbeitet werden; der Compiler kann erst danach die aufbereitete Version in Maschinen-Code übersetzen.

Wir stellen hier nur die Basis-Anweisungen vor, wie sie z. B. in der Sprache Pascal Verwendung finden. Im allgemeinen sind neben Abstimmungen auf die Syntax der Wirtssprache noch spezifische Regeln des Herstellers zu berücksichtigen.

5.5.1 Programm-Aufbau

ESQL-Anweisungen werden in prozeduralen Sprachen stets in der Form

```
EXEC SQL anweisung
```

spezifiziert. ESQL-Anweisungen können genau wie andere Anweisungen einer Sprache danach unterschieden werden, ob sie zur Laufzeit eine Aktion veranlassen oder ob sie eine Vereinbarung (z. B. die Definition einer Variablen) treffen. Wir gehen grundsätzlich von der Aufteilung eines Programmes in einen vorgelagerten Deklarationsteil und einen Anweisungsteil aus.

Deklarationsteil

Der Deklarationsteil umfaßt u.a. die Vereinbarung von Speicherstellen für die Algorithmen des Programms. Bei Datenbank-Anwendungen sind hier vor allem diejenigen Variablen aufzuführen – und kenntlich zu machen (!) – die zum Austausch von Daten zwischen DBMS und Programm benutzt werden. Die folgende DECLARE SECTION erfüllt diesen Zweck.

```
EXEC SQL BEGIN DECLARE SECTION
   ...
   (* Vereinbarung von Variablen gemäß der Syntax der Wirtssprache *)
   ...
EXEC SQL END DECLARE SECTION
```

Die Programm-Variablen aus der DECLARE SECTION werden später bei Datenbank-Zugriffen vor allem in zwei Situationen verwendet: Für den Transfer von Attributwerten vom oder zum DBMS und zum Festhalten von Werten in Bedingungen (WHERE-Klausel). Andere Variable, die außerhalb der DECLARE SECTION vereinbart wurden, dürfen in ESQL-Anweisungen *nicht* verwendet werden.

Anweisungsteil

Die Aktionen, welche zur Laufzeit des Programmes ausgeführt werden sollen, werden im Anweisungsteil des Programmes formuliert. Wir können etwa einzelne Tupel in eine Relation einfügen oder eine Bedingung formulieren und alle zutreffenden Tupel eliminieren.

Zur Unterscheidung zwischen Attribut-Namen (der Datenbank) und Speicherstellen des Programms müssen die Variablen mit einem vorangestellten Sonderzeichen kenntlich gemacht werden; wir verwenden dazu das Zeichen ‚$‘.

Wir dürfen nicht annehmen, daß das DBMS stets alle Anweisungen korrekt ausführen kann. Beispiel: Unser Programm könnte eine Relation ansprechen, die vor kurzem von einem anderen Mitarbeiter gelöscht wurde. Das DBMS legt deshalb nach jedem Aufruf in einer speziellen Variablen (SQLCODE, Format: INTEGER) einen numerisch verschlüsselten Fehler-Code als Begleit-Information ab. Fehler-Code 0 bedeutet dabei technisch einwandfreie Abwicklung. Wir gehen davon aus, daß SQLCODE explizit in de DECLARE SECTION vereinbart wird.

Der Fehler-Code *sollte* nach jeder Anweisung explizit geprüft werden, da wir hier erfahren, ob das DBMS unserem Wunsch nachkommen konnte! Im Fall einer Ausnahme-Situation kann ein spezifisches Fehler-Handling vorgenommen werden. (Alternativ dazu ist eine WHENEVER-Anweisung, auf die wir aber nicht weiter eingehen wollen, verwendbar).

Vor der Vorstellung der ESQL-Anweisungen zeigen wir ein einfaches Programm-Beispiel:

Beispiel 5.21

Das folgende Programm (in der Sprache Pascal) fügt ein Tupel in die Relation BENUTZER ein (vgl. Abschnitt 5.3, Beispiel 5.13 und Abschnitt 5.4, Beispiel 5.17).

Attributwerte zu Ben_Nr, Name, Wohnort und PLZ sollen in den Programm-Variablen Bnr, Name, Ort und PLZ abgelegt sein.

```
PROGRAM efg (INPUT, OUTPUT);

  EXEC SQL BEGIN DECLARE SECTION
  VAR
    Bnr:       INTEGER;
    Name:      CHAR(20);
    Ort:       CHAR(20);
    PLZ:       INTEGER;
    SQLCODE: INTEGER;
  EXEC SQL END DECLARE SECTION;

BEGIN
    Bnr        := 511;
    Name       := ‚M‘;
    Ort        := ‚Sieglos‘;
    PLZ        := 6431;
    WRITELN (‚Jetzt geht das Einfuegen los‘);
    EXEC SQL INSERT INTO Benutzer
      (Ben_Nr, Name, Wohnort, PLZ)
      VALUES($Bnr, $Name, $Ort, $PLZ);

    IF SQLCODE < >0
      THEN
        WRITELN (‚Das Einfuegen ging schief; Fehler:‘, SQLCODE)
      ELSE
        WRITELN (‚ Gut gegangen!‘);

END.
```

Mit Hilfe dieser INSERT-Anweisung wird das gleiche Tupel wie in Beispiel 5.17 in die Relation BENUTZER eingefügt. Zur Kontrolle der Aktivität wird anschließend der SQLCODE überprüft. Kann die Anweisung nicht einwandfrei ausgeführt werden (z.B. weil die Relation BENUTZER nicht existiert), so wird die Mitteilung ‚Das Einfuegen ging schief; Fehler:‘ mit der entsprechenden Fehler-Nr. am Bildschirm ausgegeben; andernfalls erscheint dort die Meldung ‚Gut gegangen!‘.

5.5.2 Einfache ESQL-Anweisungen

SQL-Anweisungen, die auf eine Verarbeitung von Ergebnis-Relationen innerhalb des Programmes verzichten, lassen sich nahtlos in das Konzept der prozeduralen Sprachen integrieren. Dazu zählen die einfachen Anweisungen

- SELECT-Anweisung mit eindeutigem Treffer,
- INSERT eines Tupels (bzw. Records),
- DELETE-Anweisung für Tupel, welche durch eine SELECT-Anweisung bestimmt wurden,
- UPDATE-Anweisung ohne explizite Tupel-Benennung.

SELECT-Anweisung mit eindeutigem Treffer

Im Unterschied zur interaktiven SELECT-Anweisung müssen in der ESQL-Variante Programm-Variable genannt werden, die den Treffer aufnehmen können. Die Bekanntgabe dieser Variablen wird mit Hilfe der INTO-Klausel vollzogen.

Form:

```
EXEC SQL SELECT ausdruck {,ausdruck}
         INTO   variable {,variable}
         FROM   relation [corr-name] {,relation [corr-name]}
         WHERE  bedingung;
```

Mit ‚variable' sind Variable (Speicherstellen) des *Programmes* gemeint; im Unterschied zu den Bezeichnern, die sich auf die Datenbank beziehen, *müssen* alle Programm-Variable (in der INTO- und ggf. in der WHERE-Klausel) mit einem speziellen Sonderzeichen (hier: $) versehen sein.

Werden mehrere Treffer ermittelt, wird nur der erste an das Programm übergeben; das Feld SQLCODE ist dann mit einer entsprechenden Fehler-Nr. (ungleich 0) versehen. Auf die WHERE-Klausel darf verzichtet werden (etwa wenn die Relation als eine Gruppe ausgewertet wird; vgl. Abschnitt 5.2.2).

Beispiel 5.22

Die Anweisung

```
EXEC SQL SELECT Name, Lebensalter, Geschlecht
         INTO   $N, $A, $G
```

FROM Benutzer
WHERE Ben_Nr = 232;

übergibt die Attribut-Werte des Treffers zu Name, Lebensalter und Geschlecht in die Programm-Variable N, A, G (Format-Konsistenz!).

INSERT-Anweisung

Die ESQL-Version der INSERT-Anweisung ist uns schon im Beispiel des letzten Abschnitts (Beispiel 5.21) begegnet. Wie im interaktiven Modus können damit einzelne Tupel oder auch Tupel aus einer SELECT-Anweisung (ohne Transfer über das Programm) in eine Relation eingefügt werden. Die ESQL-INSERT-Anweisung ist in ihrem Kern identisch mit der interaktiven Version (Abschnitt 5.4).

Form:

```
EXEC SQL INSERT INTO relation
         [(attribut {,attribut})]
         (VALUES (wert {,wert}) | query);
```

(vgl. Beispiel 5.21). query bezeichnet eine SELECT-Anweisung.

DELETE-Anweisung

Wie in Abschnitt 5.4 verwenden wir zum Löschen gewisser bzw. aller Tupel einer Relation die DELETE-Anweisung.

Form:

```
EXEC SQL DELETE FROM relation [corr-name]
         [WHERE bedingung]
```

Beispiel 5.23

Um in AUSLEIHE alle Tupel mit weniger als 20 Tagen Leihdauer zu eliminieren (vgl. Beispiel 5.19), vereinbaren wir mit einer Variablen T:

```
T := 20;
EXEC SQL DELETE FROM Ausleihe
  WHERE Tage < $T;
```

UPDATE-Anweisung ohne Daten-Übergabe

Tupel können auf zwei Arten aktualisiert werden. Die einfachste Version spezifiziert wie in Abschnitt 5.4 für jedes zu ändernde Attribut *einen* Wert oder eine Modifikations-Vorschrift.

Form:

```
EXEC SQL UPDATE relation [corr-name]
         SET attribut = ausdruck {,attribut = ausdruck}
         [WHERE bedingung];
```

Ähnlich wie bei einer ESQL-SELECT-Anweisung müssen alle Programm-Variable in ‚ausdruck' oder in ‚bedingung' mit dem entsprechenden Sonderzeichen gekennzeichnet sein.

Beispiel 5.24

Die in Beispiel 5.20 verwendeten Anweisungen lassen sich in einem Programm auf folgende Weise formulieren:

a) Erhöhung der Altersangaben in BENUTZER:

```
EXEC SQL UPDATE Benutzer
         SET Lebensalter = Lebensalter + 1;
```

b) Adreß-Änderung in BENUTZER; die Benutzer-Nr. sowie die aktuellen Werte übergeben wir in Variablen:

```
Ort      := ‚Friedlos';
PLZ      := 6438;
Benutzer := 232;

EXEC SQL UPDATE Benutzer
  SET Wohnort = $Ort, PLZ = $PLZ
  WHERE Ben_Nr = $Benutzer;
```

5.5.3 Das Cursor-Konzept

Die Anweisungen des letzten Abschnitts haben das DBMS entweder zu einer Aktion *ohne* Tupel-Transfer veranlaßt (DELETE-Anweisung, UPDATE-Anweisung, INSERT-Anweisung mit SELECT-Anweisung) oder es wurde jeweils genau ein Tupel zwischen DBMS und Programm ausgetauscht (SELECT-Anweisung, INSERT-Anweisung mit der VALUES-Klausel). Wir gehen jetzt auf SELECT-Anweisungen ein, mit denen die Ergebnis-Relationen in das Programm übernommen werden können.

Die Übernahme *mehrerer* Tupel aus einer Ergebnis-Relation kann mit Hilfe des Cursor-Konzepts durchgeführt werden. Hierbei sind folgende Schritte einzuhalten:

- Vereinbarung der Anfrage
- Ausführen der Anfrage
- schrittweise Übernahme der einzelnen Tupel
- Freigabe der Ergebnis-Relation.

Das Cursor-Konzept gestattet auch, daß die Tupel einer Ergebnis-Relation vom Programm individuell gelöscht oder in aktualisierter Form wieder zurückgegeben werden.

Vereinbarung der Abfrage

Die später auszuführende Abfrage wird im Deklarationsteil des Programms in folgender Form abgelegt:

```
EXEC SQL DECLARE cursor_name CURSOR FOR
         SELECT ....
         [FOR UPDATE OF attribut {,attribut}];
```

Die Deklaration eines *Cursors* bewirkt noch keine Ausführung der SELECT-Anweisung. Sie kann mit der Vereinbarung einer Prozedur, die später im Anweisungsteil ausgeführt wird, verglichen werden. Der Cursor-Name übernimmt in unserem Fall die Rolle des Prozedur-Namens. Die FOR UPDATE-Klausel ist nur dann zu spezifizieren, wenn Tupel gelöscht bzw. mit aktualisierten Attributwerten zurückgegeben werden sollen.

Abwicklung der Anfrage

Die Abarbeitung der vereinbarten Datenbank-Anfrage wird im Anweisungsteil mit einer OPEN-Anweisung angestoßen:

```
EXEC SQL OPEN cursor_name;
```

Das DBMS erzeugt damit eine Ergebnis-Relation, die es intern verwaltet. Die Wiederholung der Anweisung

```
EXEC SQL FETCH cursor_name
         INTO variable {,variable};
```

überträgt Schritt für Schritt die Tupel der Ergebnis-Relation in die Variablen des Programms. Diese Aufrufe können in einer Schleife so lange ausgeführt werden, bis das Ende über einen Fehler-Code (SQLCODE = 100) mitgeteilt wird. Anschließend ist durch

```
EXEC SQL CLOSE cursor_name;
```

der belegte Speicherplatz wieder freizugeben. Wird die Schleife vorzeitig abgebrochen, so sollte unmittelbar danach die CLOSE-Anweisung abgesetzt werden.

Beispiel 5.25

Ausgabe der Personen in BENUTZER mit Lebensalter >40:

Deklarationsteil:

```
EXEC SQL DECLARE Cs CURSOR FOR
SELECT Name, Wohnort
  FROM Benutzer
  WHERE Lebensalter >32;
```

Anweisungsteil:

```
...
  EXEC SQL OPEN Cs;
...
  EXEC SQL FETCH Cs
        INTO $Nachname, $Ort;
  WHILE SQLCODE < > 0 DO
    BEGIN
        (* Verarbeitung das aktuellen Tupels mit Name, Wohnort wie etwa
        Ausgabe am Bildschirm *)

        EXEC SQL FETCH Cs
              INTO $Nachname, $Ort;
        END;
        IF SQLCODE < > 100 THEN...
  EXEC SQL CLOSE Cs;
        ...
```

Löschen und Updates

Die FOR UPDATE-Klausel in der Cursor-Deklaration gestattet es, die Tupel zu löschen oder zu aktualisieren. Es sind alle zu modifizierenden Attribute (attribut) dort aufzuführen. Das Tupel, welches zuletzt mit der FETCH-Anweisung übertragen wurde, kann mit der Anweisung

```
EXEC SQL UPDATE relation
         SET attribut = ausdruck {,attribut = ausdruck}
         WHERE CURRENT OF cursor_name
```

aktualisiert bzw. mit

```
EXEC SQL DELETE FROM relation
         WHERE CURRENT OF cursor_name
```

gelöscht werden.

Beispiel 5.26

Die folgende (willkürliche) Anwendung löscht in BENUTZER alle Personen unter 40 Jahren und erhöht bei den anderen das Alter um 1:

Deklarationsteil:

```
EXEC SQL DECLARE Csx CURSOR FOR
  SELECT Lebensalter
     FROM Benutzer
     FOR UPDATE OF Lebensalter;
```

Anweisungsteil:

```
...
EXEC SQL OPEN Csx;
...
EXEC SQL FETCH Csx
         INTO $A;
WHILE SQLCODE < > 0 DO
   BEGIN
     If A < 40
       THEN
         EXEC SQL DELETE FROM Benutzer
           WHERE CURRENT OF Csx
```

```
            ELSE
              BEGIN
                A := A+1;
                EXEC SQL UPDATE Benutzer
                         SET Lebensalter = $A
                         WHERE CURRENT OF Csx;
      END;
    EXEC SQL FETCH Csx
          INTO $A;
  END;
EXEC SQL CLOSE Csx;
....
```

Transaktionsverarbeitung

Aus verschiedenen Gründen bündelt man oft mehrere Datenbank-Zugriffe zu atomaren Einheiten, den *Transaktionen* (vgl. Kapitel 7). Eine Transaktion wird vom DBMS entweder vollständig oder überhaupt nicht (z. B. im Konflikt-Fall) abgearbeitet.

Der Beginn einer Transaktion wird in ESQL von der jeweils ersten Datenbank-Anweisung markiert, ihr Ende durch

```
EXEC SQL COMMIT WORK
```

vereinbart. Außerdem ist es möglich, eine noch nicht beendete Transaktion mit

```
EXEC SQL ROLLBACK WORK
```

abzubrechen. Das DBMS setzt dann alle schon ausgeführten Bestandsänderungen wieder auf den Zustand *vor* der Transaktion zurück, was auch als *Rollback* bezeichnet wird. Beispiel: Ist in einem Buchungssystem für Flugreisen ein bestimmter Anschlußflug bereits ausgebucht, können alle bereits vereinbarten Flüge bequem mit dem Rollback wieder revidiert werden.

Anmerkungen

SQL ist eine Sprache für relationale Datenbanksysteme, in der Anweisungen zur Auswertung und Bestandsbearbeitung (DML) sowie zur Vereinbarung von Datenstrukturen (DDL) gleichermaßen eingebunden sind. Diese Vereinheitlichung liegt aus folgendem Grunde nahe: In relationalen Datenbanksystemen sind die Vereinbarungen über Relationen-Strukturen in systemeigenen Relationen, dem *System-Katalog* abgelegt. Struktur-Vereinbarungen resultieren dann in Eintragungen im System-Katalog.

SQL erlaubt es, mehrere relationale Operationen in einer einzigen SELECT-Anweisung zu bündeln. Die Verarbeitungsstrategie wird für eine SELECT-Anweisung vom DBMS selbst festgelegt; ein Query-Optimizer ermittelt denjenigen Weg, welcher die wenigsten Externspeicher-Zugriffe erwarten läßt (vgl. auch Abschnitt 8.3).

Das Einbeziehen von – nichtprozeduralen – SQL-Anweisungen in den Code einer prozeduralen Sprache bedarf noch gewisser Abstimmungsmaßnahmen. Mit Hilfe des Cursor-Konzeptes von Embedded SQL gelingt es, eine unbestimmte Anzahl von Tupeln einer (gespeicherten oder erzeugten) Relation einzeln in das Programm zu übernehmen. Alle anderen Anweisungen, die sich nicht auf die individuelle Verarbeitung der Tupel beziehen, können dagegen direkt wie im interaktiven Betrieb vereinbart werden. Damit der erstellte Code später compiliert werden kann, muß zuvor eine Vorübersetzung erfolgen.

Aufgaben

Einige Aufgaben nehmen auf folgende Relationen aus dem Bereich eines Hotels Bezug (vgl. auch Aufgabe 2.1):

GAESTE (Name, Land, Stadt, Geschlecht, Kunden_Nr)
BUCHUNG (Kunden_Nr, Zimmer, Kategorie, Tag, Jahr, Dauer)
KATEGORIE (Kat, Preis);

(als Ausprägungen zu Kategorie nehmen wir ‚A‘, ‚B‘ etc. an; ‚Preis‘ gibt den Preis der Zimmer pro Nacht und ‚Kat‘ die Kategorie an).

Aufgabe 5.1

a) Man gebe alle Buchungen mit den Namen der Gäste aus.
b) Wie lautet die Anweisung, wenn auch der Preis des betreffenden Zimmers mit ausgegeben werden soll?
c) Es sind alle Personen mit ihren Buchungen zu ermitteln, bei denen der Zimmer-Preis mehr als DM 100,– beträgt.

Aufgabe 5.2

Man suche alle Personen in GAESTE, die jemals ein Zimmer gebucht haben (mehrere Möglichkeiten).

Aufgabe 5.3

Zu dem Kunden 451 ermittle man den Gesamt-Betrag für alle Buchungen.

Aufgabe 5.4

Man liste alle Zimmer zusammen mit dem eingespielten Ertrag und der durchschnittlichen Belegungsdauer je Buchung auf (Sortierreihenfolge: Zimmer).

Aufgabe 5.5

Die Relationen

MITARBEITER (MA_ID, Name, Vorname, Lebensalter, Gehalt, Abteilung)

gibt Auskunft über die Zugehörigkeit der Personen zu den Abteilungen eines Unternehmens.

Folgende Auskunft soll eingeholt werden: In Abteilungen mit mehr als 10 Personen, die jünger als 30 Jahre sind, ist die Anzahl dieser Personen, deren maximales Gehalt und ihr Durchschnitts-Gehalt zu ermitteln. Die Ausgabe soll die absteigende Reihenfolge der Durchschnitts-Gehälter berücksichtigen.

Literatur

Die ursprüngliche Vorstellung von SQL findet sich in D. D. CHAMBERLIN, R. F. BOYCE [74] und D. D. CHAMBERLIN et al. [76]. Der ISO-Standard ist in R. F. VAN DER LANS [90] wiedergegeben.

CHAMBERLIN, D.D.; BOYCE, R. F. [74]: SEQUEL: A structured English query language. Proc. ACM-SIGFIDET Workshop, Ann Arbor, MI, 1974.

CHAMBERLIN, D.D.; ASTRAHAN, M.M.; ESWARAN, K.P.; GRIFFITHS, P.P.; LORIE, R.A.; MEHL, J.W.; REISNER, P.; WADE, B.W. [76]: SEQUEL 2: A unified approach to data definition, manipulation, and control. IBM J. of Res. and Dev. 6 (1976), 560–575.

DATE, C. J. [87]: A guide to the SQL standard. Addision-Wesley Publ. Comp., Reading, MA, 1987.

VAN DER LANS, R. F. [90]: SQL. Der ISO Standard. Carl Hanser Verlag, München 1990.

Die mit [ ]* gekennzeichneten Zitate (auch im Text) beziehen sich auf übergreifende Werke, die am Ende des Buches aufgeführt sind.

6. Physische Datenorganisation

Die physische Datenorganisation verfolgt den Zweck des schnellen Zugriffs auf die Daten. Sie befaßt sich mit aufeinander abgestimmten Strategien zur Ablage, Wiedergewinnung und Elimination einzelner Daten im Speicher. Dazu sind unterschiedliche Konzepte bekannt, die wir als *Organisationsformen* (auch: *Datenstrukturen*) bezeichnen. Einige DBMS stützen sich auf eine einzige Organisationsform; manche DBMS lassen dagegen für jeden Bestand (Relation) die Wahl einer geeigneten Organisationsform zu.

Jede Organisationsform muß grundsätzlich berücksichtigen, *wie* Daten zwischen Externspeicher und der CPU ausgetauscht werden. Wir wollen deshalb im ersten Abschnitt auf die Datenverarbeitung mit Externspeicher eingehen.

6.1 Externspeicher

Externspeicher übernehmen in der Informationsverarbeitung die Rolle des dauerhaften Gedächtnisses. Daten können abgelegt und zu einem späteren Zeitpunkt wieder abgerufen werden. Nachteil der Externspeicher: sie sind vergleichsweise langsam.

Je nachdem, wie auf die Speicherstellen zugegriffen werden kann, unterscheiden wir Externspeicher mit seriellem Zugriff und Externspeicher mit Direktzugriffsmöglichkeit. Im ersten Fall wie z. B. bei Magnetbändern muß bei einem Lese-Zugriff der Bestand so lange abgearbeitet werden, bis das gewünschte Datum angetroffen wird. Magnetbänder werden im Datenbankbetrieb lediglich zum Archivieren eines copierten Bestandes und zum Protokollieren von Datenbankzugriffen verwendet (vgl. Abschnitt 7.5). Zur Bestandsverwaltung werden dagegen aus naheliegenden Gründen Externspeicher mit Direktzugriffsmöglichkeit verwendet. Hier können einzelne kleinere Daten-Einheiten direkt angesprochen und mit der CPU ausgetauscht werden. Wir gehen nur auf die bekanntesten Vertreter, die Magnetplatten-Systeme, ein.

Magnetplattengeräte

Jeder Externspeicher verfügt über eine bestimmte Kapazität, die in Bytes angegeben wird. Ein Byte ist eine Stelle, an der ein Zeichen gespeichert werden kann. Die Kapazität eines Magnetplattengerätes verteilt sich auf mehrere *Platten-Oberflächen.* Von den n Platten eines Plattenstapels werden in der herkömmlichen Technik nur die inneren Oberflächen verwendet; die Winchester-Technik nutzt dagegen jede Plattenoberfläche aus.

Die Oberflächen eines Plattenstapels sind in eine feste Anzahl von *Spuren* gegliedert, die konzentrischen Kreisen um die Drehachse entsprechen. Alle Spuren besitzen dieselbe Kapazität. Übereinanderliegende Spuren bilden einen *Zylinder.* Die Aufteilung der Plattenkapazität in kleinere Einheiten wird dann im ersten Schritt über die Zylinder vorgenommen; jeder Zylinder setzt sich aus einer festen Anzahl von Spuren (eine Spur je benutzter Oberfläche) zusammen; jede Spur selbst ist wiederum in eine feste Anzahl von *Sektoren* mit konstanter Kapazität untergliedert (Abb. 6.1).

Ein Sektor stellt die kleinste adressierbare Zugriffseinheit des Externspeichers dar. Je nach Geräte-Typ umfaßt ein Sektor 512 Bytes, 1024 Bytes (= 1 Kilobyte; 1K), 2K etc. Gemäß der vorgestellten Untergliederung wird ein bestimmter Sektor auf einer Platte dann über die Angaben zu Zylinder, Oberfläche und Nr. des Sektors auf der Spur als Adresse angesprochen; wir können aber auch davon ausgehen, daß die Sektoren in geeigneter Weise Zylinder für Zylinder fortlaufend numeriert sind.

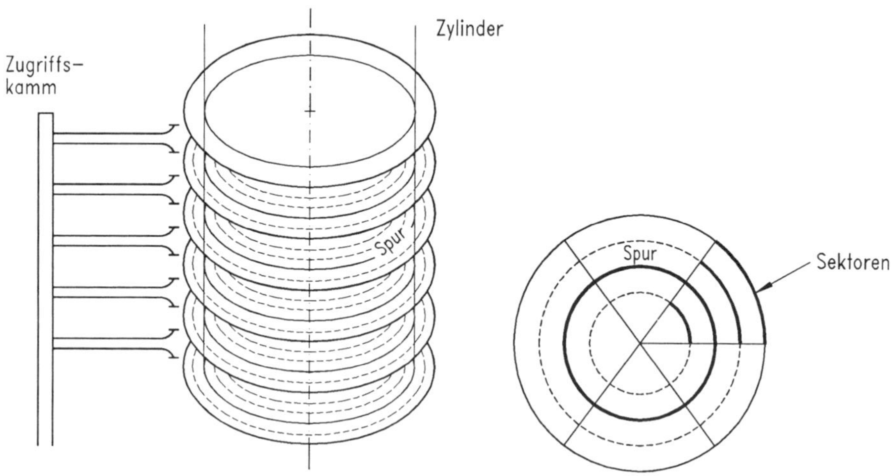

Abb. 6.1 Plattenstapel (Magnetplattengerät)

Records und Dateien

Ein gespeichertes Tupel wollen wir als einen *Record* (auch: *physischer Satz*) bezeichnen. Diese Begriffe finden in der Datenverarbeitung allgemein Verwendung und sind nicht spezifisch auf Datenbanken bezogen. Ein Record faßt mehrere Informationen zusammen und besitzt eine bestimmte Struktur, die durch die Anordnung und den

Typ (Format) seiner *Felder* geprägt wird. In relationalen Datenbanken entsprechen sich die Begriffe Feld und Attribut bzw. Feldwert und Ausprägung (physische bzw. logische Ebene).

Records werden in *Dateien* (auch: Files) abgelegt. Im klassischen Sinne ist eine Datei eine Einheit, die vom Betriebssystem verwaltet wird (katalogisierte Datei). Bei relationalen Datenbanken wollen wir unabhängig davon die abgespeicherten Relationen als Dateien auffassen. Einige DBMS unterstellen ihre gespeicherten Relationen dem Betriebssystem als katalogisierte Dateien; andere fassen die Relationen intern in einem übergeordneten Datenbankbereich zusammen, der dann allein als katalogisierte Datei bekannt ist.

Datenblöcke

Effizienz-Kriterien legen es nahe, mehrere benachbarte Sektoren zu einer Verarbeitungseinheit, dem *Datenblock* (kurz: *Block;* auch: Page, Bucket), zusammenzufassen. Weiterer Vorteil: Die DBMS-Architektur wird durch das Block-Konzept unabhängiger von den Gerätetypen. Als Blockgröße sind bei marktgängigen DBMS 2K, 3K oder 4K bekannt.

Als *Fragmentierung* bezeichnet man die Aufteilung eines Records auf mehrere Blöcke. Jeder in einem Block abgelegte Teil des Records – bis auf den letzten – ist dann zusätzlich mit einer Adresse versehen, die auf den nachfolgenden Abschnitt verweist. Lese-Zugriffe auf fragmentierte Records erfordern allerdings mehrere zeitraubende Block-Zugriffe, weshalb viele DBMS prinzipiell ihre Records nur in einem Block, ohne Überhang, abspeichern.

Adressierung

Ein Block kann über die Adresse seines ersten Sektors angesprochen werden (physische Adresse). Bei Datenbanksystemen ist es allerdings üblich, *logische Adressen* statt der aktuell physischen zu benutzen (vgl. Abb. 6.2). Die Blöcke eines Bereichs werden dabei von 0 an beginnend numeriert. Die Zuordnung der physischen Adresse zur logischen Adresse kann mittels eines bestimmten Algorithmus oder einer Tabelle durchgeführt werden. Der Vorteil logischer Block-Adressen: bei Umspeicherungen muß nur der zentrale Übersetzungsmechanismus zwischen logischer und physischer Adresse geändert werden. Die vielfachen Adreßverweise in den Verwaltungsdaten brauchen dann im Gegensatz zur physischen Adressierung nicht aktualisiert zu werden.

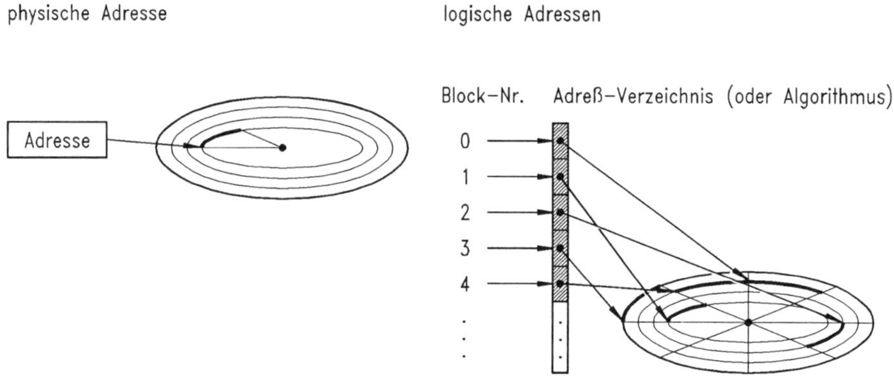

Abb. 6.2 Block-Adressierung

Eine logische oder physische Adreß-Angabe wollen wir allgemein als einen *Pointer* bezeichnen. Sie kann sich – je nach Verwendungszweck – auf einen Block oder auf einen individuellen Record beziehen; im letzteren Fall wird als Adreß-Angabe die Block-Adresse zusammen mit dem Aufsetzpunkt des Records im Block (byte offset) verwendet (vgl. Abschnitt 6.8).

Block-Verkettungen

Zur Aufgliederung eines großen Speicherbereiches setzen die Organisationsformen oft Blöcke durch gegenseitige Adreß-Verweise untereinander in Beziehung, was wir dann mit graphentheoretischen Mitteln darstellen können. Unter einem *Graphen* verstehen wir allgemein eine Menge von Elementen, den *Knoten,* zwischen denen Verbindungen (oder Beziehungen) erklärt sind, die wir als *Kanten* zwischen den Knoten veranschaulichen. In unseren Betrachtungen nehmen Blöcke die Rolle der Knoten ein; die Kanten werden durch Pointer vermittelt. Von Interesse sind die zusammenhängenden gerichteten Graphen:

Lineare verkettete Listen:

In einer linearen verketteten Liste sind die Elemente (Blöcke) durch eine strenge Anordnung aufeinander bezogen. Es existiert genau ein Anfangs- und ein Schluß-Element. In der Anordnung besitzt jedes Element außer dem Schluß-Element genau einen Nachfolger bzw. außer dem Anfangs-Element genau einen Vorgänger (Abb. 6.3 (a)). In jedem Block ist ein Pointer auf den Nachfolger abgelegt.

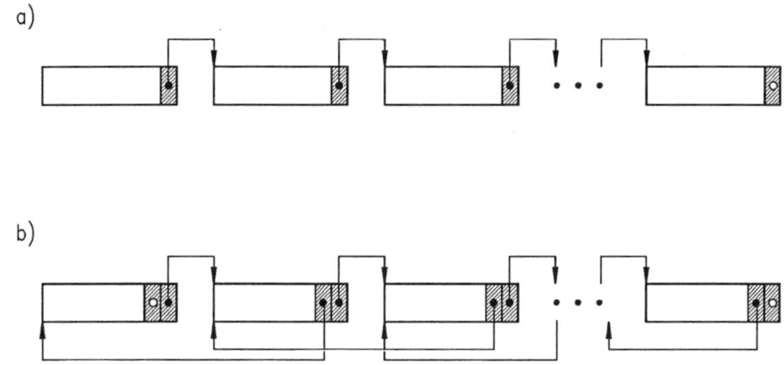

Abb. 6.3 Lineare verkettete Liste

Neben der Verkettung vom Anfangs- zum Schluß-Element hin finden wir in manchen Fällen zusätzlich eine Rückwärts-Verkettung vom Schluß- zum Anfangs-Element vor. Wir sprechen dann von einer doppelt verketteten linearen Liste (Abb. 6.3 (b)).

Baumstrukturen:

In einer Baumstruktur ist genau ein Element (Block) als Wurzel ausgezeichnet. Jedes Element besitzt 0 bis n Nachfolger und – mit Ausnahme der Wurzel – genau einen Vorgänger. Die Knoten ohne Nachfolger werden als *Blätter,* alle anderen als *innere Knoten* bezeichnet.

Im Block einer Baumstruktur sind mehrere Pointer eingebettet, die auf die Nachfolger verweisen. Die Anzahl der Nachfolger kann in der Praxis aufgrund technischer Randbedingungen durch eine geeignete Zahl begrenzt werden (Abb. 6.4).

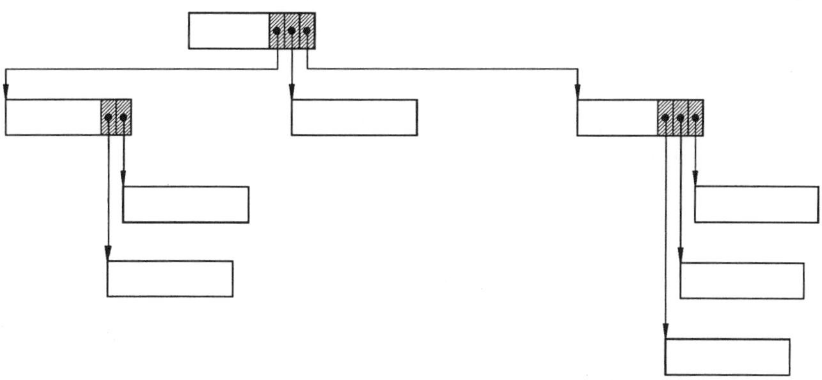

Abb. 6.4 Baumstruktur

Zeitverhalten

Von allen Aktivitäten des DBMS muß der Transfer eines Blockes zwischen Zentralspeicher und Externspeicher als besonders zeitintensiv angesehen werden. (Durchschnittliche Zugriffszeit bei den derzeit angebotenen Geräten: ca. 20 Millisekunden.) Jede Organisationsform hat deshalb zum Ziel, für das Einspeichern, Löschen und Lesen eines Records möglichst wenige Block-Zugriffe zu verwenden.

Bei den meisten Organisationsformen kann die Anzahl der Blockzugriffe durch eine hinreichend gute Belegung der Blöcke minimiert werden. Der Anteil der belegten Speicherstellen an der Kapazität eines bestimmten Speicherbereichs wird als *Füllgrad* (engl.: loading factor) bezeichnet. Manche Organisationsformen garantieren deshalb zu allen Zeiten einen Mindest-Füllgrad für jeden belegten Block.

6.2 Organisationsfragen

Organisationsformen dienen der effizienten Verwaltung der gespeicherten Daten (Records). Wir wollen vor der Vorstellung der einzelnen Strategien zunächst grundsätzliche Aspekte erörtern. Welche Fragestellungen allgemein bei der Verwaltung umfangreicher Objekt-Mengen zu beachten sind, demonstrieren wir am Beispiel des Buchbestandes einer Bibliothek.

Beispiel Bibliothek

Das Magazin unserer Bibliothek (später: Bereich des Externspeichers, Datei) möge in einzelne Regalfächer (Blöcke) gegliedert sein, in denen die Bücher (Records) ihren Stellplatz finden. Zur Identifikation der Bände verwenden wir eine Signatur-Nummer (wie z. B. D0348). Andere Angaben sind für uns zunächst nicht von Interesse. Entliehene Bücher werden durch Stellvertreter gekennzeichnet, so daß wir aus der Sicht der Zugriffe entliehene und vorhandene Bücher gleichbehandeln können. Wir machen folgenden Organisationsvorschlag:

Strukturkriterien:

Es ist offensichtlich, daß wir ein Buch zu vorgegebener Signatur-Nr. schneller finden können, wenn der Bestand danach sortiert ist. Vorausschauend nutzen wir die Regalfächer jedoch nicht vollständig aus; spätere Neuzugänge können dann mit wenig Aufwand an ihren Platz einsortiert werden. Um Platzverschwendung zu verhindern, soll ein vorschriebener Füllgrad jedoch nicht unterschritten werden (z. B. 75%).

Bestandsänderungen:

Solange das betreffende Regalfach noch nicht vollständig belegt ist, liegt die Behandlung eines Neuzugangs auf der Hand. Bei einem Überlauf suchen wir ein noch freies Fach, das wir mit einem Verweis an das überfüllte anbinden. Wird ein Buch aus dem Bestand gelöscht, so entfernen wir es (oder seinen Stellvertreter) aus dem Fach. Ohne organisatorische Zusatzmaßnahmen kann Bücherschwund zu einem Unterlauf des Füllgrads führen. Die Alternativen: Wir akzeptieren derartige Defekte; oder wir begegnen der Unterbelegung durch eine Umverteilung oder durch Zusammenlegen von Fächern mit benachbarten Signaturen.

Variante:

Obige Organisationsform können wir noch wesentlich verbessern: Wir führen ein sortiertes Verzeichnis, in dem aus jedem Fach die kleinste (oder größte) Signatur-Nummer zusammen mit der Adresse des Fachs vermerkt ist. Im Bedarfsfall brauchen wir jetzt nur noch in genau einem Regalfach nachzusehen.

Allgemeine Verwaltungsaspekte

Die meisten Organisationsformen verwalten einen Bestand anhand einer eindeutigen Record-Identifikation, dem *physischen* Schlüssel (auch: Record-Schlüssel). Anhand der Schlüsselwerte ermitteln sie die Speicherstellen der Records.

Wenn ein Bestand übergeben und als Gesamtheit vom DBMS aufgegliedert und gespeichert wird, sprechen wir auch vom *Laden* der betreffenden Daten. Nach dem Laden sind die Organisationsrichtlinien vollständig eingehalten. Einige Konzepte nehmen in Kauf, daß Bestandsänderungen zu Verletzungen dieser *statischen Strukturkriterien* führen dürfen, während andere deren durchgängige Einhaltung gewährleisten. Defekte, die sich in der Verwaltungsstruktur infolge von Bestandsänderungen einstellen, können durch eine *Reorganisation* vom DBMS wieder beseitigt werden. Während dieser Maßnahme bleibt der Bestand allerdings für andere Anwendungen gesperrt.

Index

In unserem Beispiel konnten wir die Bestandsverwaltung durch gewisse Verzeichnisse erheblich verbessern. Einige Organisationsformen stützen sich auf ähnliche Verweise. Unter einem *Index* verstehen wir dort ein (im allgemeinen sortiert gehaltenes) Verzeichnis zu einigen oder allen Records einer Datei mit Einträgen der Art

(Wert, Adresse);

‚Wert' gibt die Ausprägung eines bestimmten Record-Feldes (z. B. des physischen Schlüssels) an, und ‚Adresse' bezeichnet einen Pointer auf den betreffenden Record bzw. Block. Diese Einträge werden in der Praxis als Records einer separaten Index-Datei geführt. Wir sprechen von einem *dichten Index,* falls je Record der Ausgangsdatei ein Eintrag geführt wird; andernfalls, wenn nur gewisse Records im Index vertreten sind, liegt ein *dünner Index* vor.

Beispiel Bibliothek: Unsere Organisationsvariante bezieht einen dünnen Index für Signatur-Nr. ein. Wenn wir jedoch auch über den Autor schnell auf die Bücher zugreifen wollen, bietet sich dazu ein zweiter Index an: Dort listen wir die Autoren (in alphabetischer Reihenfolge) zusammen mit der Adresse des Stellplatzes auf. Allerdings müssen wir jetzt einen dichten Index verwenden.

Je nachdem, welchem Zweck die Daten dienen, wollen wir sie als *Nutzdaten* (Records einer Relation) oder als *Verwaltungsdaten* (Beispiel: Index) charakterisieren.

Primär- und Sekundärorganisation

Die aufeinander abgestimmten Maßnahmen zum Abspeichern, Löschen und Lesen der Records wollen wir als *Primär-Organisation* bezeichnen. Sofern eine Organisationsform die sortierte Anordnung der Records (bzgl. des physischen Schlüssels) erzwingt, bietet sich dazu ein *Primär-Index* als Hilfsmittel an. In der Regel wird hier ein dünner Index (mit einem Schlüssel-Repräsentanten zu jedem Block) verwendet. Der Primär-Index ist dann ein aktiver Bestandteil der Organisationsform.

Um Suchvorgänge zu unterstützen, die sich auf andere Felder als den physischen Schlüssel beziehen, werden mit der *Sekundär-Organisation* des Bestandes ergänzende, passive Verzeichnisse geführt. Ein derartiger *Sekundär-Index* hält zu jeder Ausprägung eines *Sekundär-Schlüssels* (frei gewähltes Feld bzw. Feld-Kombination) die betreffende Record-Adresse fest. Die Ausprägungen des Sekundär-Schlüssels brauchen nicht eindeutig zu sein. Die relative Unabhängigkeit von der Primär-Organisation erfordert für einen Sekundär-Index stets einen dichten Index. Hier liegt die Verwendung von genauen Record-Adressen nahe (Block-Adresse zusammen mit dem Aufsetzpunkt im Block; vgl. Abschnitt 6.8).

Beispiel

Wir demonstrieren die verschiedenen Organisationsformen am Beispiel der folgenden Relation ‚BUCHBESTAND' mit dem physischen Schlüssel Signatur-Nr.:

548 ...., 78 ...., 515 ...., 550 ...., 801 ...,
542 ...., 1 ...., 9 ...., 11 ...., 87 ....,
14 ...., 170 ...., 545 ...., 549 ...., 33 ....,
540 ...., ...
.....
311 ...., 855 ...., 161 ...., 567 ...., 101 ....,
45 ...., 700 ...., 8 ...., 62 ...., 590 ....,
570 ...., ...
.....
595 ...., 55 .... .

Wenn es der Zweck verlangt, erfinden wir noch einige Daten dazu (mit unterschiedlichem Schrifttyp wiedergegeben). In der sortierten Reihenfolge interessieren wir uns aus diesem Bestand besonders für die Ausschnitte

1 ...., 8 ...., 9 ...., 11 ...., 14 ....,
15 ..... 18 ...., 19 ...., 22 ..., ...
....
540 ...., 542 ...., 545 ...., 548 ...., 549 ....,
550 ...., 563 ...., 567 ...., 570 ...., 572 ....
573 ...., 575 ...., 584 ...., 588 ...., 590 ....,
595 ...., 598 ...., 601 ...., 603 ...., 604 ....,
.....

Es wird angenommen, daß maximal 5 Records in einem Nutzdaten-Block abgelegt werden können.

In den allgemeinen Betrachtungen gehen wir immer von einem hinreichend großen Bestand von N Records fester Länge aus. M_0 bedeutet durchweg die maximale Anzahl von Records in einem Block. Von den Records interessiert lediglich ihr Schlüsselwert, der als eindeutig angenommen wird. Wir fragen auch, ob das Lesen eines Bestandes in der Reihenfolge der Schlüsselwerte, was man als *logisch-sequentielle Verarbeitung* bezeichnet, effizient unterstützt wird. Da Änderungen eines Records auch als Löschen mit anschließendem Neuzugang auffaßbar sind, brauchen wir auf diese Aktivität nicht weiter einzugehen.

6.3 HEAP

Die Organisationsform HEAP (deutsch: Haufen) wird auch als physisch sequentielle Organisation bezeichnet. Die Records werden beim Laden nacheinander in den

Blöcken abgelegt, die benutzten Blöcke als lineare Liste verkettet. (Wir gehen nur von einfachen Verkettungen aus.) Bis auf den letzten Block der Kette sind alle Blöcke vollständig belegt.

Zugriffsstrategie

Lese-Zugriff:

Der Bestand muß Block für Block, Record für Record bis zum Treffer durchsucht werden. Sofern kein Treffer existiert, muß die Datei bis zum Ende abgearbeitet werden.

Bei N Records mit gleichmäßiger Belegung von M_0 Records je Block ergibt sich für die Anzahl der Block-Zugriffe bei vorhandenem Treffer:

minimal: 1, z. B. für den ersten Record;
maximal: $[(N-1)/M_0]+1$ [1], falls der letzte Record gelesen werden soll;

Mittlere Anzahl der Block-Zugriffe: $\sim$ $[N/(2M_0)]$.

Der Zugriffs-Versuch auf einen nicht vorhandenen Record erfordert $[(N-1)/M_0]+1$ Block-Zugriffe.

Logisch sequentielle Verarbeitung wird nicht unterstützt.

Neuzugang:

Der Record wird im letzten Block an das Ende des Bestands angefügt; bei Überlauf des Blockes ($m=M_0+1$) wird ein noch freier Block angekettet (1 bzw. 2 Schreib-Zugriffe).

Weitere Verwaltungsaktivitäten entfallen.

Löschen:

Das Entfernen eines Records aus dem Bestand kann bei HEAP entweder durch *logisches* oder durch *physisches Löschen* erfolgen. Im ersten Fall wird der Record lediglich mit einer Löschmarkierung versehen. Beim physischen Löschen wird dagegen der Record tatsächlich eliminiert; dies geschieht durch Überschreiben mit Leerzeichen (blanks) oder durch das Verschieben des freien Platzes an das Ende des Blockes. Leere Blöcke können aus der Kette ausgegliedert werden.

---

[1] Mit $[x]$ bezeichnen wir die größte ganze Zahl z mit $z \leqslant x$.

Anzahl der schreibenden Block-Zugriffe: 1; beim Ausgliedern eines Blockes ist zusätzlich der Pointer des Vorgängers zu aktualisieren.

Beim Eliminieren eines Records fallen hauptsächlich die lesenden Zugriffe ins Gewicht.

Verwaltungsstruktur

(A) Verwaltungsdaten:

Lediglich die Position des zuletzt eingespeicherten Records wird vermerkt.

(B) Speicher-Effizienz:

Nach dem Laden des Bestandes finden wir optimalen Füllgrad der Blöcke (nahezu 100%) vor. Der Platz eines gelöschten Records wird in der Regel nicht wiederverwendet. Mit der Zeit droht die Speicher-Effizienz zu sinken.

Beispiel 6.1

a) Nach dem Laden des in Abschnitt 6.2 vorgestellten Bestandes finden wir folgende Konstellation vor:

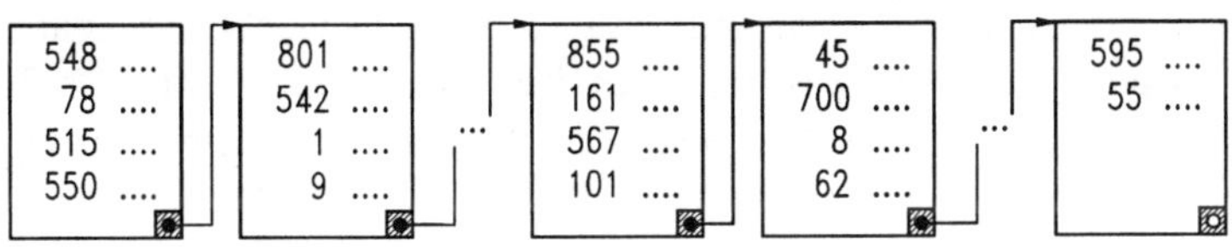

b) Löschen der Records mit den Schlüsselwerten 9, 567, 855 und 161 führt zu folgender Belegung:

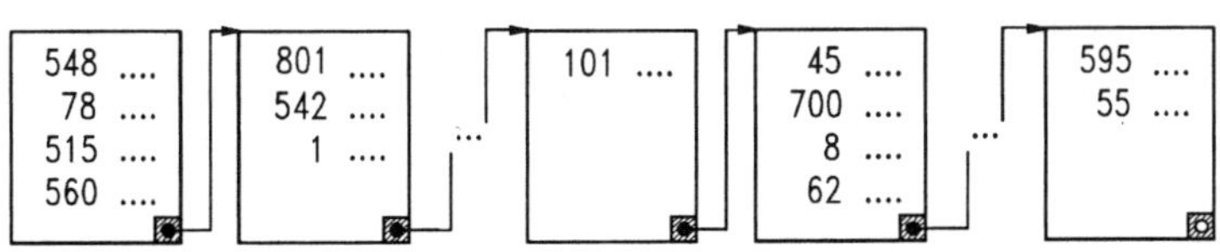

c) Neuzugänge mit Schlüsselwerten 546, 589, 211 und 551 erfordern, daß ein noch freier Block an das Ende der Kette angefügt wird:

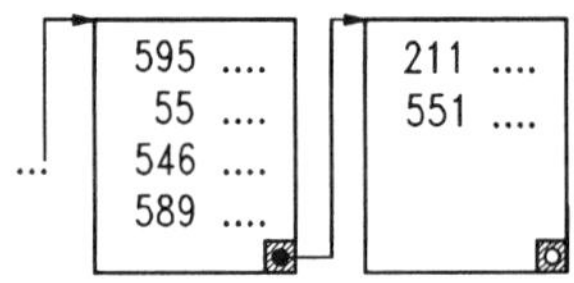

HEAP kann bei großen Beständen (nur dann) sinnvoll eingesetzt werden, wenn es durch eine geeignete Sekundär-Organisation (vgl. Abschnitt 6.9) ergänzt wird.

6.4 ISAM

ISAM (Indexed Sequential Access Method) bezeichnet eine Klasse von Organisationsformen, welche die logisch sequentielle Verarbeitung eines Datenbestandes genauso unterstützt wie den schnellen Lese-Zugriff über einen Index. Wir betrachten in diesem Abschnitt die ISAM-Organisation mit statischem Index.

Strukturprinzipien

ISAM verwendet einen dünnen Index zu sortiert abgelegten Nutzdaten (vgl. Abschnitt 6.2). Aus jedem Block ist im Index der größte Schlüsselwert als Repräsentant vermerkt, zusammen mit der Adresse dieses Blockes. Für spätere Neuzugänge, deren Schlüsselwerte den maximalen Wert des Bestandes überschreiten, wird vorsorglich ein weiterer Nutzdatenblock bereitgestellt. Als Repräsentant kann hier der größte mögliche Schlüsselwert angenommen werden. Zur Unterstützung der logisch sequentiellen Verarbeitung werden die Nutzdaten-Blöcke zu einer linearen Liste verkettet (Abb. 6.5(a)).

Der Index vermittelt für jeden Nutzdaten-Block ein Intervall seiner möglichen Schlüsselwerte. Damit kann jedem Neuzugang ein Ziel-Block zur Ablage zugewiesen werden. Sofern dieser Block bereits belegt ist, wird ein noch freier Block aus einem Überlaufbereich angekettet. Auf diese Weise können sich lange Überlaufketten einstellen, in denen in der Regel auf die strikte Einhaltung der Sortierfolge verzichtet wird (Abb. 6.5(b)).

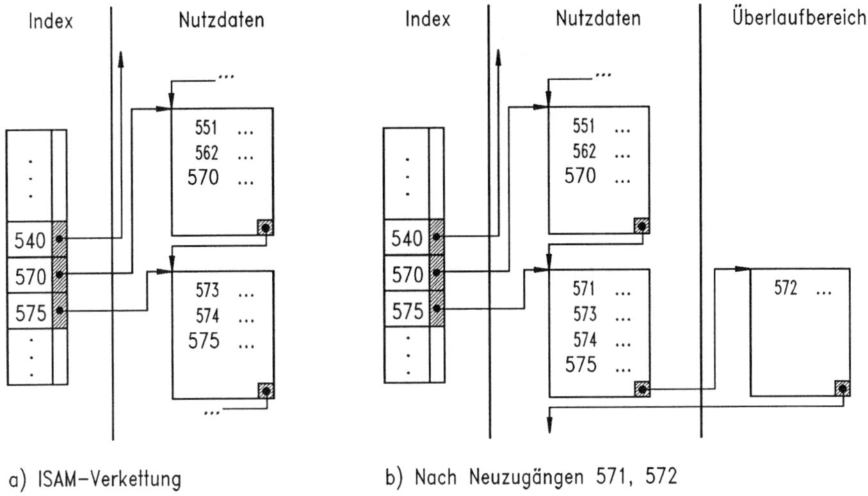

Abb. 6.5 ISAM

Die Eintragungen des Index befinden sich ebenfalls in sortierter Reihenfolge. Für schnelle Zugriffe auf den Index richten einige ISAM-Implementierungen einen weiteren Index zum Index (nach dem gleichen Organisations-Prinzip) ein, was zu einem *mehrstufigen Index* führt. Die Anzahl der Stufen ist allerdings begrenzt. Der als letztes abgeleitete Index bildet den *Wurzel-Index,* dem die höchste Stufe zugewiesen wird; der *Basis-Index* (Stufe 1) bezieht sich dagegen unmittelbar auf die Nutzdaten.

Zugriffsstrategie

Wir legen einen Index mit i Stufen zugrunde (bei aufsteigender Sortierfolge). S_{min} bezeichnet den kleinsten Schlüsselwert im Wurzel-Index.

Lese-Zugriff:

Vom Wurzel-Index ausgehend, wird durch die Hierarchie nach unten auf die Nutzdaten durchgegriffen: Zum gegebenen Schlüsselwert S suchen wir das Index-Paar S_1, S_2 mit $S_1 < S \leqslant S_2$. Der Pointer zu S_2 verweist dann auf den Block der nächsten Stufe, wo auf die gleiche Weise weiterverfahren wird. (Im Falle $S < S_{min}$ wird der Pointer zu S_{min} benutzt.) Der Wurzel-Index, der gegebenenfalls im Zentralspeicher gehalten wird, kann sequentiell nach dem betreffenden Repräsentanten durchsucht werden. Für jede weitere Index-Stufe ist dann noch genau ein Block-Zugriff notwendig. Sofern keine Überlaufketten bestehen (statische oder frisch geladene Bestände) trifft dies ebenso für die Nutzdaten zu.

Anzahl der Block-Zugriffe (Index mit i Stufen) bei statischem Bestand: i Zugriffe, wenn der Wurzel-Index im Zentralspeicher gehalten wird; diese Zahl ist unabhängig von der Existenz des Records. Nach Neuzugängen sind ggf. Überlaufketten abzuarbeiten.

Logisch sequentielle Verarbeitung der Datei wird unterstützt.

Neuzugang:

Ähnlich wie bei einer Suchanfrage wird der Ziel-Block ermittelt, in dem sich der Record befinden müßte (Lese-Zugriffe). Findet sich in dem betreffenden Block bzw. in seiner Überlaufkette genügend Freiplatz, so wird der Record dort abgelegt (1 Schreib-Zugriff); andernfalls wird ein freier Block aus dem Überlaufbereich an den Block bzw. an das Ende der Überlaufkette angegliedert (2 Schreibzugriffe).

Löschen:

Der Record wird physisch gelöscht. Der Speicherplatz eines gelöschten Records steht für einen Neuzugang wieder zur Verfügung. Leere Blöcke können aus der Überlaufkette ausgegliedert werden. Pflegemaßnahmen des Index entfallen.

Anzahl der schreibenden Block-Zugriffe: 1.

„In Beispiel 6.2, am Ende des Abschnitts, wird die Zugriffsstrategie für den Muster-Bestand veranschaulicht."

Verwaltungsstruktur

(A) Verwaltungsdaten:

ISAM stützt sich auf einen dünnen mehrstufigen Index. Der Zusammenhang zwischen den Blöcken kann als eine Baumstruktur interpretiert werden, wenn wir über dem Wurzel-Index noch einen fiktiven Knoten ergänzen (vgl. Abschnitt 6.1). Die Index-Blöcke geben dabei die inneren Knoten wieder; die Nutzdaten sind auf der Blatt-Ebene zu finden.

Als Block-Repräsentant wurde im Index jeweils der größte Schlüsselwert verwendet. Gegenüber dem kleinsten Schlüsselwert hat diese Wahl zwei Vorteile: Einerseits erspart man sich einen Vergleich beim Aufsuchen des betreffenden Repräsentanten in den inneren Knoten; außerdem ist zusammen mit dem ersten Record des Blocks schon der genaue Abschnitt der vorhandenen Schlüsselwerte bei einem Block ohne Überlaufkette markiert.

Das folgende Beispiel zeigt das numerische Verhältnis zwischen Index-Eintragungen und Nutzdaten auf:

Beispiel:

Bei Records mit einer Länge von 200 Bytes und einer Block-Größe von 2K finden wir maximal 10 Records je Block. Nehmen wir die Länge des Primärschlüssels mit 16 und die Adreßlänge mit 4 Bytes an, so sind maximal [2048/20] = 102 Repräsentanten in einem Block des Basis-Index vertreten. Mit einem globalen Füllgrad von 50% verwaltet jeder Block des Basis-Index dann 51×5 Records. In der nächst höheren Index-Stufe bezieht sich ein zur Hälfte belegter Block bereits auf 2601 (51×51) Repräsentanten im Basis-Index zu je 5 Records.

Wir wollen dieses Beispiel verallgemeinern und die Zahl der Records abschätzen, die durch einen einzigen Knoten (Block) im Wurzel-Index repräsentiert werden. Dazu werden i Index-Stufen und eine Belegung der Index-Blöcke mit $(k')^i$ Schlüsselwerten und Pointer angenommen. Ein Block im Wurzel-Index bezieht sich dann auf $k' * k'$ Einträge auf der nächsten Stufe; er vertritt demnach $(k')^i$ Repräsentanten im Basis-Index bzw.

$$n = k\,(k')^i$$

Records, wenn wir gleichmäßig k Records je Nutzdaten-Block voraussetzen.

Beispiel: Mit $i = 3$, $k = 5$ und $k' = 50$ verwaltet ein einziger Block des Wurzel-Index 625 000 Records.

(B) Speicher-Effizienz:

ISAM benötigt zusätzlichen Speicherplatz für den (mehrstufigen) Index. Um Überlauf-Situationen vorzubeugen, werden die Blöcke beim Laden oft mit einem geeigneten Füllgrad (z. B. 50%) belegt. Der Füllgrad kann in der Regel vom Benutzer festgelegt werden. Lösch-Vorgänge können zum Unterlauf und damit zu einer unregelmäßigen Block-Belegung führen. Neben der Platz-Verschwendung wird bei niedrigem Füllgrad vor allem auch die Effizienz der logisch-sequentiellen Verarbeitung stark beeinträchtigt. Durch eine Reorganisation ist die vollständige Anpassung der Verwaltungsstruktur an den Bestand wieder herstellbar.

Für große, statische Datenbestände bietet ISAM eine sehr effiziente Zugriffsmethode an. Bestände mit starken Schwankungen können besser als B*-Bäume (Abschnitt 6.5.3) verwaltet werden, wo sich der Index dynamisch an das Bestandsvolumen anpaßt. Vorteil des hier vorgestellten Konzeptes: Für alle Bestandsänderungen entfällt der Pflege-Aufwand des Index.

Beispiel 6.2

a) Nach dem Laden des Bestandes (vgl. Abschnitt 6.2) kann folgende Aufteilung angetroffen werden (bei maximal 4 Records je Block; 75 % Belegung):

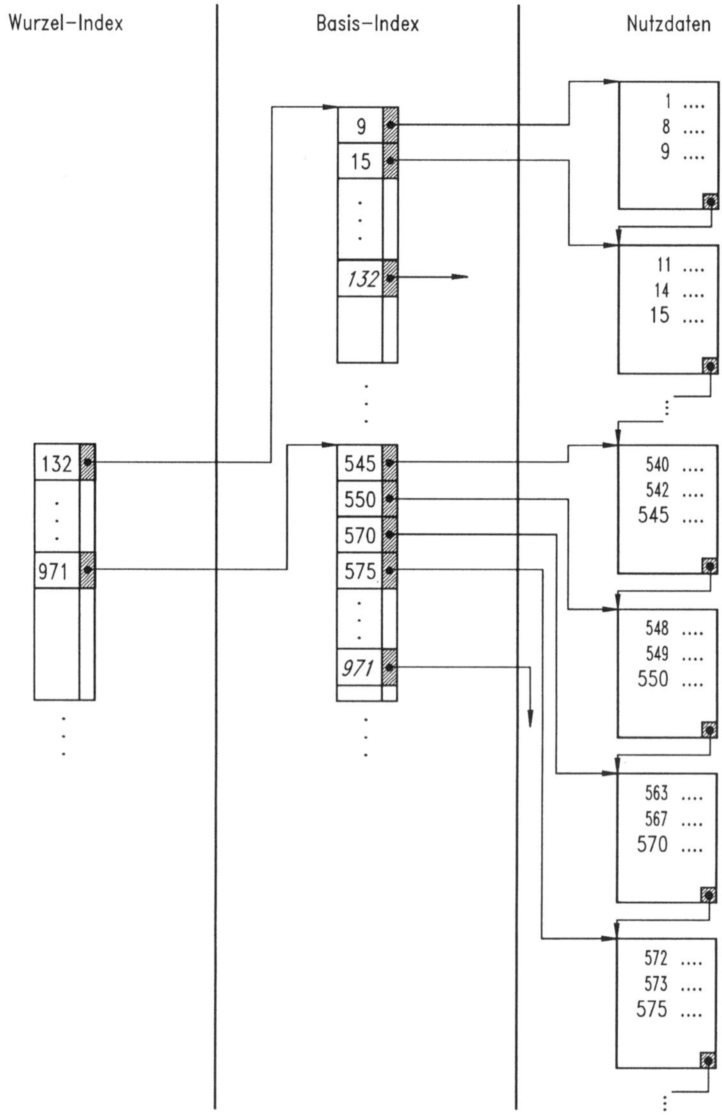

6.2 b) Löschungen zu 542, 548, 563, 567, 549, 550, 572, 545 ergeben:

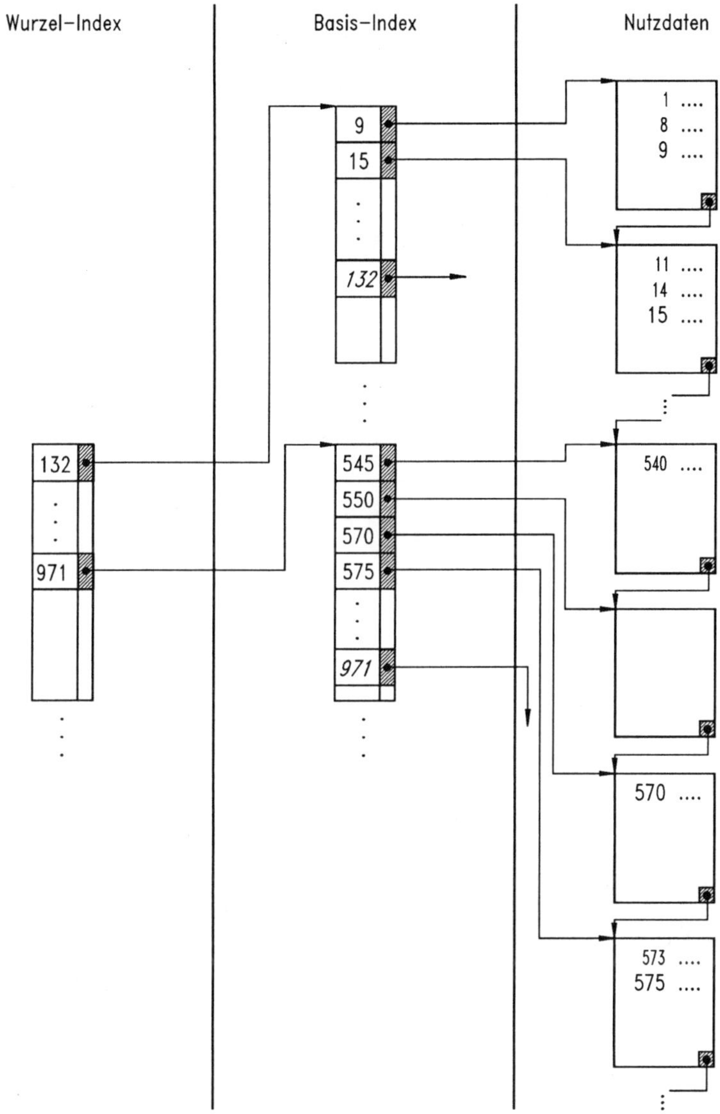

6.2 c)

c) Neuzugänge 565, 568, 557, 559

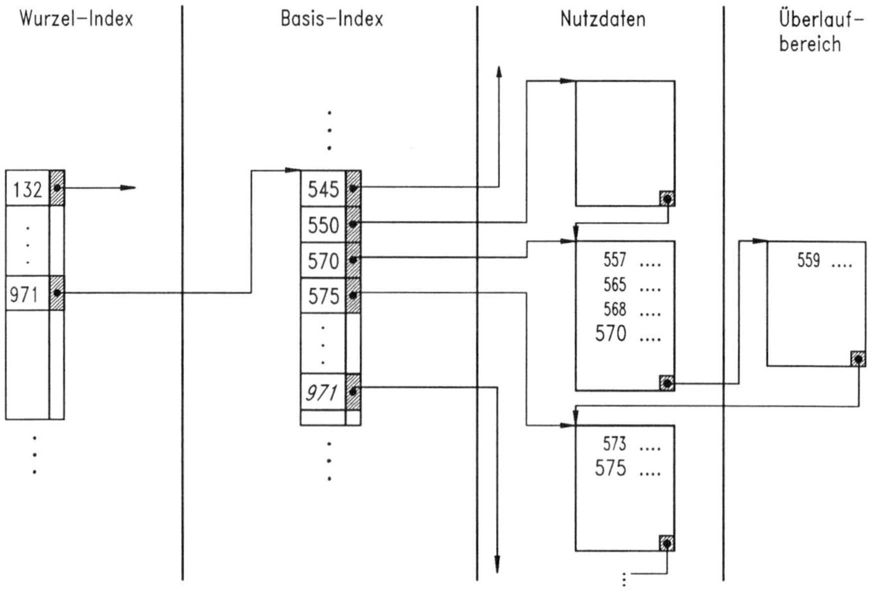

6.5 Balancierte Baumstrukturen

Die Organisationsformen HEAP und ISAM sind nicht darauf eingestellt, ihre Verwaltungsstruktur an starke Bestandsschwankungen dynamisch anzupassen. Diesen Nachteil vermeiden B-Bäume und ihre verwandten Organisationsformen.

6.5.1 Binäres Suchen, binäre Suchbäume

Sortierte Datenbestände gestatten es uns, einen bestechend einfachen und dazu sehr effizienten Suchalgorithmus, das binäre Suchen, zu formulieren. Mit geeigneten Verwaltungsdaten läßt sich dieser Algorithmus später in binäre Suchbäume umsetzen. Daß Records in Blöcken abgelegt sind, soll in den folgenden Betrachtungen außer acht gelassen werden.

Binäres Suchen

Grundlage des *binären Suchens* ist allein ein sortierter Bestand (N nacheinander abgelegte Records). Mit dem Schlüsselwert als Suchargument verfahren wir folgendermaßen:

Erste Aktivität: Zugriff auf den mittleren Record (falls N gerade ist, muß man sich für einen von zwei Kandidaten entscheiden). Bei Übereinstimmung der Schlüsselwerte sind wir schon am Ziel; ist der vorgegebene Schlüsselwert kleiner, wird der Suchprozeß nach dem gleichen Prinzip in der ersten Hälfte des Bestandes fortgesetzt, andernfalls in der zweiten.

Beispiel 6.3

Binäres Suchen in einem Bestand von N = 14 Elementen (Zugriff auf 22):

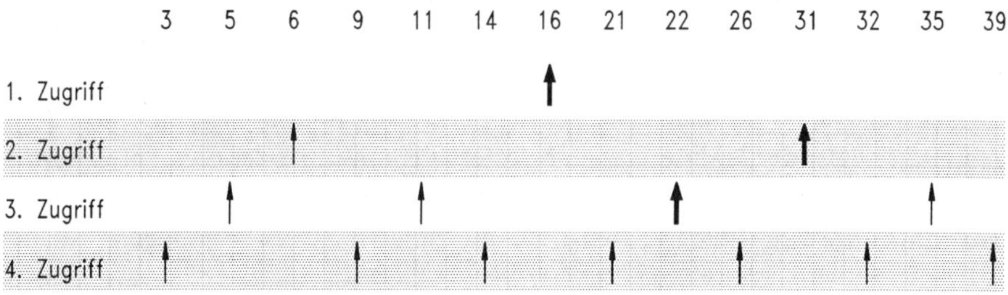

Nach jedem Vergleich hat sich der noch zu untersuchende Abschnitt der Schlüsselwerte bzw. Records zur Hälfte reduziert.

Maximale Anzahl der Vergleiche: $[\log_2 N] + 1$

Herleitung:

Alle Zahlen m, für die $[\log_2 m] = n$ gilt, befinden sich im Intervall zwischen 2^n und $2^{n+1} - 1$. Es genügt daher, den Nachweis für die beiden Werte $N = 2^n$ und $N = 2^{n+1} - 1$ zu führen.

Im Fall $N = 2^n$ führt der erste Schritt zu Abschnitten mit 2^{n-1} und $2^{n-1} - 1$ Elementen. Wenn wir uns jeweils der größeren Hälfte zuwenden, bleibt nach dem n-ten Schritt noch eine Menge mit $2^0 = 1$ Elementen übrig; insgesamt benötigen wir für dieses Element $n+1$ Zugriffe.

Für $N = 2^{n+1} - 1$ liefert uns der erste Zugriff (auf Position 2^n) zwei Hälften mit je $2^n - 1$ Elementen; unabhängig davon, welche Hälfte wir jeweils wählen, finden wir nach dem n-ten Schritt die beiden Hälften mit je $2^1 - 1 = 1$ Elementen vor. Zusammen mit dem Zugriff auf eines dieser verbleibenden Elemente verzeichnen wir deshalb wiederum maximal $n+1 = [\log_2 N]+1$ Zugriffe.

Beide Fälle zeigen: Für ein N mit $2^n \leqslant N < 2^{n+1}$ sind im ungünstigsten Fall genau

$$n+1 = [\log_2 N]+1$$

Zugriffe notwendig.

Adreßverweise

Binäres Suchen errechnet die mittleren Elemente von Intervallen, vergleicht und setzt das Verfahren auf die gleiche Weise in einer der beiden Hälften fort. Anstatt die mittleren Elemente immer wieder zu ermitteln, können wir auch ihre Adressen (Pointer) zusammen mit dem Vergleichselement abspeichern. Das Resultat ist ein binärer Suchbaum. Jeder innere Knoten ist von zwei Pointer umschlossen; der ‚linke Pointer' zeigt auf die Mitte der kleineren Hälfte, der ‚rechte Pointer' auf die Mitte der größeren Hälfte. (Bei der Halbierung eines Intervalls mit nur zwei Elementen zum Schluß ist ein Pointer mit einem NIL-Wert, einem indefiniten Leerwert, belegt.) Der Suchalgorithmus braucht jetzt nur den Pfad bis zum Treffer zu verfolgen.

Beispiel 6.4

Adressverweise entsprechend Beispiel 6.3 (binärer Suchbaum):

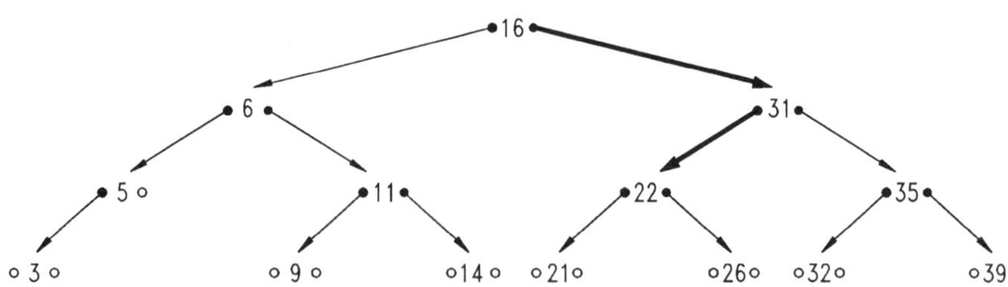

(Die Pfeile ⟶ zeigen wieder den Pfad zum Wert 22)

Unser Beispiel hat zu einem ausgeglichenen binären Suchbaum geführt. Die folgende axiomatische Festlegung verzichtet auf Symmetrie-Kriterien; sie schreibt lediglich die graphische Struktur vor. Grundsätzlich sind jedem Record zwei Pointer (linker bzw. rechter Pointer) zugewiesen, die allerdings mit einem indefiniten Wert (Leerwert, NIL) belegt sein dürfen.

Binärer Suchbaum

Ein *binärer Suchbaum* (auch: sortierter Binärbaum; engl.: binary search tree) ist eine Baumstruktur, wo jedem Knoten (Record) – repräsentiert durch den Schlüsselwert – bis zu zwei Kanten zugeordnet sind:

a) Ein linker definiter Pointer adressiert einen Knoten bzw. Teilbaum mit kleineren Schlüsselwerten als der betreffende Wert des Knotens;

b) Ein rechter definiter Pointer verweist auf einen Knoten bzw. Teilbaum mit größeren Schlüsselwerten.

Auch in Beispiel 6.5 handelt es sich um einen binären Suchbaum. Allerdings ist hier die Zugriffszeit für viele Records wesentlich länger als in Beispiel 6.4.

Eigenschaften

In einem binären Suchbaum lassen sich die Knoten mit dem maximalen und dem minimalen Schlüsselwert leicht orten: verfolgt man von der Wurzel aus startend konsequent die linken Pointer, so stößt man am Ende auf das Minimum; entsprechend treffen wir das Maximum in dem am weitesten rechtsstehenden Knoten an. (Die Wurzel enthält selbst das Maximum bzw. Minimum, wenn dort der rechte bzw. linke Pointer mit Leerwert belegt ist.)

Ähnlich gilt für einen beliebigen inneren Knoten mit zwei definiten Pointer:

- Der nächst größere Schlüsselwert ist in dem am weitesten linksstehenden Knoten des rechten Teilbaums zu finden.
- Der nächst kleinere Schlüsselwert befindet sich im linken Teilbaum in dem am weitesten rechtsstehenden Knoten.

Beispiel 6.5

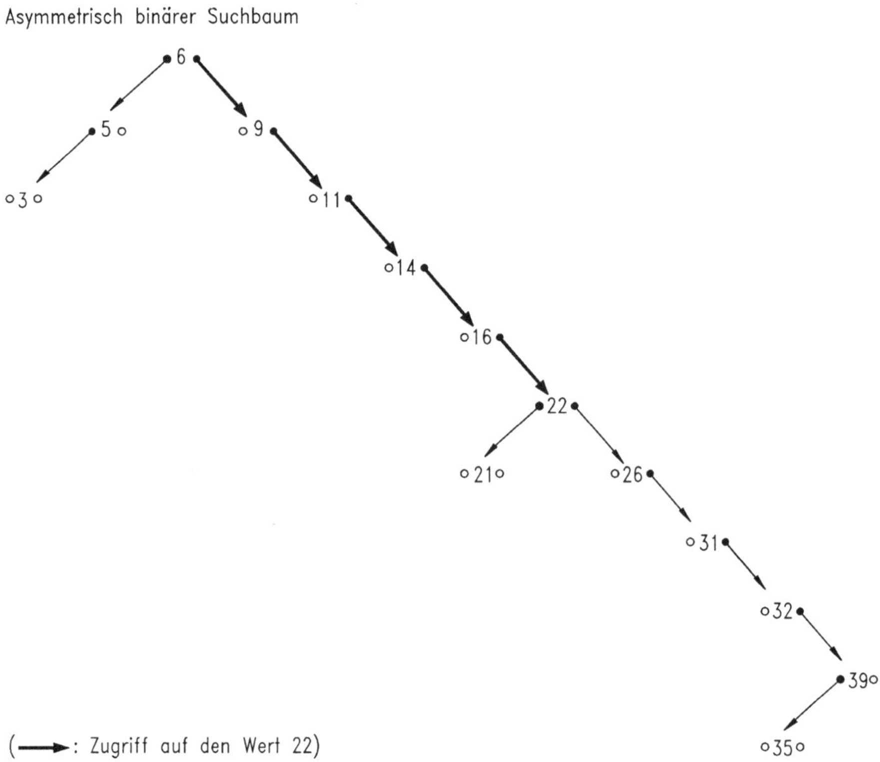

Binäre Suchbäume und Datenbanken

Binäre Suchbäume können mit geeigneten Strategien auf die Blöcke eines Externspeichers abgebildet werden. Für den effizienten Einsatz einer Datenbank muß allerdings eine möglichst symmetrische Struktur gefordert werden, wo in allen Fällen nur wenige Zugriffe notwendig sind. Mit den B-Bäumen stellen wir im nächsten Abschnitt eine Verallgemeinerung vor, die eine stets ausgeglichene Baumstruktur garantiert.

6.5.2 B-Bäume

Sortierte Mehrwegbäume nutzen im Vergleich zu binären Suchbäumen die Kapazität der Blöcke auf natürliche Weise voll aus: Statt der einen Alternative ‚links – rechts' bieten sie mehrere Verzweigungsoptionen an. B-Bäume setzen zusätzliche Balance-Bedingungen voraus, womit die gleichmäßige Effizienz der Zugriffe erzwungen wird.

B-Bäume wurden von R. BAYER und E. MCCREIGHT [72] vorgestellt.

Sortierte Mehrwegbäume

Ein *sortierter Mehrwegbaum der Ordnung m* (engl.: m-way search tree), $m>2$, ist eine Baumstruktur mit folgenden Eigenschaften:

Knotenstruktur

In einem Knoten sind die Records bzgl. ihrer Schlüsselwerte sortiert angeordnet. Zu k Records $R_1, \ldots, R_k$, $k<m$, sind $k+1$ (definite oder indefinite) Pointer $P_0, \ldots, P_k$ auf Nachfolger-Knoten nach dem Muster

$$(P_0, R_1, P_1, R_2, \ldots, P_{i-1}, R_i, P_i, \ldots, P_{k-1}, R_k, P_k)$$

abgelegt (Abb. 6.6).

Beziehungen zwischen den Knoten

- Ein definiter ‚linker' Pointer eines Records adressiert einen Knoten oder Teilbaum, in dem nur kleinere Schlüsselwerte vorzufinden sind.
- Ein definitiver ‚rechter' Pointer eines Records verweist auf einen Knoten oder Teilbaum mit größeren Schlüsselwerten als der betreffende Vergleichswert.

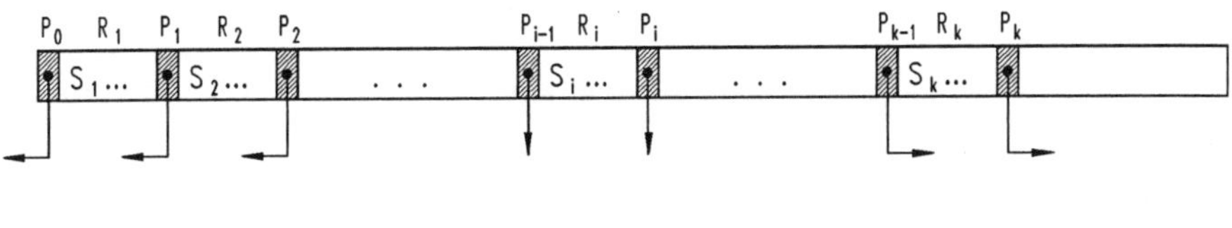

(S_i : Schlüsselwert zu R_i)

Abb. 6.6 B-Baum: Knoten Struktur

Die Ordnung (engl.: branching factor) des Mehrwegbaumes gibt die maximale Anzahl der Nachfolger-Knoten (oder Außengrade der Knoten) an. In unserem Fall, bei Datenbanken, entsprechen den Knoten die Blöcke.

Beispiel 6.6

Die folgende Aufgliederung erfüllt die Struktur-Bedingung eines sortierten Mehrwegbaums:

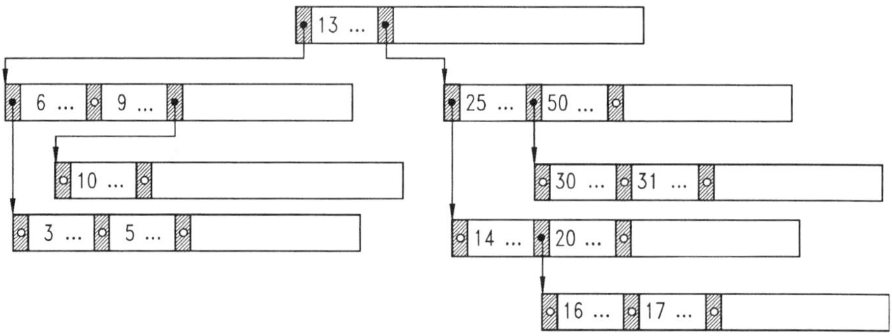

Strukturkriterien: B-Bäume

Zur Vermeidung von Asymmetrien verlangen B-Bäume, daß ergänzende Balance-Kriterien einzuhalten sind. Ohne wesentliche Einschränkung der Allgemeinheit nehmen wir im folgenden eine ungerade Zahl $(2M+1)$ als Ordnung an.

Ein *B-Baum* (balancierter sortierter Mehrwegbaum) der Ordnung $2M+1$ ist ein sortierter Mehrwegbaum mit folgenden Eigenschaften:

1. Mit Ausnahme der Wurzel gilt für die Anzahl m der Records in einem Block: $M \leqslant m \leqslant 2M$; für die Wurzel gilt $1 \leqslant m \leqslant 2M$.
2. In einem inneren Knoten existieren zu m Records stets $(m+1)$ definite Pointer auf Nachfolger.
3. Alle Blätter befinden sich auf der gleichen Ebene.

Die Wurzel eines B-Baumes ist nach obiger Festlegung entweder ein Blatt oder sie besitzt mindestens zwei Nachfolger. Für die Schlüssel-Nachbarn eines Records lassen sich ähnliche Eigenschaften wie in einem binären Suchbaum beobachten; in den folgenden Feststellungen gehen wir von Records in einem inneren Knoten eines B-Baumes aus:

a) Der Record mit dem nächst größeren Schlüsselwert befindet sich in dem Blatt des rechten Teilbaums, das am weitesten linksstehend ist.
b) Der Record mit dem nächst kleineren Schlüsselwert ist in dem am weitesten rechtsstehenden Blatt des linken Teilbaums zu finden.
c) Ein (stets definiter) Pointer zwischen zwei Records mit Schlüsselwerten S_1 und S_2 verweist auf einen Knoten bzw. Teilbaum mit den Schlüsselwerten zwischen S_1 und S_2.
d) Ein Record in einem inneren Knoten trennt zwei Teilbäume (ggf. nur Blatt-Knoten); sein Schlüsselwert stellt das Bindeglied zwischen den Schlüsselwerten dieser Teilbäume dar.

Geeignete Maßnahmen bei Bestandsänderungen sorgen dafür, daß die Struktur-Kriterien stets erfüllt bleiben.

Zugriffsstrategie

Wir setzen einen B-Baum der Höhe h voraus.

Lese-Zugriff:

Mit Start in der Wurzel wird so lange auf einen Nachfolger-Block der nächst-niedrigen Ebene zugegriffen, bis der Record aufgefunden wird. Eigenschaft (c) schreibt vor, welcher Pointer in einem Knoten zu verfolgen ist. Falls der gesuchte Record nicht im Bestand existiert, endet der Prozeß auf der Blatt-Ebene (maximale Anzahl der Zugriffe).

Anzahl der Block-Zugriffe:

minimal: 1, der Record ist dann in der Wurzel abgelegt;
maximal: h, falls der Record sich in einem Blatt befindet bzw. nicht im Bestand existiert.

Logisch sequentielle Verarbeitung wird nur bedingt unterstützt; die Blöcke in den höheren Ebenen müssen dazu unter Umständen mehrfach angepackt werden.

Neuzugang:

Ähnlich wie bei einem Lese-Zugriff wird ein Block auf der Blatt-Ebene bestimmt, in dem der betreffende Record abgelegt sein müßte. Von der Wurzel bis zum Blatt-Knoten sind dazu h Blöcke zu lesen.

Es können zwei Fälle eintreten (m bezeichnet die Zahl der Records *vor* dem Einspeichern):

Fall 1: $m < 2M = M_0$: Der Record kann ohne weitere Zusatzaktivitäten eingefügt werden (Abb. 6.7a)).

Fall 2: $m = 2M$ (Überlauf): Die $2M+1$ Records sprengen den Block. Das Block-Splitting wird folgendermaßen durchgeführt:

Die ersten M Records verbleiben im aktuellen Block; für die letzten M Records wird ein noch freier Block angefordert. Der verbleibende, mittlere Record (auf Position $M+1$) wird zusammen mit den Adressen der beiden Blöcke in den Vorgänger (an der Stelle des ursprünglichen Pointers) eingegliedert (Abb. 6.7b)).

Die Aufnahme des Records im Vorgänger kann wiederum einen Überlauf provozieren (Fall 2). Im ungünstigsten Fall führt eine Kettenreaktion bis zum Überlauf der Wurzel; dann wächst der B-Baum um eine Stufe: Es wird eine neue Wurzel angelegt.

Anzahl der schreibenden Block-Zugriffe:

minimal: 1, im Fall 1;

maximal: $2h+1$, falls eine neue Wurzel angelegt werden muß; auf jeder vorhandenen Ebene sind 2 Blöcke zu beschreiben.

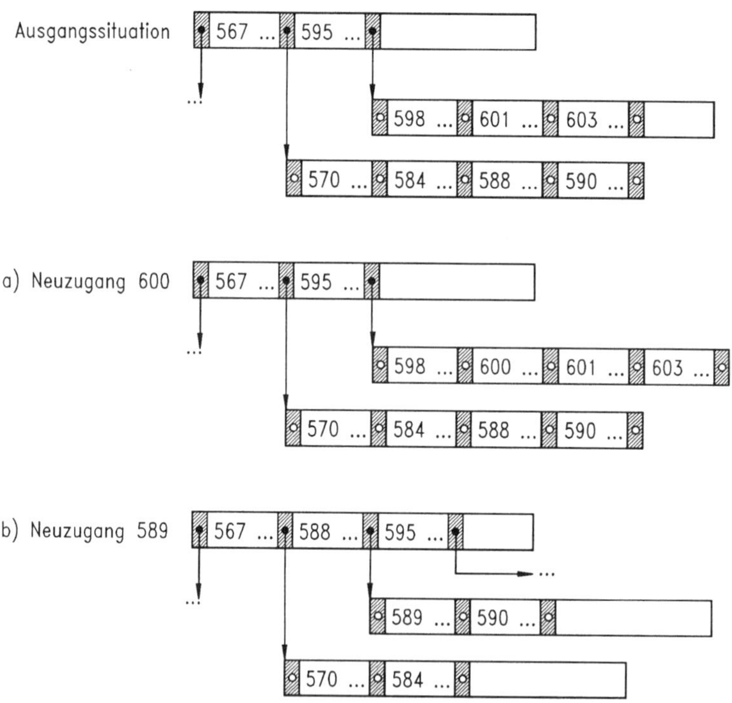

Abb. 6.7 B-Baum: Neuzugänge (Ausschnitt)

Löschen:

Anders als bei ISAM erfordert das Balance-Kriterium auch die Behandlung eines Unterlaufs.

Jeder Lösch-Vorgang führt prinzipiell zu einer Elimination eines Records in einem Blatt-Knoten: Befindet sich der betreffende Record in einem inneren Knoten, so copieren wir an seine Stelle den Record mit dem nächst größeren (oder kleineren) Schlüsselwert aus der Blatt-Ebene (Eigenschaft a) bzw. b)). Der übertragene Record wird im Blatt gelöscht. Wir müssen dann noch die Folgen des Löschens im Blatt-Knoten weiter untersuchen.

Wie beim Einfügen sind im Blatt-Knoten zwei Fälle zu unterscheiden (mit m bezeichnen wir die verbleibende Anzahl der Records *nach* dem Löschen):

Fall 1: $m \geqslant M$: Die Struktur-Bedingungen hinsichtlich des Füllgrades sind erfüllt. Weitere Maßnahmen entfallen.

Anzahl der schreibenden Block-Zugriffe: 1 für Records auf der Blatt-Ebene, andernfalls 2.

Fall 2: $m = M-1$ (Unterlauf): das Balance-Kriterium ist verletzt. Der Block wird im Zentralspeicher mit einem seiner beiden Nachbarn (ebenfalls auf der Blatt-Ebene) und dem betreffenden trennenden Record aus dem Vorgänger zusammengelegt. In dem benachbarten Knoten sind mindestens M und höchstens 2M Records abgelegt. Die Anzahl m' der zusammengefaßten Records genügt deshalb der Abschätzung $(M-1) + 1 + M \leqslant m' \leqslant (M-1) + 1 + 2M$, also $2M \leqslant m' \leqslant 3M$. Wir ergreifen unterschiedliche Maßnahmen, je nachdem ob $m' = 2M$ gilt oder nicht:

a) $m' > 2M$: Die m' Records werden je zur Hälfte auf die beiden vorliegenden Blatt-Knoten verteilt. Ein mittlerer Record wird im Vorgänger anstelle des ursprünglich trennenden Records eingetragen (Abb. 6.8 a)).

Anzahl der schreibenden Block-Zugriffe: 3; es sind die beiden Blatt-Knoten und der übergeordnete Block zu aktualisieren.

b) $m' = 2M$: Die m' Records finden in einem einzigen Knoten Aufnahme (Zusammenlegung der Blöcke). Es wird dann einer der Blöcke freigegeben und im Vorgänger der trennende Record zusammen mit dem Pointer auf den freien Block eliminiert (Abb. 6.8 b)).

Im Vorgänger muß jetzt ein möglicher Unterlauf überprüft werden. Tritt diese Situation tatsächlich ein, wird auch der Vorgänger mit einem seiner beiden Nachbarn auf der gleichen Ebene und dem trennenden Record aus der nächst höheren Ebene zusammengefaßt. Entsprechend Fall 2a) oder Fall 2b) wird weiterverfahren. Wenn sich Fall 2 b) bis zur Wurzel fortpflanzt und dort nur ein einziger Record abgelegt ist, schrumpft der Baum um eine Stufe.

Situationen mit den meisten Schreib-Zugriffen: In den ersten h-2 Schritten muß dazu ein Unterlauf mit Fall 2b) eintreten (h – 2 Schreib-Zugriffe), und im letzten Schritt muß (unter Einbeziehung der Wurzel) eine Umverteilung nach Fall 2a) notwendig sein (3 Schreib-Zugriffe). Summe der zu aktualisierenden Blöcke: $(h-2)+3 = h+1$.

Während im Fall 1 nur h Lese-Zugriffe notwendig sind, erfordert der gerade beschriebene Fall mit den (maximalen) $h+1$ Schreib-Zugriffen noch $2h-1$ Lese-Zugriffe.

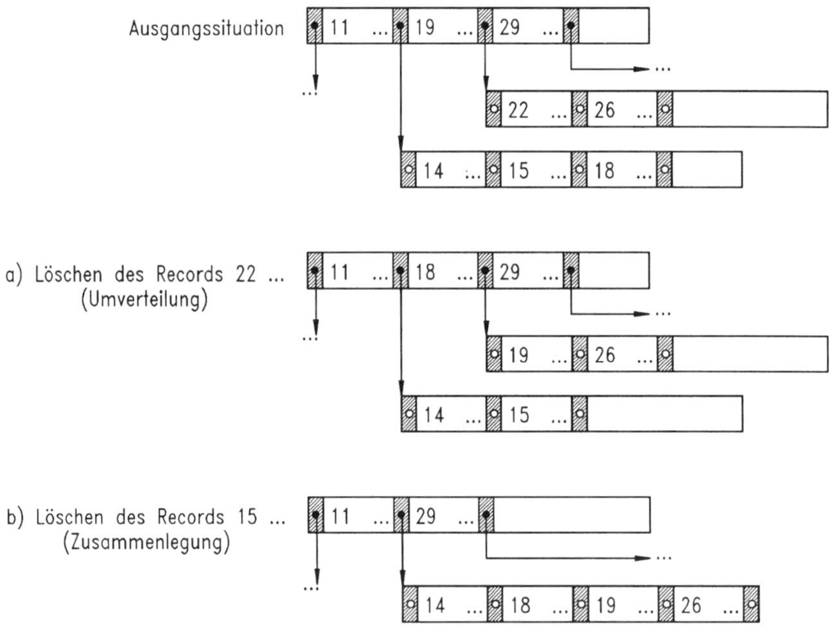

Abb. 6.8 B-Baum: Löschungen (Ausschnitt)

Verwaltungsstruktur

(A) Verwaltungsdaten:

Als Verwaltungsdaten verwenden B-Bäume nur Pointer zu den hierarchisch nachgeordneten Blöcken. Nutzdaten und Verwaltungsdaten werden – anders als bei ISAM – zusammen im selben Speicherbereich abgelegt. Die Organisation benutzt eine hierarchische Baum-Struktur der Blöcke, die mit der Zunahme des Bestandes sowohl in die Breite (Blatt-Ebene) als auch in die Höhe wächst.

Anwendungsbeispiel:

Bei einer Record-Länge von 200 Bytes und einer Block-Größe von 2K finden wir maximal 10 Records und 11 Pointer in einem Block. Jeder Pointer adressiert einen Knoten, der höchstens 10 Records mit 11 definiten Pointer enthält. Ein Teilbaum der Höhe 2 umfaßt deshalb maximal $10+(11\times10) = 120$ Records; bei einem Teilbaum der Höhe 3 wächst die Anzahl bereits auf $10+(11\times10)+(11^2\times10)= 1330$ an.

Höhe n-Bestimmung

Wenn wir einen B-Baum der Höhe h mit einer konstanten Anzahl von m Records je Block voraussetzen, so werden damit insgesamt

$$\begin{aligned} n &= m+(m+1)m+(m+1)^2 m+\ldots+(m+1)^{h-1)}\, m \\ &= m\,(1-(m+1)^h)/(1-(m+1)) \\ &= (m+1)^h-1 \end{aligned}$$

bzw. bei maximaler Belegung (m = 2M)

$$n = (2M+1)^h - 1 \tag{1}$$

Records verwaltet (binomische Formel). Bei einer minimalen Belegung mit nur einem Record in der Wurzel und M Records sonst modifiziert sich diese Berechnung zu

$$\begin{aligned} n &= 1+2M+2(M+1)M+\ldots+2\,(M+1)^{h-2}\, M \\ &= 2(M+1)^{(h-1)}-1. \end{aligned} \tag{2}$$

In umgekehrter Richtung läßt sich aus diesen speziellen Zahlen n die betreffende Höhe ermitteln, und zwar im Falle (1)

$$h = \frac{\ln(n+1)}{\ln(2M+1)} \tag{3}$$

bzw. für (2)

$$h = \frac{\ln(n+1)-\ln(2)}{\ln(M+1)}+1\ . \tag{4}$$

Wenn wir beachten, daß nach (1) schon $(2M+1)^h$ Records zu einem B-Baum mit der Mindesthöhe $h+1$ führen bzw. $2(M+1)^{h-1}-2$ Records die maximale Höhe $h-1$ erzeugen, so läßt sich die maximale bzw. minimale Höhe eines B-Baumes für N Records nach (3) bzw. (4) folgendermaßen abschätzen:

$$h_{min} = \left[\frac{\ln(N)}{\ln(2M+1)}\right]+1$$

bzw.

$$h_{max} = \left[\frac{\ln(N+1) - \ln(2)}{\ln(M+1)} \right] + 1.$$

Man prüft leicht nach, daß beide Funktionen die betreffenden Sprungstellen in der Höhenzunahme exakt wiedergeben.

Allgemein für h: h = O (log(N)).

(B) Speicher-Effizienz:

Der Füllgrad von 50% ist zu allen Zeiten gewährleistet (höchstens mit Ausnahme der Wurzel). Es besteht im wesentlichen kein Unterschied dazu, ob der Bestand durch Laden oder durch einzelne Zugänge aufgebaut wurde. B-Bäume repräsentieren eine Organisationsform, die nicht auf Reorganisationsmaßnahmen angewiesen ist. Die Strukturkriterien sind durchgängig auch nach Bestandsänderungen garantiert.

Beispiel 6.7

a) Der Bestand aus Abschnitt 6.2 könnte nach dem Laden z.B. auf folgende Weise als B-Baum organisiert sein (M_0 = 4; Füllgrad = 75%):

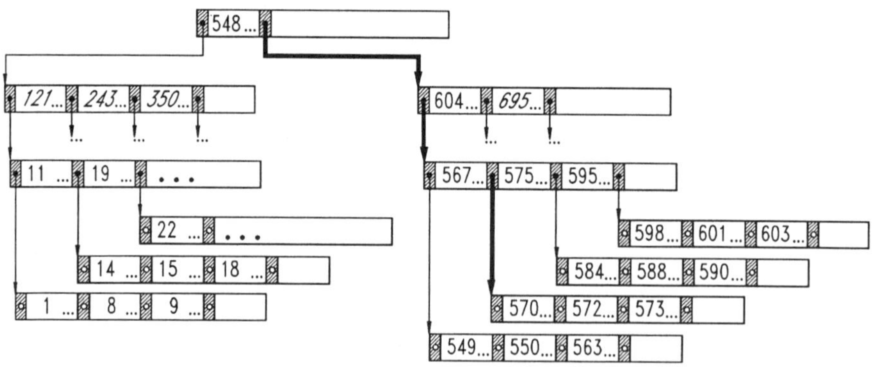

(⟶ kennzeichnet den Zugriff auf den Record mit Schlüsselwert 572)

b) Löschen der Records 8, 9 führt zu (Ausschnitt):

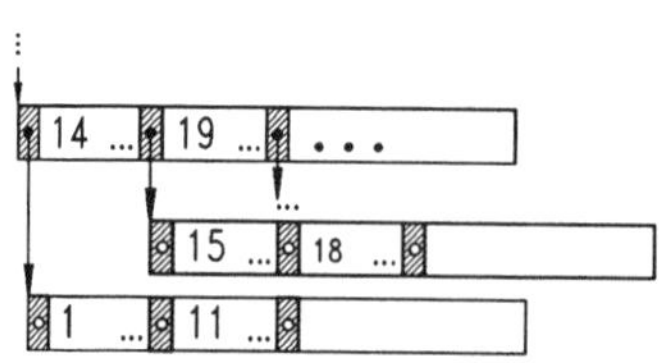

Löschen des Records zu 575:

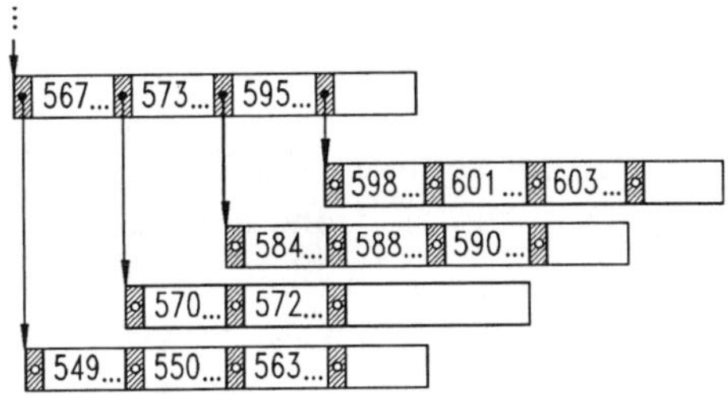

Werden jetzt noch die Records zu 572 und 573 eliminiert, so führt dies zu der Struktur:

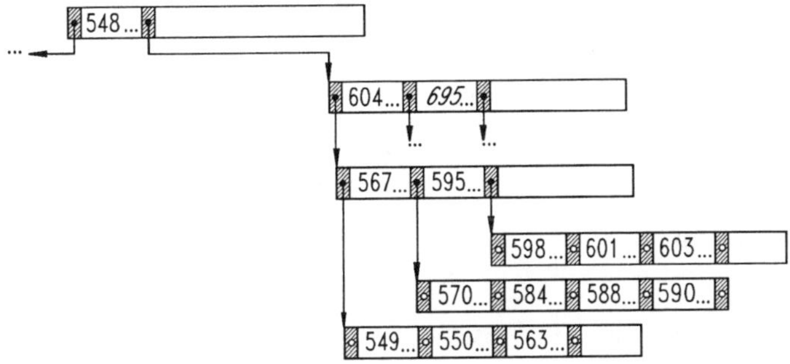

c) Als nächstes nehmen wir dann die beiden Neuzugänge mit 600 und 589 an:

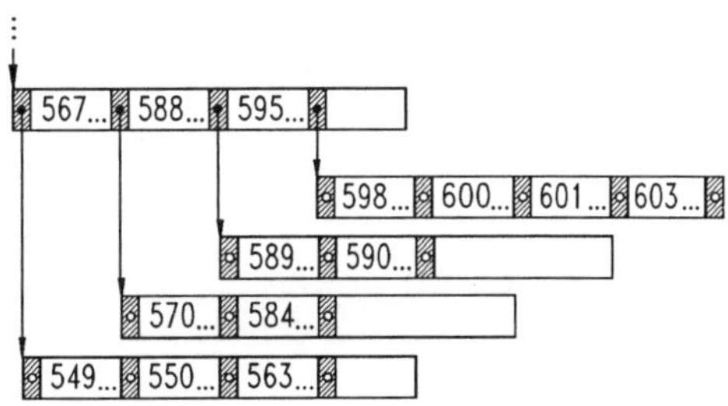

Die Zugänge 551, 552 und 602 bewirken Blocksplitting bis unmittelbar vor die Wurzel:

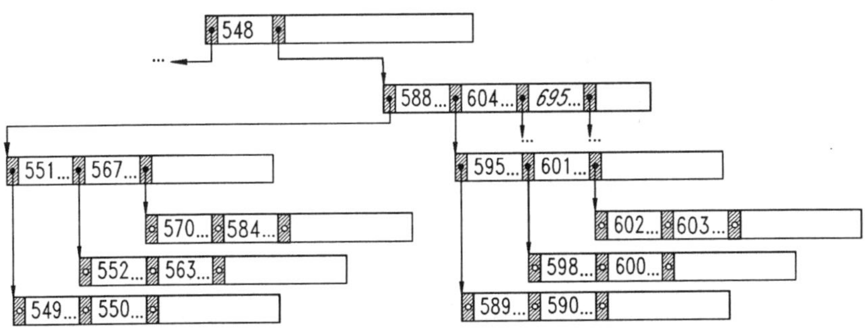

Modifikation

Große Records bewirken, daß die inneren Knoten nur wenige Verzweigungsalternativen besitzen. Um die Höhe des B-Baumes und damit auch die Zugriffszeit für die (vielen) Records auf der Blatt-Ebene zu reduzieren, kann folgende *Modifikation* angewandt werden: Anstelle der ausgedehnten Records werden in den Knoten (Blöcken) des B-Baumes nur die Schlüsselwerte zusammen mit den Record-Adressen abgelegt. Die Records selbst sind unabhängig davon in einem separaten Bereich gespeichert. Der B-Baum entspricht dann einem dichten Index. Diese Version findet bei Datenbanksystemen Anwendung; sie entspricht im wesentlichen der Originalform in R. Bayer, E. McCreight [72]. Hinsichtlich einer formalisierten Darstellung der Zugriffsalgorithmen vgl. P.D. Smith, G.M. Barnes [87]*, Ch. 6.2).

6.5.3 B* -Bäume

B-Bäume unterstützen nur bedingt die logisch sequentielle Verarbeitung eines Bestandes. B* -Bäume führen hier zu einer Optimierung, indem sie sich gleichermaßen die Vorteile von ISAM und von B-Bäumen zunutze machen: wie ISAM verwalten sie sortierte Bestände mit der strikten Trennung von Nutzdaten (Blatt-Ebene) und Verwaltungsdaten (innere Knoten) und realisieren gleichzeitig die dynamische Anpassung von beiden nach dem Verfahren der B-Bäume.

Strukturkriterien

Ein *B*-Baum* entspricht einer Baumstruktur (mit Blöcken als Knoten) mit folgenden Eigenschaften (Abb. 6.9):

Knotenstruktur

Blatt-Ebene: Ein Blatt-Knoten enthält ausschließlich Records; sie sind dort nach den Schlüsselwerten global sortiert abgelegt. Die Blätter eines B* -Baumes sind zu einer linearen Liste verkettet.

Innere Knoten: In einem inneren Knoten sind in sortierter Anordnung m (Schlüssel-) Werte $S_1, S_2, \ldots, S_m$ zusammen mit m+1 Pointer $P_0, \ldots, P_m$ nach folgender Struktur abgelegt

$$(P_0, S_1, P_1, S_2, \ldots, P_{i-1}, S_i, P_i, \ldots, P_{m-1}, S_m, P_m).$$

6.9 a) Innere Knoten mit Block-Repräsentanten:

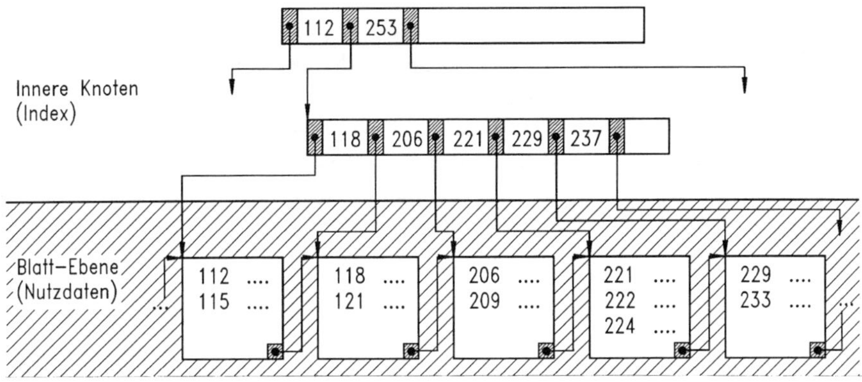

6.9 b) Innere Knoten mit freien Trennwerten:

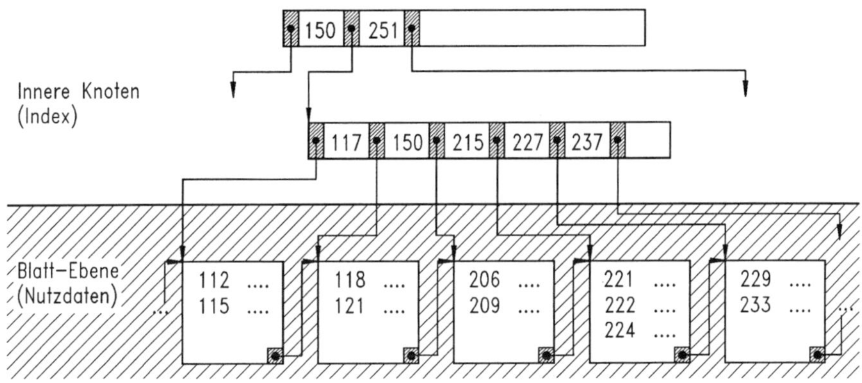

Abb. 6.9 B*-Baum

Beziehungen zwischen den Knoten:

- In einem inneren Knoten verweist der linke Pointer eines Wertes S_i auf einen Knoten (bzw. Teilbaum), in dem nur kleinere Schlüsselwerte anzutreffen sind.
- Der rechte Pointer eines Wertes S_i in einem inneren Knoten adressiert einen Knoten (bzw. Teilbaum) mit größeren oder gleichem Schlüsselwert(en).

Balance-Kriterien

- Höchstens mit Ausnahme der Wurzel sind alle Knoten (Blöcke) mindestens zur Hälfte belegt; die Wurzel ist entweder ein Blatt oder enthält mindestens einen Schlüsselwert.
- Die Blätter befinden sich auf der gleichen Ebene.

In einem inneren Knoten besitzen die Werte S_i die gleiche Trenn-Funktion wie die Schlüsselwerte der Records in einem B-Baum. Wir können dafür die kleinsten Schlüsselwerte aus den Nutzdaten-Blöcken (Blatt-Ebene) wählen; anstelle dieser Repräsentanten dürfen aber nach der obigen Festlegung genau so gut auch andere Werte benutzt werden, welche die Trenn-Eigenschaft (b) aufweisen. Diese Unabhängigkeit wirkt sich sehr positiv bei Bestandsänderungen aus. Da die inneren Knoten die gleiche Aufgabe wie die Verwaltungsdaten bei ISAM erfüllen, wollen wir auch hier von einem Index sprechen, obwohl unsere Definition (Abschnitt 6.2) nicht exakt zutrifft.

Beispiel 6.8

Darstellung eines B*-Baumes (mit kleinen inneren Knoten):

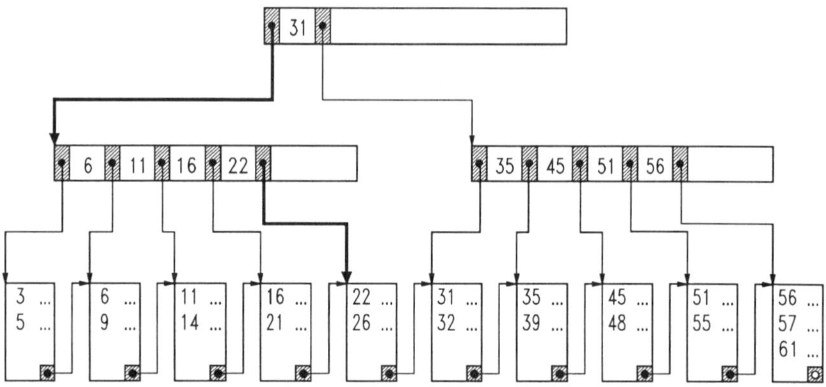

(⟶ verweist auf den Record mit Schlüsselwert 22)

Zugriffsstrategie

Es wird ein Baum der Höhe h vorausgesetzt. Mit $M_0 = 2M$ bezeichnen wir die maximale Anzahl der Records in einem Blatt-Knoten.

Lese-Zugriff:

Wie bei allen hierarchisch organisierten Beständen startet der Such-Prozeß in der Wurzel und greift mit Hilfe der Pointer bis auf den entsprechenden Blatt-Knoten durch. Je Ebene ist genau ein Zugriff notwendig.

Anzahl der Zugriffe: h (Höhe), unabhängig von der Existenz des Records.

Logisch sequentielle Verarbeitung wird wie bei ISAM vollständig unterstützt.

Neuzugang:

Wie bei einem Lese-Zugriff wird der Ziel-Block auf der Blatt-Ebene ermittelt. Nur im Falle eines Überlaufs ist ein Block-Splitting durchzuführen und der übergeordnete Index-Knoten mit dem neuen Repräsentanten zu ergänzen. Im schlimmsten Fall kommt es zu einer Kettenreaktion, bei der eine neue Wurzel anzulegen ist.

Anzahl der schreibenden Block-Zugriffe:

minimal: 1, falls kein Überlauf eintritt;
maximal: 2h + 1, falls eine neue Wurzel angelegt werden muß (vgl. Abschnitt 6.5.2).

Löschen:

Besondere Maßnahmen sind beim Entfernen eines Records nur dann zu berücksichtigen, wenn ein Unterlauf entsteht. Wir verfahren dann genau wie bei B-Bäumen: Der betreffende Block wird im Zentralspeicher mit einem seiner beiden Nachbarn zusammengefaßt. Entweder können die Records jetzt in einem einzigen Block abgelegt werden, oder wir verteilen sie gleichmäßig auf beide Knoten. Entsprechende Pflege-Maßnahmen sind dann im Index vorzunehmen (vgl. Abschnitt 6.5.2).

Anzahl der schreibenden Block-Zugriffe:

minimal: 1, falls kein Unterlauf entsteht;
maximal: h + 1, falls sich ein Unterlauf bis zur Ebene nach der Wurzel fortpflanzt und dort eine Umverteilung (unter Einbeziehung der Wurzel) veranlaßt.

Neben den Schreib-Zugriffen sind genau wie bei B-Bäumen zusätzlich zwischen h und 2h − 1 Blöcke vorher zu lesen.

Verwaltungsstruktur

(A) Verwaltungsdaten:

Zu M belegten Blatt-Knoten werden im Index M − 1 trennende Schlüsselwerte geführt, deren Verwaltung nach den Prinzipien der B-Bäume vollzogen wird. Index- und Nutzdaten-Blöcke dürfen sich in ihrer Kapazität unterscheiden. Da in den übergeordneten Index-Knoten lediglich Verwaltungsdaten vorhanden sind, sprechen wir bei einem B*-Baum auch von einem *hohlen* Baum. Im Vergleich zu den B-Bäumen ist i.allg. eine geringere Höhe zu erwarten.

Anwendungsbeispiel:

Wie in dem Beispiel zu B-Bäumen nehmen wir eine Block-Kapazität von 2K und eine Record-Länge von 200 Bytes an. Dann finden wir maximal 10 Records in einem Nutzdaten-Block. Mit einer Schlüssel-Länge von 16 Bytes und einer Adreß-Länge von 4 Bytes verwaltet ein Block auf der tiefsten Ebene im Index mindestens 52×5 und höchstens 103×10 Records. Die Höhe eines B*-Baumes errechnet sich als $h = \text{Index-Höhe} + 1$. Die Index-Höhe selbst ist zusammen mit der Ordnung der inneren Knoten und der Anzahl der trennenden Schlüsselwerte exakt nach der Formel für B-Bäume abzuschätzen. Im allgemeinen gilt für N Records wieder:

$$h = O(\log(N)).$$

(B) Speicher-Effizienz:

Ein Füllgrad von mindestens 50% für die belegten Blöcke ist wie bei B-Bäumen zu allen Zeiten gewährleistet (bis auf die Wurzel); die Organisations-Prinzipien sind durchgängig umgesetzt und können nicht durch Bestandsänderungen unterlaufen werden. Reorganisationsmaßnahmen sind nur dann durchzuführen, wenn sich die Kette der Nutzdaten-Knoten auch in der Anordnung auf dem Speicher widerspiegeln soll.

Beispiel 6.9

a) Nach dem Laden des Bestandes (vgl. Abschnitt 6.2) können wir folgende Aufteilung im B*-Baum vorfinden ($M_0 = 4$, Füllgrad = 75 %):

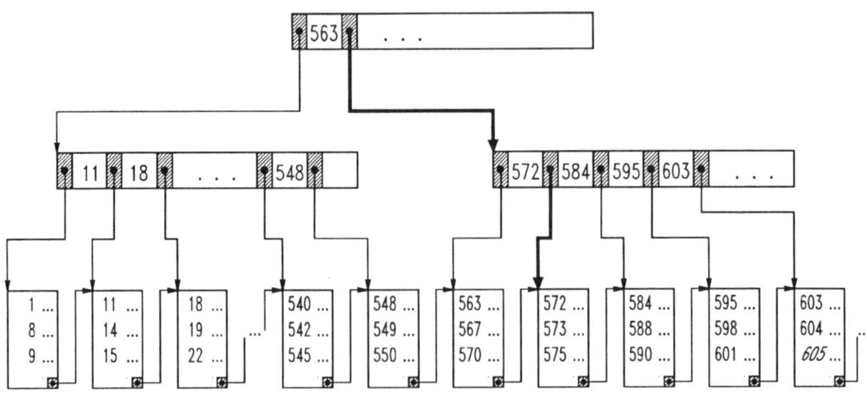

(Die Pfeile ⟶ veranschaulichen den Zugriff auf das Element 572)

b) Löschen der Records zu 8, 9 und 18 führt zu (Ausschnitt)

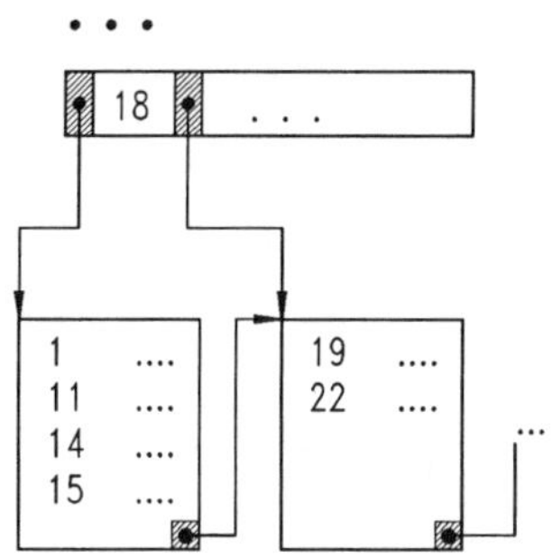

c) Neuzugänge mit 565, 571 und 574 ergeben den folgenden Ausschnitt aus der Verwaltungsstruktur

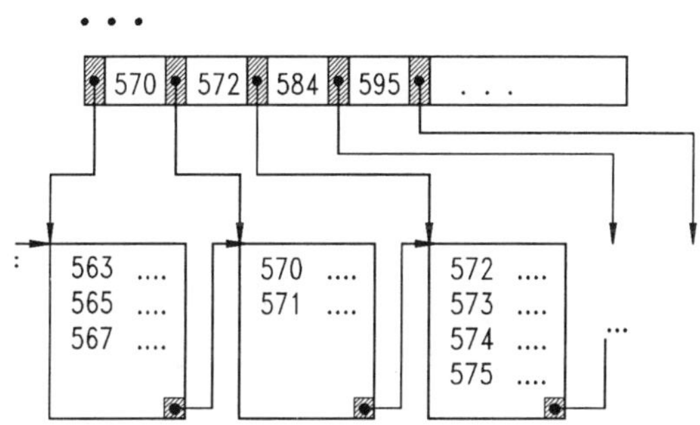

Im Vergleich zu ISAM wird der Komfort der gleichmäßigen Speicher-Auslastung durch einen höheren Aufwand für die Pflege des B*-Baum-Index erkauft. Dafür garantiert diese Organisationsform auch bei großen Beständen mit Schwankungen gleichbleibend effiziente Zugriffe.

6.6 HASH-Verfahren

Die Organisationsform *HASH* basiert auf der Idee, die Record-Adressen direkt anhand der Schlüssel-Ausprägungen zu errechnen. Der ‚Umweg' über einen Index soll auf diese Weise vermieden werden.

Die Hash-Organisation wird auch als *gestreute Organisation* bezeichnet. Sie spielt in anderen Disziplinen der Informatik, vor allem bei der Zentralspeicher-Verwaltung, ebenfalls eine große Rolle. Wir gehen hier jedoch nur auf Varianten für Externspeicher näher ein.

Klassische Hash-Verfahren wie in Abschnitt 6.6.1 führen zu einer statischen Organisationsform. Eine interessante Mischform, das Extendible Hashing, paßt sich dagegen dynamisch an die Bestände an (Abschnitt 6.6.2).

6.6.1 Statische HASH-Organisation

Statische Hash-Verfahren errechnen aus der Schlüssel-Ausprägung die Speicherstelle eines Records. Falls zuviele Records an derselben Stelle abzulegen sind, werden Maßnahmen ergriffen, wie sie ähnlich schon bei ISAM angetroffen wurden.

Divisionsrest-Methode

Für einen Datenbestand wird im Speicher ein fester *Primärbereich* mit hinreichend großer Kapazität zur Verfügung gestellt. Den Blöcken dieses Bereiches ordnen wir die relativen Adressen 0, . . . , L − 1 zu. Sofern der Schlüssel nicht schon über ganzzahlige Ausprägungen verfügt, wird eine geeignete Transformation in ganzzahlige Werte vorgenommen. Die Division des (transformierten) Schlüsselwertes durch die Anzahl der Blöcke (L) liefert einen Divisionsrest, der als relative Block-Adresse des betreffenden Records interpretiert wird. Dieses Verfahren wird als *Divisionsrest-Methode* bezeichnet.

In ungünstigen Fällen weist der Hash-Algorithmus einem Block mehr Records zu, als dieser aufnehmen kann. Für derartige Situationen, die wir als *Kollisionen* bezeichnen, wird ein separater *Überlaufbereich* bereitgehalten; ein Pointer im überbelegten Block verweist auf einen Block des Überlaufbereichs, der die überzähligen Records aufnimmt (Abb. 6.10). Bei Bedarf können dort noch weitere Blöcke angekettet werden.

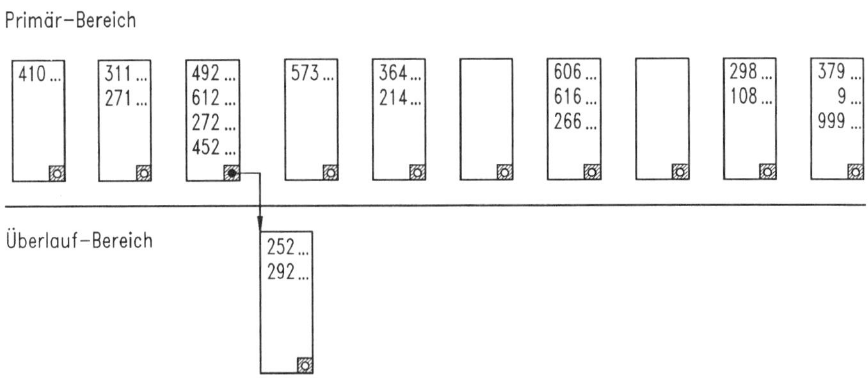

Abb. 6.10 Hash-Organisation (mit Überlaufbereich)

Eine Vorschrift, die aus einem Schlüsselwert eine Adresse erzeugt, wird allgemein als *Hash-Algorithmus,* der betreffende Schlüssel als *Hash-Schlüssel* und die ermittelte Adresse als *Heimat-Adresse* (engl.: home address) bezeichnet. Der Hash-Algorithmus liefert für Externspeicher stets nur relative Block-Adressen. Records, denen dieselbe Adresse zugewiesen wird, nennen wir *Synonyme.* Man spricht auch von *bucket adressing,* wenn an einer Adresse – wie in unserem Fall in den Blöcken – mehrere Records abgelegt werden können.

Während der Primärbereich bis zur nächsten Reorganisation statisch festgelegt bleibt, läßt sich der Überlaufbereich im Verlauf der Bestandsfortschreibung dynamisch erweitern. Wie bei Anwender-Dateien werden dann nach Bedarf noch freie Blöcke angekettet. Bei ungünstigster Schlüssel-Verteilung finden wir wenige Blöcke des Primärbereiches belegt, an die sich aber lange Ketten im Überlaufbereich anschließen.

Zugriffsstrategie

Lese-Zugriff:

Mit dem Hash-Algorithmus wird aus dem Schlüsselwert die Heimat-Adresse (relative Block-Adresse) im Primärbereich ermittelt. Bei Verzweigung in den Überlaufbereich muß die Kette bis zum Treffer abgearbeitet werden. Sofern der betreffende Record nicht im Bestand vorliegt, ist die Kette des Ziel-Blockes vollständig zu lesen. Bei kollisionsfreier Verteilung der Block-Adressen (ohne Überlauf-Ketten) ist nur 1 Zugriff notwendig. Sonst hängen die Angaben zur maximalen oder mittleren Anzahl der Block-Zugriffe von der Adreß-Verteilung ab. Die logisch sequentielle Verarbeitung wird *nicht* unterstützt.

Neuzugang:

Für den neu einzuspeichernden Record liefert der Hash-Algorithmus die Adresse eines Ziel-Blockes im Primärbereich. Bei Überlauf des Blockes wird die Kette im Überlaufbereich bis zu einem freien Platz verfolgt. Sofern alle Blöcke bereits vollständig belegt sind, wird ein noch freier Block an das Ende gekettet.

Anzahl der schreibenden Block-Zugriffe: 2 bei Überlauf im letzten Block, sonst 1.

Bei langen Ketten fallen hauptsächlich die lesenden Block-Zugriffe ins Gewicht.

Löschen:

Der betreffende Record wird eliminiert; leere Blöcke im Überlaufbereich können aus der Kette ausgegliedert werden.

Anzahl der schreibenden Block-Zugriffe: 1.

Wie bei den Neuzugängen sind bei ungünstiger Verteilung hauptsächlich die Lese-Zugriffe ausschlaggebend.

Verwaltungsstruktur

(A) Verwaltungsdaten:

Auf die Verwendung von Verwaltungsdaten wird im wesentlichen verzichtet.

(B) Speicher-Effizienz:

Damit die Daten schnell auffindbar sind, muß der Primärbereich ausreichend groß bemessen sein. Dies führt im Vergleich zu anderen Organisationsformen zu einer weniger effizienten Speicherauslastung. Außerdem muß man annehmen dürfen, daß der Hash-Algorithmus eine hinreichend gute Verteilung der Adressen liefert. Das DBMS bestimmt während der Reorganisation oder beim Laden selbst die Größe des Primärbereichs. Der Anwender kann dazu einen durchschnittlichen Füllgrad vorgeben. Die Erweiterung des Primärbereichs ist nur durch eine spätere Reorganisationsmaßnahme möglich.

In ungünstigen Fällen, wenn lange Überlauf-Ketten anzutreffen sind, nähert sich HASH im Zeitverhalten HEAP an – allerdings ohne dessen Effizienz bei Neuzugängen. Bei günstigen Randbedingungen gibt HASH dagegen eine äußerst effiziente Organisationsform ab, bei der kaum Pflegeaufwand für Verwaltungsdaten notwendig ist.

Beispiel 6.10

a) Für den aus Abschnitt 6.2 bekannten Bestand werde ein Bedarf von ca. 60 bis 65 Blöcken mit je 4 Records geschätzt; wir wählen einen Primär-Bereich mit 83 Blöcken (durchschnittliche Belegung: 75 %). Wir nehmen an, daß nach dem Laden nur der Primär-Bereich belegt ist:

Primär-Bereich

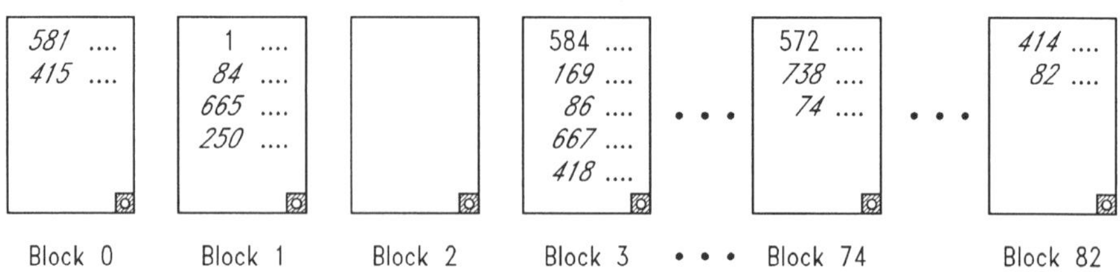

b) Löschen des Records 665 ... ergibt für Block 1:

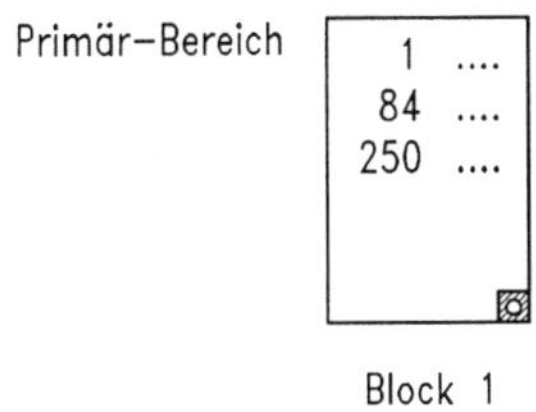

Wenn wir die Records 581 ... und 415 ... löschen, wird Block 0 vollständig leer gehalten.

c) Neuzugänge mit den Schlüsselwerten 252, 240, 833, 501 916, 335 und 750 führen zu folgender Situation:

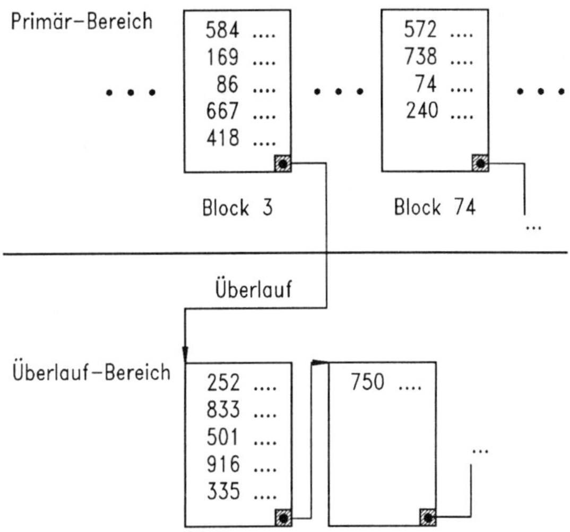

Wie keine andere Organisationsform kann die vorgestellte statische HASH-Organisation sowohl zu einer äußerst effizienten als auch zu einer unvertretbar ineffizienten Bestands-Verwaltung führen. Vor der Wahl der HASH-Organisationsform muß die Kollisionsgefahr mit ihrem negativen Einfluß auf alle Zugriffsarten analysiert werden. Die DBMS geben in der Regel Auskunft über die Belegung von Primär- und Überlaufbereich für schon organisierte Bestände.

6.6.2 Extendible Hashing

Wachsende Datenbestände führen bei statischen Hash-Verfahren unwillkürlich zu Überlaufketten, was sich dann negativ auf die Effizienz der Zugriffe auswirkt. Unterschiedliche Ansätze haben sich deshalb um eine dynamische Anpassung der Verwaltungsstruktur an Bestandserweiterungen bemüht. Das *Extendible Hashing* nach R. Fagin, J. Nievergelt, N. Pippenger und H. R. Strong [79] ersetzt den unmittelbaren Zugriff auf die Nutzdaten durch folgende Stufung:

- Im ersten Zugriff ermittelt ein Hash-Algorithmus eine Position in einem Directory, wo Adreß-Verweise auf die Nutzdaten geführt werden.
- Der zweite Zugriff folgt dem Adreß-Verweis in die Nutzdaten.

Die Organisation des Directories lehnt sich an das Konzept der TRIEs an, worauf wir kurz eingehen wollen.

TRIEs

Die Idee der TRIEs (auch: radix search trees) geht auf eine Arbeit von E. FREDKIN [60] zurück. Die Bezeichnung leitet sich von dem Begriff ReTRIEval her.

TRIEs orientieren sich bei der hierarchischen Aufteilung des Bestandes weniger an den vorhandenen als vielmehr an den möglichen Ausprägungen des Schlüssels. Sie setzen Schlüssel-Ausprägungen mit fester Länge voraus, die aus einem vorgegebenen Zeichenvorrat (Alphabet) stammen. Die Aufgliederung wird dann auf folgende Weise gewonnen: Alle (möglichen) Schlüsselwerte, welche das erste Zeichen gemeinsam haben, definieren eine Klasse der ersten Stufe. Die sukzessive Hinzunahme der folgenden führenden Zeichen sorgt für eine fortgesetzte Verfeinerung der Teilklassen. Wenn k die Schlüssellänge bezeichnet, so endet dieser Prozeß nach k Schritten; dann stoßen wir bei voller Schlüssellänge auf genau einen Record je Klasse.

Dieses Aufteilungsverfahren kann mit graphentheoretischen Mitteln verdeutlicht werden, wo jede Schlüssel-Ausprägung als Pfad in einem Baum interpretiert wird. Abb. 6.11 gibt zwei Darstellungen eines solchen Baumes wieder: Wir geben das Alphabet mit den 4 Zeichen ‚A‘, ‚B‘, ‚D‘ und ‚R‘ vor und wollen Records mit den Schlüsselwerten ‚RAD‘, ‚BAR‘, und ‚BAD‘ verwalten. Abb. 6.11 a) beschreibt die Ausprägungen des Schlüssels; den Zeichen auf der ersten Position des Schlüssels ordnen wir (entsprechend der lexikalischen Anordnung) in Abb. 6.11 b) eine Komponente eines Arrays zu, die auf ein gleichstrukturiertes Array für das zweite Zeichen des Schlüssels verweist. Je nach Schlüssellänge kann sich dieser Prozeß wiederholen. Die Pointer auf der Blatt-Ebene adressieren schließlich den gesuchten Record. Sofern für gewisse Zeichen keine weiteren Nachfolger vorhanden sind, werden in den entsprechenden Komponenten leere (indefinite) Pointer verwendet.

Wenn wir alle Records, die in den führenden Zeichen des Schlüssels übereinstimmen, zu einer Gruppe mit gemeinsamer Adresse zusammenfassen, läßt sich das Block-Konzept der Externspeicher mit den TRIEs verbinden. Je nach Verteilung der Ausprägungen dürfen wir in der Baumstruktur unterschiedlich lange Pfade verwenden.

6.11 a)

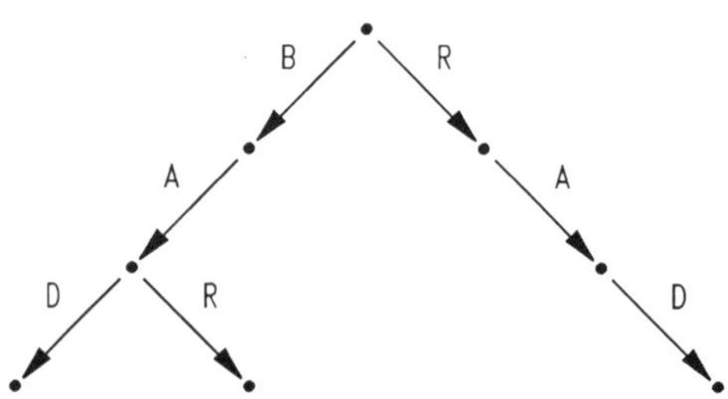

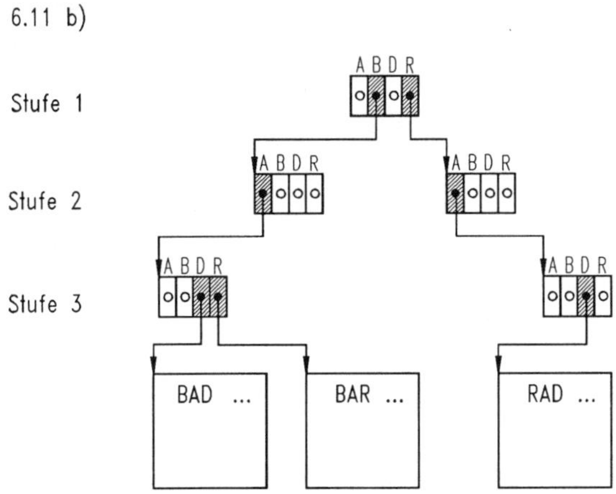

Abb. 6.11 TRIE-Darstellungen

Das Organisations-Konzept der TRIEs kann andererseits auch ohne die Verkettung von Arrays umgesetzt werden, wenn man *alle* Pfade einer festen (Teil-)Länge einbezieht. In entsprechender Reihenfolge können die Pointer auf die Nutzdaten in einem einzigen Array zusammengefaßt werden, so daß sich ihre Position leicht auf algorithmischem Wege aus dem Schlüssel ermitteln läßt. Wenn M die Anzahl der Zeichen des Alphabets und j die Länge des Schlüssel-Abschnitts bezeichnen, muß unser Array M^j Komponenten besitzen. Abb. 6.12 deutet das entsprechende Array zu obigem Beispiel an.

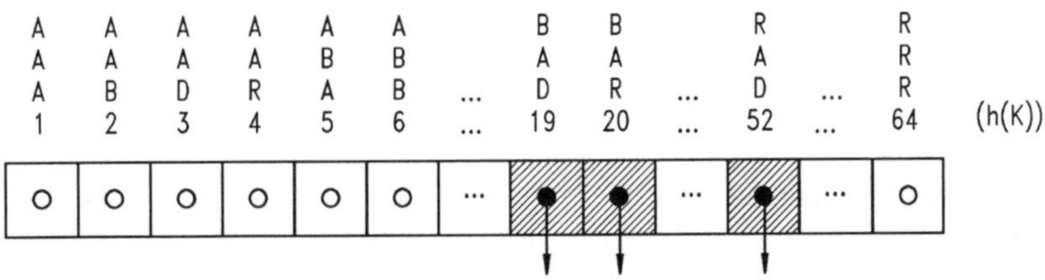

Abb. 6.12

Arrays dieser Art können als eine HASH-Tabelle aufgefaßt werden: zu einer Schlüssel-Ausprägung K wird ein Index des Arrays – der *Pseudokey h (K)* – berechnet, dessen Komponente den Pointer auf die betreffenden Nutzdaten führt.

Directory-Struktur

Das Extendible Hashing betrachtet Schlüssel-Ausprägungen in der Form von Bit-Strings (Zeichenketten aus dem Alphabet {0, 1}). Das Directory wird als HASH-Tabelle gemäß der TRIEs eingerichtet (vgl. Abb. 6.13). Da mehrere Komponenten des Arrays auf denselben Block verweisen dürfen, kann durch Zusammenlegen der Records eine gute Speicher-Ausnutzung erzielt werden. Überlauf-Situationen werden durch Umverteilen oder durch eine Erweiterung des Directories behoben.

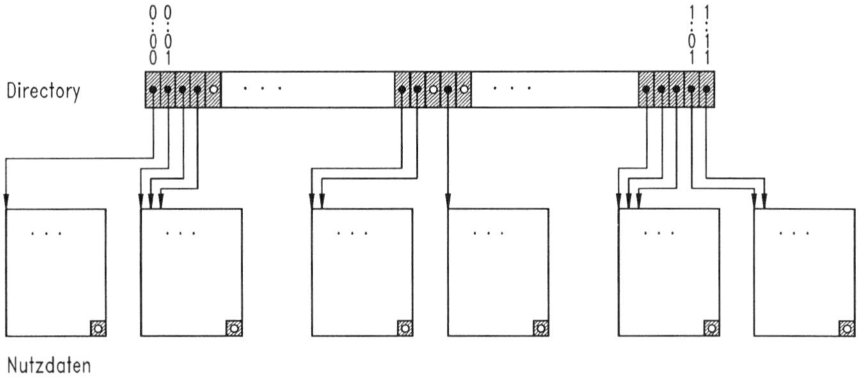

Abb. 6.13 Extendible Hashing: Directory-Struktur

Zugriffsstrategie

Lese-Zugriff:
Nach Ermittlung des Pseudokeys (Hash-Algorithmus) erfolgt der Zugriff im Directory und anschließend (über den dort abgelegten Pointer) in den Nutzdaten.
Anzahl der Block-Zugriffe: 2 (unabhängig von der Existenz des Records).
Logisch sequentielle Verarbeitung wird nicht unterstützt.

Neuzugang:
Sofern noch genügend Speicherplatz zur Verfügung steht, wird der Record ohne weitere Zusatzschritte in den Ziel-Block eingespeichert. Andernfalls sind folgende Maßnahmen zu ergreifen: Wenn mehrere Directory-Positionen auf den Block zeigen, kann der Versuch einer Umverteilung unternommen werden. Gelingt dies nicht, ist das Directory durch Hinzunahme eines neuen Zeichens im Pfad zu verdoppeln. Die Nutzdaten bleiben von einer derartigen Umstrukturierung des Directorys unberührt.

Anzahl der schreibenden Block-Zugriffe: 1, sofern kein Überlauf eintritt.

Löschen:
Bei Unterschreitung des Füllgrades können ähnlich wie bei B-Bäumen benachbarte Blöcke zusammengelegt werden; die betreffenden Komponenten des Directorys sind dabei entsprechend zu aktualisieren.

Anzahl der schreibenden Block-Zugriffe: 1, falls keine Blöcke zusammengefaßt werden.

Verwaltungsstruktur

(A) Verwaltungsdaten:

Das Organisationsprinzip stützt sich auf ein Directory, das hinsichtlich seines Volumens jedoch kaum ins Gewicht fällt.

(B) Speicher-Effizienz:

Die Speicher-Ausnutzung ist mit geeigneten Strategien beeinflußbar.

Das Extendible Hashing schreibt einen Organisations-Rahmen vor, in dem untergeordnete Entscheidungen, wie über das Zusammenlegen von Blöcken, noch genauer festgelegt werden müssen.

6.7 Grid Files

Die bisher vorgestellten Organisationsformen unterstützen Lese-Zugriffe bei Vorgabe des physischen Schlüssels. Suchanfragen, die sich auf andere Attribute beziehen, können nur dann effizient abgearbeitet werden, wenn die Sekundär-Organisation entsprechend eingerichtet ist (vgl. Abschnitt 6.9). Ähnliche Restriktionen gelten auch für Bereichsabfragen, die sich nicht auf den physischen Schlüssel beziehen.

Im Unterschied dazu versuchen *Grid Files*, die von J. NIEVERGELT, H. HINTERBERGER und H. J. SEVCIK [84] vorgestellt wurden, mehrere gleichwertige Zugriffs-Attribute in die Primär-Organisation einzubeziehen (engl.: multikey access). Gleichzeitig werden dabei Bereichsabfragen für mehr als ein Attribut (oder Attribut-Kombination) unterstützt.

Record-Raum

Wir gehen davon aus, daß gewisse Attribute, die wir mit $A_1, A_2, \ldots, A_k$ bezeichnen, für spätere Zugriffsbedingungen von Bedeutung sind. Die Wertebereiche $\mathrm{dom}(A_i)$, $i = 1, \ldots, k$, sollen über eine lineare Anordnung verfügen.

Jedem Record r entspricht ein Tupel $(a_1, a_2, \ldots, a_k)$, $a_i \in \mathrm{dom}(A_i)$, $i = 1, \ldots k$, das wir jetzt als einen ‚Punkt' des k-dimensionalen *Record-Raumes* $\mathrm{dom}(A_1) \times \mathrm{dom}(A_2) \times \ldots \times \mathrm{dom}(A_k)$ interpretieren. Dieser Record-Raum wird durch ein Gitter (engl.: grid) in Quader aufgeteilt, wozu in den Wertebereichen dom(A_i) geeignete Partitionen $X_{io} < X_{i1} < \ldots < X_{in_i}$ (i = 1, ..., k) zu wählen sind; die betreffenden Quader werden auch als *Grid-Blocks* bezeichnet. Ein Directory, dessen Organisation weiter unten vorgestellt wird, führt dann zu jedem Grid-Block einen Verweis auf einen Nutzdaten-Block (spezifische Terminologie: bucket), in dem die zugehörigen Records zu finden sind. Sofern die Partitionen fein genug sind, finden alle Records eines Grid-Blocks vollständig in einem (Externspeicher-)Block Platz.

Zur besseren Speicher-Ausnutzung dürfen mehrere Grid-Blocks auf einen gemeinsamen Datenblock verweisen (ähnlich wie in Abschnitt 6.6.2). Alle Grid-Blocks mit einem gemeinsamen Datenblock faßt man zu einer *Region* zusammen. Folgende Konvexitäts-Bedingung muß dabei beachtet werden: Eine Region muß einem Quader des Record-Raumes entsprechen (Abb. 6.14).

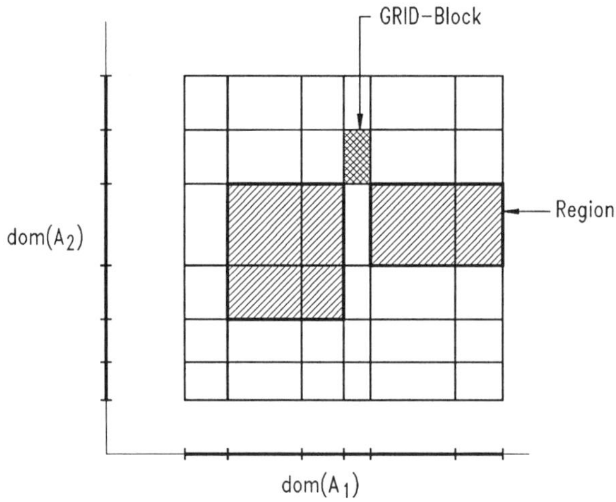

Abb. 6.14 GRID-Blocks und Regions
[nach J. NIEVERGELT et al. 1984]

Neuzugängen, für die ein Überlauf des betreffenden Datenblocks eintritt, führen im ungünstigsten Fall zu einer Verfeinerung des Gitters. Dies geschieht durch Hinzunahme eines Zwischenpunktes in einer der Partitionen (Splitting des Partitions-Intervalls; vgl. Abb. 6.15). Damit werden jedoch auch noch andere Grid-Blocks aufgespalten. Für die neuen Teile sind dann die Verweise auf die Nutzdaten im Directory noch einzutragen; die Nutzdaten selbst bleiben vom Splitting unberührt.

Grid Directory

Das Grid Directory verwaltet die Adressen der Nutzdaten-Blöcke zu den Grid-Blocks. Es werden dazu verwendet:

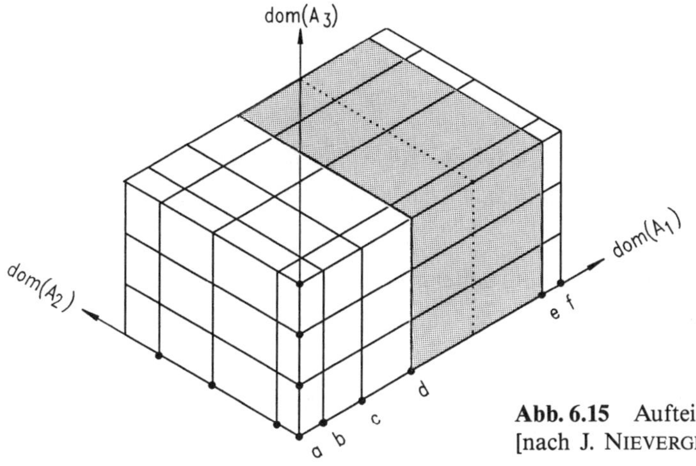

Abb. 6.15 Aufteilung des Intervalls (d, e) [nach J. NIEVERGELT et al. 1984]

- k eindimensionale Arrays, die die aktuellen Partitionen festhalten. Aufgrund geringen Volumens können sie im Normalfall im Arbeitsspeicher gehalten werden.
- Das k-dimensionale *Grid-Array*, das in seinen Komponenten die Pointer auf die Externspeicher-Blöcke festhält. Die eindeutige Zuordnung zwischen den Grid-Blocks und den Komponenten des Grid-Arrays liegt auf der Hand: Jeder Grid-Block wird durch seine Partitions-Intervalle $(X_{ij}, X_{i,j+1})$, $i = 1, \ldots, k$, festgelegt. Ein solches Partitions-Intervall selbst ist durch die Indizes (i,j) identifizierbar. Dabei adressiert der zweite Index (j) gleichzeitig eine Ebene des Grid-Arrays in der i-ten Dimension (vgl. Abb. 6.16 für den 2-dimensionalen Fall).

Das Grid-Array ist auf dem Externspeicher abzulegen. Dazu werden die Komponenten geeignet in Datenblöcken zusammengefaßt. Um die logisch sequentielle Verarbeitung auch für unterschiedliche Attribute zu unterstützen, werden Datenblöcke, die benachbarte Ausschnitte des Grid-Arrays enthalten, miteinander verkettet.

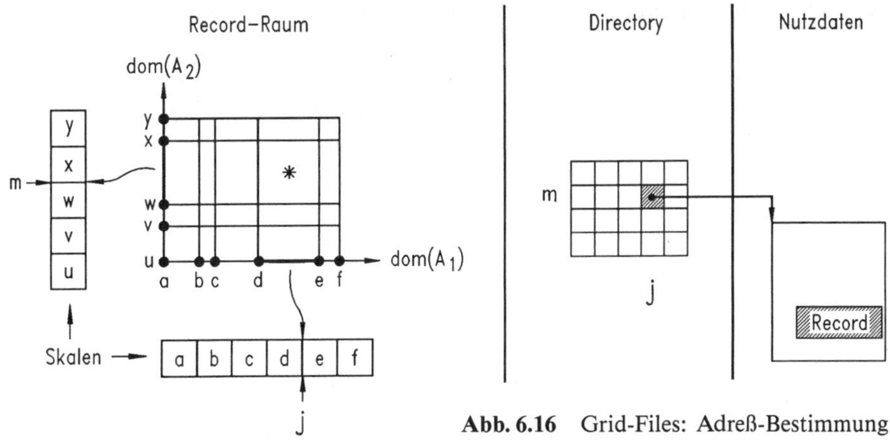

Abb. 6.16 Grid-Files: Adreß-Bestimmung

Zugriffsstrategie

Lese-Zugriff:

Anhand der Skalen werden zuerst die Indizes für die Komponente des Grid-Arrays ermittelt. Bei geeigneter Implementierung sind genau 2 Block-Zugriffe (Directory und Nutzdaten) erforderlich.

Logisch sequentielle Verarbeitung wird unterstützt.

Neuzugang:

Über das Grid Directory wird der Ziel-Block ermittelt. Sofern dort genügend Platz zur Verfügung steht, wird der Record ohne weitere Zusatzschritte eingespeichert (1 Schreib-Zugriff).

Bei einem Überlauf sind zwei Fälle zu unterscheiden:

Fall 1: Mehrere Grid-Blocks verweisen auf den betreffenden Nutzdaten-Block; wenn es die Konvexitätsbedingung erlaubt, kann eine Aufteilung der Region vorgenommen werden. Das Grid Directory ist entsprechend zu aktualisieren.

Fall 2: Falls eine Aufgliederung der Region scheitert, ist die Verfeinerung (Splitting) einer geeignet gewählten Partition durch Hinzunahme eines Zwischenpunktes vorzunehmen (vgl. Abb. 6.15). Dies macht die Reorganisation des Grid Directorys erforderlich. Bis auf den aufzuteilenden Datenblock sind im Nutzdatenbereich keine weiteren Maßnahmen erforderlich. Im Grid Directory sind lediglich die Pointer einzutragen.

Löschen:

Ähnlich wie bei anderen Organisationsformen kann einem Unterlauf durch Zusammenlegen von Blöcken begegnet werden; die Konvexitätsbedingung ist dabei zu berücksichtigen. In diesem Fall ist lediglich das Grid Directory zu aktualisieren. Als Alternative bietet sich in manchen Fällen das Vergröbern des Gitters an, was wieder eine Reorganisation des Grid Directorys erforderlich macht.

Verwaltungsstruktur

(A) Verwaltungsdaten:

Das Organisationsprinzip stützt sich auf ein Directory (zu dem unterschiedliche Implementierungsstrategien eingeschlagen werden können).

(B) Speicher-Effizienz:

Die Speicher-Ausnutzung kann unter vielfältigen Gesichtspunkten durch das Zusammenlegen von Datenblöcken gesteuert werden.

Die Effizienz der Grid Files wird vor allem von der Verwaltung der nicht-leeren Grid-Blocks bzw. von der technischen Umsetzung des Grid Directorys und seiner dynamischen Anpassung beeinflußt. Hier bieten sich mehrere Implementierungs-Strategien an. Ihre Beurteilung erfordert tiefergehende Analysen, wozu auf K. HINRICHS [85] und M. REGNIER [85] verwiesen wird.

6.8 Records

In der Praxis empfiehlt sich die Verwendung komprimierter Daten, was jetzt zu variabel langen Records führt. Neben der Daten-Komprimierung wird in diesem Abschnitt die Adressierung der Records im Block behandelt.

Wir gehen wieder davon aus, daß ein Record vollständig in einem einzigen Block abgespeichert ist. Die Feldwerte des Records werden stets subsequent nebeneinander abgelegt. Ihre Reihenfolge entspricht der Struktur-Vereinbarung (in SQL: CREATE TABLE-Anweisung), die vom DBMS in einem internen Katalog gehalten wird.

Feld-Komprimierung

Feldlängen müssen so großzügig bemessen sein, daß sie auch die potentiell längsten Ausprägungen noch aufnehmen können. Obwohl für Nachnamen im Durchschnitt weniger als 20 Zeichen zu erwarten sind, müssen im konkreten Fall 20 bis 30 Positionen (Bytes) für dieses Attribut zur Verfügung stehen. Records mit festen Feldlängen sorgen offensichtlich für eine schlechte Speicher-Ausnutzung.

Die Daten-Komprimierung unterdrückt Leerzeichen (blanks) am Ende eines CHARACTER-Feldes. Es werden nur die ersten Zeichen abgespeichert, zusammen mit einem vorangestellten Längen-Byte, das die Anzahl dieser Zeichen festhält. Mit den Informationen des Katalogs ist das DBMS in der Lage, die nebeneinander gespeicherten Stellen wieder als Feldwerte mit der vereinbarten Länge zu rekonstruieren.

In SQL kann ein CHARACTER-Feld mit Hilfe der Format-Angabe VCHAR(n), n maximale Stellenzahl, als variabel langes Feld vereinbart werden.

Beispiel 6.11

In die Relation BENUTZER, die mit der Anweisung

CREATE TABLE	Benutzer
(Ben_Nr	INTEGER,
Vorname	CHAR(15),
Name	CHAR(20),
PLZ	INTEGER,
Wohnort	CHAR(20))

(vgl. auch Beispiel 3.14) vereinbart wurde, sollen die Angaben

511, ‚M', ‚Fredi', ‚m'

zu Ben_Nr, Name und Vorname und Geschlecht aufgenommen werden (vgl. auch Beispiel 3.18).

a) Ohne Komprimierung besitzt der gespeicherte Record folgendes Aussehen:

```
0511Fredi␣␣␣␣␣␣␣␣␣␣M␣␣␣␣␣␣␣␣␣␣␣␣␣␣␣␣␣␣␣0000␣␣␣␣␣␣␣␣␣␣␣␣␣␣␣␣␣␣␣␣
----+----+----+----+----+----+----+----+----+----+----+----+---;
```

b) Sofern die Felder Vorname, Name und Wohnort mit dem entsprechenden VCHAR-Format vereinbart wurden, sieht das Speicherbild so aus:

```
05114Fredi1M00001 .
    *     *
```

(‚*' markiert das Längen-Byte)

Nach der Änderung eines Wertes zu einem variabel langen Feld (z. B. Änderung des Namens nach der Eheschließung) verfügt der Record in der Regel nicht mehr über dieselbe Länge wie zuvor. Dies kann zur Verschiebung anderer Records im Block oder sogar zu einer Überlauf-Situation führen, in welcher der modifizierte Record in einen Block mit genügend Freiplatz ausgelagert wird. Derartige Verschiebungen haben zur Folge, daß alle direkten Verweise (Pointer) auf die Records in den Verwaltungsdaten (Primär-Index, Sekundär-Index) mit der neuen Adresse zu aktualisieren sind – was zu einem erheblichen Aufwand führen kann. Deshalb werden flexiblere Adressierungsstrategien verwendet, bei denen sich die Auswirkungen nach Record-Verlagerungen in Grenzen halten.

Adressierung

Das Konzept der Tupel-Identifier (TID) schirmt die Auswirkungen von Record-Verschiebungen *innerhalb* eines Blockes nach außen ab (vgl. M. M. ASTRAHAN et al. [76]*, M. STONEBRAKER et al. [76]*). Ein TID vermittelt eine Block-Adresse zusammen mit einer Positions-Nr. (relativ zum Block); am Ende eines Blockes wird ein Array geführt, dessen Komponenten die Aufsetzpunkte (byte offset) der Records in diesem Block angeben. Die genannte Positions-Nr. adressiert eine Komponente dieses Arrays (als Index) und verweist somit indirekt auf einen Record (Abb. 6.17).

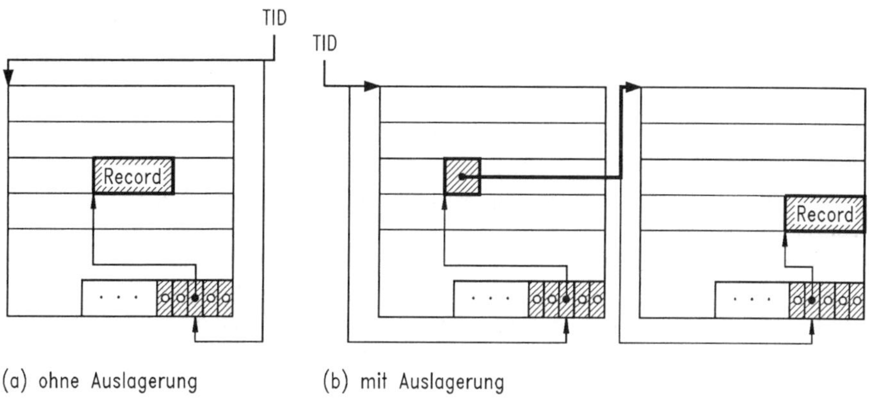

Abb. 6.17 TID-Konzept (Record-Adressierung)

Record-Verschiebungen innerhalb des Blockes müssen jetzt nur in dem Adreß-Array nachgetragen werden. Sofern ein Record auszulagern ist, wird an seiner ursprünglichen Stelle ein Verweis (TID) auf seinen neuen Speicherort hinterlegt; weitere Auslagerungen können an dieser Stelle aktualisiert werden. Für Organisationsformen, die bei Überlauf-Situationen das Block-Splitting verwenden, relativiert sich der Vorteil des TID-Konzeptes (vgl. T. HÄRDER [87]; Abschnitt 3.4.1).

6.9 Sekundär-Organisation

Viele Datenbank-Anwendungen wollen oft weniger über den physischen Schlüssel als vielmehr anhand allgemeiner Suchbedingungen auf Records zugreifen. Beispiel: Die Mitarbeiter einer bestimmten Abteilung möchte man in einer Liste ausgeben. In Ergänzung zur Primär-Organisation ist dazu die Einrichtung eines Sekundär-Index für eines oder mehrere Attribute bzw. Attribut-Kombinationen (vgl. Abschnitt 6.2) sinnvoll. Dieser Verwaltungsbereich, die Sekundär-Organisation, dient ausschließlich dem Zweck des schnellen Auffindens von Records bei Suchanfragen (Selektionen) bzw. zur schnellen Durchführung der Joins in relationalen Datenbanken.

Sekundär-Index

Ein Sekundär-Index gibt im Unterschied zum Index in der Primär-Organisation (ISAM, B*-Bäume) ein passives Inhaltsverzeichnis ab, das unabhängig von der Ablagestrategie geführt wird. Es kann sich deshalb nur um einen dichten Index handeln, in dem genaue Record-Adressen, wie z. B. die TIDs (vgl. Abschnitt 6.8), verwendet werden können.

Eine Datei bezeichnen wir als *invertiert* bzgl. eines Attributes oder einer Attribut-Kombination, wenn hierzu ein Sekundär-Index eingerichtet ist. Das zugrunde liegende Attribut (bzw. Attribut-Kombination) wird als *Sekundär-Schlüssel* bezeichnet.

Im Unterschied zum physischen Schlüssel sind die Ausprägungen eines Sekundär-Schlüssels in der Regel nicht mehr eindeutig. Allerdings sollte nur dann ein Sekundär-Index eingerichtet werden, wenn die Werteverteilung hinreichend gut gestreut ist. In einer großen Personal-Datei bringt z. B. ein Sekundär-Index zu ‚Geschlecht' wenig Gewinn. Allerdings können derartige Attribute mit schlechter Werteverteilung sinnvoll in einer Attribut-Kombination mitberücksichtigt werden. Die Verwaltung der Index-Records wird genau wie bei Nutzdaten anhand einer bestimmten Organisationsform ausgerichtet.

Komplexe Suchanfragen

Komplexe Suchanfragen, die sich auf mehrere Attribute beziehen, können mit einer geeigneten Sekundär-Organisation effizient abgewickelt werden. Die Treffer-Menge kann bereits durch die Index-Bearbeitung ermittelt werden, sofern zu jeder Teilbedingung ein Sekundär-Index mit individuellen Record-Adressen (z. B. TIDs) existiert. Die Treffer-Listen mit den Record-Verweisen können dann mit den Mengen-Operationen verknüpft zu werden (‚UND' führt zum Durchschnitt, ‚ODER' zur Vereinigung). In manchen Fällen zeigt sich bereits hier, daß kein Record der Suchbedingung genügt; ein Zugriff auf die Nutzdaten ist dann nicht mehr notwendig. Andernfalls sind nur diejenigen Nutzdaten-Blöcke anzupacken, in denen tatsächlich ein Treffer vorliegt.

Beispiel:

Zu einer Auswertung eines Personenkreises, welcher aufgrund der Bedingung: ‚Alter zwischen 25 und 30 und PLZ des Wohnortes = 6520‘ festgelegt wurde, nehmen wir je einen Sekundär-Index zu ‚Alter‘ und ‚PLZ‘ an. Die Menge der Record-Adressen, für welche die Alters-Bedingung erfüllt ist, braucht nur mit derjenigen zur PLZ-Bedingung verglichen werden (Durchschnitt-Bildung).

Pflege-Aufwand

Trotz der erwähnten Vorzüge muß die Einrichtung eines Sekundär-Index von Fall zu Fall abgewogen werden. Jede Bestandsänderung (Neuzugang, Löschung) zieht die entsprechende Aktualisierung in *jedem* Sekundär-Index der Datei nach sich! Entsprechendes gilt bei der Auslagerung eines Records, wenn physische Record-Adressen benutzt werden. Ändert sich dagegen in einem Record nur eine Attribut-Ausprägung, so braucht lediglich der betreffende Index modifiziert zu werden.

Bestände mit geringen Zu- und Abgängen können sehr effizient auf der Basis von HEAP in Verbindung mit einer geeigneten Sekundär-Organisation verwaltet werden. Insbesondere ist hier eine gute Speicher-Ausnutzung erreichbar.

Anmerkungen

Die physische Datenorganisation befaßt sich mit der Frage nach der effizienten Verwaltung großer Datenbestände: anhand gewisser Merkmale der Records (wie etwa des physischen Schlüssels) sollen ihre Speicherstellen schnell ermittelbar sein. Alle Organisationsformen verwenden dazu eine oft mehrstufige Aufgliederung des belegten bzw. fest reservierten Speicherplatzes in kleinere Einheiten, die sich in letzter Instanz auf die Blöcke der Externspeicher stützten. Die Organisationsformen können in erster Linie danach unterschieden werden, ob sie die Block-Adresse auf algorithmischem Wege ermitteln (statische Hash-Verfahren; Extendible Hashing) oder ob sie von einer Anordnung der Records ausgehen. Mit Ausnahme der Grid Files handelt es sich im letzten Fall stets um die lineare Anordnung hinsichtlich des physischen Schlüssels. Die betreffenden Organisationsformen sorgen mit der Auswahl gewisser trennender Schlüsselwerte für eine gleichmäßige Aufteilung des Bestandes, was durch die sukzessive Anwendung zu einer hierarchischen Struktur führt. Diese Trenn-Funktionen übernehmen entweder die Records selbst (B-Baum) oder Schlüsselwerte in einem Index (ISAM, B*-Baum). Die Speicherstelle eines neuen oder schon abgelegten Records wird dann im Durchgriff über die Hierarchie-Ebenen ermittelt. Den Zugriffspfaden liegen Verkettungen von Blöcken mittels Pointer zugrunde, was wir mit graphentheoretischen Mitteln darstellen können. Mit Ausnahme von ISAM, wo Überlaufketten auftreten können, finden wir eine Baumstruktur vor, in der je Ebene ein Zugriff erforderlich ist. Da die Höhe der Baumstruktur von der Zahl der belegten Blöcke abhängt, sorgen einige Organisationsformen auch nach Bestandsänderungen für einen minimalen Belegungsgrad der Blöcke (B-Baum, B*-Baum; auch: Grid Files, Extendible Hashing). Im allgemeinen lassen sich Baumstrukturen auch auf rekursive Weise definieren, was sich entsprechend für die Zugriffsalgorithmen anbietet.

Grid Files verzichten auf die lineare Anordnung der Records sowie auf die Auszeichnung eines physischen Schlüssels. Sie stützen sich auf die Einordnung eines Records in einen mehrdimensionalen Record-Raum, dessen Koordinaten-Achsen von den (linear geordneten) Wertebereichen festgewählter Attribute bestimmt werden. Hier sorgt ein Raster, das sich je nach Bestand verfeinern läßt, für eine gleichmäßige Aufgliederung des Bestandes.

Suchanfragen, die nicht unmittelbar durch den physischen Schlüssel unterstützt werden, machen in großen Beständen die Einrichtung von Zusatz-Verzeichnissen erforderlich. Ein derartiger Sekundär-Index verwendet in der Regel individuelle Record-Adressen (anstelle einer gemeinsamen Block-Adresse beim Index einer Primär-Organisation). Die Verschiebung oder Auslagerung eines Records muß dann unter Umständen in der Sekundär-Organisation nachgetragen werden; zur Reduktion des Aufwandes verwenden relationale DBMS die Tupel-Identifier (TID), die auf indirektem Weg die genaue Adresse der Records vermitteln.

Für die freundliche Genehmigung zur Übernahme von Abbildungen möchte der Verfasser Herrn Prof. Dr. J. NIEVERGELT sehr danken.

Aufgaben

Aufgabe 6.1

a) Für Records mit den Schlüsselwerten 5, 100, 18, 20, 13, 120, 111, 3, 15, 21, 27, 89, 90, 101, 14, 112 soll der Aufbau eines B-Baumes nachvollzogen werden (Maximal 4 Records je Block; Darstellung des 5., 10. und 15. Schrittes).

b) Man lösche sodann Record 27... .

c) Man lösche in a) den Record 13... .

Aufgabe 6.2

Für einen Bestand mit 100000 Records (Länge: 320 Bytes; Schlüssellänge: 16 Bytes) gebe man eine Abschätzung des benötigten Speicherplatzes bei folgenden Organisationsformen an (Pointerlänge: 4 Bytes; Blockgröße: 4 K):

a) HEAP
b) Statisches HASH-Verfahren mit gleichmäßiger Verteilung der errechneten Adressen (2/3-Belegung der Blöcke)
c) ISAM mit 2 Index-Stufen (ca. 75% Belegung)
d) B-Baum (75%-Belegung)
e) B*-Baum (75%-Belegung).

Aufgabe 6.3

In dem Bestand aus Aufgabe 2 bestimme man die maximale Anzahl der Block-Zugriffe für das Lesen eines Records, wenn der Bestand

a) als B-Baum
b) als B*-Baum

organisiert ist.

Literatur

Auf einige Arbeiten, in denen die Organisationsformen vorgestellt wurden, ist bereits schon hingewiesen worden. B*-Bäume, die oft auch als B^+-Bäume bezeichnet werden, gehen auf KNUTH D.E. [73] und WEDEKIND H. [74] zurück.

Zu Fragen der physischen Datenorganisation soll insbesondere auf die Werke von A.V. AHO, J.E. HOPROFT, J.D. ULLMAN [87], D.E. KNUTH [73] und M.E.S. LOOMIS [89] hingewiesen werden; vgl. auch T. HÄRDER [78]*, G. WIEDERHOLD, [81]*, J.D. ULLMAN [83]*, G. SCHLAGETER, W. STUCKY [83]*, H.F. KORTH, A. SILBERSCHATZ [87]* und P.D. SMITH, G.M. BARNES [87]*. Hinsichtlich allgemeiner Aspekte zur Datenorganisation vgl. J. NIEVERGELT, H. HINTERBERGER, J.C. SEVCIK [84].

AHO, A.V.; J.E. HOPROFT; J.D. ULLMAN [87]: Data structures and algorithms. Addison-Weseley Publ. Comp., Reading, Massachusetts, 1987.

BARCUCCI E.; R. PINZANI; R. SPRUGNOLI [90]: Optimal selection of secondary indexes. IEEE Trans. on Software Engineering 16 (1990), 32-38.

BATORY, D.S. [82]: Optimal file designs and reorganization points. ACM Trans. on Database Systems 7 (1982), 60–81.

BATORY, D.S. [85]: Modelling the storage architecture of commercial database systems. ACM Trans. on Database Systems 10 (1985), 463–528.

BATORY, D.S.; C.C. GOTLIEB [82]: A unifying model of physical databases. ACM Trans. on Database Systems 7 (1982), 509–539.

BAYER, R.; E. McCREIGHT [72]: Organization and maintenance of large ordered indexes. Acta Informatica 1 (1972), 173–189.

BECKER, L.; K. HINRICHS; U. FINKE [91]: A cost model for query processing with grid files. Informatik-Berichte, Universität-Gesamthochschule Siegen, Bericht Nr. 91-01, 1991.

BENTLEY, J.L. [75]: Multidimensional binary search trees used for associative searching. Comm. ACM 18 (1975), 509–517.

BENTLEY, J.L. [79]: Multidimensional binary search trees in database applications. IEEE Trans. on Software Engineering SE-5 (1979), 333–340.

FAGIN, R.; J. NIEVERGELT; N. PIPPENGER; H.R. STRONG [79]: Extendible hashing – a fast access method for dynamic files. ACM Trans. on Database Systems 4 (1979), 315–344.

FREDKIN, E. [60]: Trie memory. Comm. ACM 3 (1960), 490–499.

GOSH, S.; M. SENKO. [69]: File organization: on the selection of random access index points for sequential files. J. ACM 16 (1969), 569–579.

HÄRDER, T. [78]: Implementing a generalized access path structure for a relational database system. ACM Trans. on Database Systems 3 (1978), 285–298.

HELD, G.; M. STONEBRAKER [78]: B-trees re-examined. Comm. ACM 21 (1978), 139–143.

HINRICHS, K. [85]: Implentation of the Grid File: Design, concepts and experience. BIT 25 (1985), 569–592.

KNUTH, D. E. [73]: The art of computer programming. Vol. III. Addison-Wesley, Reading, MA, 1973.

LARSON, P.A. [78]: Dynamic hashing. BIT 18 (1978) 184–201.

LARSON, P.-A. [81]: Analysis of index-sequential files with overflow chaining. ACM Trans. on Database Systems 6 (1981), 671–680.

LARSON, P.-A. [82]: Performance analysis of linear hashing with partial expansions. ACM Trans. on Database Systems 7 (1982), 566–577.

LARSON, P.-A. [85]: Linear hashing with overflow hashing by linear probing. ACM Trans. on Database Systems 10 (1985), 75–89.

LIPTON, R.J.; A.L. ROSENBERG; A.C. YAO, [80]: External hashing schemes for collections of data structures. J. ACM 27 (1980), 81–95.

LITWIN, W. [78]: Virtual hashing: A dynamically changing hashing. Proc. 4th Int. Conf. on Very Large Data Bases (1978), 517–523.

LOOMIS, M.E.S. [89]: Data management and file structures. Prentice-Hall Int., Englewood Cliffs, 1989.

MARCH, S.T.; D.G. SEVERANCE [77]: The determination of efficient record segmentations and blocking factors for shared data files. ACM Trans. on Database Systems 2 (1977), 279–296.

MAURER, W.D.; T.G. LEWIS [75]: Hash table methods. ACM Comp. Surveys 7 (1975), 5–19.

McCREIGHT, E.M. [77]: Pagination of B*-trees with variable length records. Comm. ACM 20 (1977), 670–674.

NIEVERGELT, J.; K. HINRICHS [87]: Storage and access structures for geometric data bases. In: S.P. GHOSH, Y. KAMBAYASHI, K. TANAKA (Hrsg.): Foundations of Data Organization. Plenum Press, New York, 1987.

NIEVERGELT, J.; H. HINTERBERGER; K.C. SEVCIK [84]: The grid file: An adaptable, symmetric multikey file structure. ACM Trans. on Database Systems 9 (1984), 38–71.

NIEVERGELT, J. [74]: Binary search trees and file organization. ACM Comp. Surveys 6 (1974), 195–207.

REGNIER, M. [85]: Analysis of the Grid File algorithms. BIT 25 (1985), 335–357.

RIVEST, R. L. [78]: Optimal arrangement of keys in a hash table. J. ACM 25 (1978), 200–209.
ROSENBERG, A.L.; L. SNYDER [81]: Time- and space-optimality in B-trees. ACM Trans. on Database Systems 6 (1981), 174–193.
WEDEKIND, H. [74]: On the selection of access paths in a data base system. In: Data Base Management, J.W. KLIMBIE and K.L. KOFFEMAN (eds.), North Holland Publ. Co., Amsterdam, 1974, pp. 385–397.

Die mit [ ]* gekennzeichneten Zitate (auch im Text) beziehen sich auf übergreifende Werke, die am Ende des Buches aufgeführt sind.

7. Datenintegrität

Einzelne, fehlerhafte Daten können den gesamten Bestand einer Datenbank wertlos machen. Datenbankmanagementsysteme müssen deshalb mögliche Fehler-Situationen erkennen und entsprechend darauf reagieren. Als Fehlerquellen kommen in Frage:

- mangelhafte Bestandsänderungen durch die Anwender bzw. Programme
- Kollisionen bei gleichzeitigen Datenbank-Zugriffen im Mehrbenutzer-Betrieb,
- Systemausfall innerhalb einer Kette von Änderungs-Schritten.

Für den erstgenannten Fall kann das DBMS natürlich nur in beschränktem Umfang Kontrollfunktionen ausüben; hierzu zählt die Überprüfung von Randbedingungen für Attribut-Ausprägungen und das Überwachen von Beziehungen zwischen Tupeln (Abschnitt 7.1). Dagegen trägt das DBMS allein dafür Verantwortung, daß parallele Datenbankzugriffe nach gewissen ‚Verkehrsregeln' abgewickelt werden. Die Behandlung der beiden technischen Fehlerquellen (parallele Zugriffe, Systemausfall) stützt sich auf das Konzept der logischen Verarbeitungseinheiten (Transaktionen). Abschnitt 7.2 soll den Sinn der Transaktionen verdeutlichen helfen. Formale Kriterien zur Steuerung gleichzeitiger Datenbank-Zugriffe werden in Abschnitt 7.3 hergeleitet; Strategien zu deren Umsetzung finden sich in Abschnitt 7.4. Schließlich beschreibt Abschnitt 7.5 Techniken, mit deren Hilfe ein wohlbestimmter Datenbank-Zustand nach einem Systemausfall wiederhergestellt werden kann.

7.1 Logische Datenintegrität

Jeder Bestand kennt gewisse Rahmen-Bedingungen, denen die gespeicherten Daten genügen müssen. So kommen z. B., daß für die Uhrzeit oder für ein Tagesdatum nur bestimmte Ausprägungen in Frage. Derartige Bedingungen werden allgemein als *Integritätsbedingungen* bezeichnet. Viele Produkte gestatten es, Integritätsbedingungen zu vereinbaren; das DBMS wird damit veranlaßt, alle Bestandsänderungen entsprechend zu überwachen. Im Falle einer Verletzung wird die Ausführung verweigert und eine entsprechende Fehler-Meldung zurückgegeben. Bei relationalen Datenbanken kann das DBMS sogar veranlaßt werden, weiterreichende Maßnahmen zur Pflege der Beziehungen zu ergreifen.

Wir stützen uns in diesem Abschnitt ausschließlich auf relationale Datenbanksysteme.

Attribut-Ausprägungen

Prädikate können ähnlich wie zur Selektion von Tupeln auch zur Überwachung von Bestands-Änderungen benutzt werden. Als Bedingung interessiert, ob sich eine Attribut-Ausprägung innerhalb eines Intervalls befindet bzw. in einer festgelegten Menge anzutreffen ist. Beispiel: das DBMS soll in einer Mitarbeiter-Relation für Geschlecht nur die Ausprägungen ‚w‘ oder ‚m‘ akzeptieren.

Jeder Neuzugang und jede Update-Anweisung wird auf die vereinbarte Bedingung hin überprüft; nur wenn der Wahrheitswert ‚WAHR‘ zugeteilt wird, darf die Anweisung ausgeführt werden.

Ergänzungen zum SQL-Standard (ISO [87]; vgl. Kapitel 5) sehen vor, derartige Integritätsbedingungen in einer CHECK-Klausel in der CREATE TABLE-Anweisung zu vereinbaren. (Mengen, die zur Laufzeit mit einer SELECT-Anweisung (Subquery) erzeugt werden, dürfen nach dem ISO-Standard *nicht* einbezogen werden.) Mit logischen Operatoren können einzelne Prädikate (ähnlich wie in einer SELECT-Anweisung) zu einer globalen Integritätsbedingung verknüpft werden.

Schlüssel

Schlüssel dienen dazu, Tupel eindeutig zu identifizieren und Zusammenhänge zwischen Tupeln (bzw. Entities) zu dokumentieren.

Zur Kontrolle der Schlüssel-Ausprägungen sehen die Ergänzungen des SQL-Standards für die CREATE TABLE-Anweisung genauere Attribut-Spezifikationen sowie Klauseln für Attribut-Kombinationen vor:

a) Zusätzlich zur Format-Vereinbarung dürfen noch folgende Festlegungen zu einem Attribut getroffen werden:

- NOT NULL-Spezifikation; damit werden definite Ausprägungen erzwungen;

  Beispiel:

  ```
  CREATE TABLE PERSONEN
           ....
           GEHALT    FLOAT NOT NULL,
           ....
  ```

- UNIQUE-Spezifikation, um die Eindeutigkeit der Ausprägungen zu gewährleisten; sie setzt voraus, daß auch die NOT NULL-Klausel verwendet wird;

Beispiel:

... PERS_ID INTEGER NOT NULL UNIQUE, ...

- PRIMARY KEY-Vereinbarung zu einem Attribut (sie umfaßt die UNIQUE-Spezifikation und ist zur Überwachung der referentiellen Integritätsbedingungen, auf die wir weiter unten noch eingehen, wichtig); NOT NULL muß zusätzlich spezifiziert sein

  Beispiel:

  ... PERS_ID INTEGER NOT NULL PRIMARY KEY, ...

b) Nach der Liste der einzelnen Attribut-Spezifikationen können noch Attribut-Kombinationen explizit mit einer der folgenden Klauseln festgelegt (durch Auflisten der beteiligten Attribute) und näher charakterisiert werden:

- PRIMARY KEY-Klausel zur Kennzeichnung des Primär-Schlüssels (mit Überwachung der Eindeutigkeit und Definitheit der Ausprägungen);

  Beispiel:

```
CREATE TABLE AUSLEIHE
    SIGN_NR        INTEGER,
    BEN_NR         INTEGER,
    ANZ_AUSL       SMALLINT,
  PRIMARY KEY (SIGN_NR, BEN_NR, ANZ_AUSL);
```

ANZ_AUSL bezeichnet die Anzahl der Ausleihen, die ein Benutzer für ein Buch getätigt hat.

- UNIQUE-Klausel zur Kontrolle der Eindeutigkeit.

  Beispiel (alternativ zu oben):

```
CREATE TABLE AUSLEIHE
    AUSL_ID     INTEGER NOT NULL PRIMARY KEY,
    SIGN_NR     INTEGER,
    BEN_NR      INTEGER,
    ANZ_AUSL    SMALLINT,
  UNIQUE (SIGN_NR, BEN_NR, ANZ_AUSL);
```

Für beide Klauseln wird gefordert, daß die betreffenden Attribute mit NOT NULL ausgezeichnet werden.

Referentielle Integritätsbedingungen

Relationen verwenden die Schlüssel anderer Relationen als Attribute, um Beziehungen zwischen Tupeln darzustellen. Im Unterschied zum Primär-Schlüssel der Relation dürfen Fremdschlüssel in manchen Fällen auch über indefinite (Null-) Werte verfügen; das betreffende Entity steht dann in keiner Beziehung. Es ist aber offensichtlich, daß eine definite Fremdschlüssel-Ausprägung stets auch als Ausprägung des Primär-Schlüssels in der referenzierten Relation vorhanden sein muß; andernfalls ist der Verweis unsinnig. Z. B. muß der Fremdschlüssel Sign_Nr in einer Relation AUSLEIHE stets über einen Wert verfügen, der auch als Ausprägung des Primärschlüssels in BUCHBESTAND geführt wird.

Die Ergänzungen zum SQL-Standard sehen in der CREATE TABLE-Anweisung eine FOREIGN KEY-Klausel (nach der Spezifikation der Attribute) vor. Dort wird erstens ein Attribut bzw. eine Attribut-Kombination als Fremdschlüssel und zweitens die referenzierte Relation (ggf. mit einer Attribut-Liste, welche den dortigen Primärschlüssel benennt) gekennzeichnet.

Für ändernde Datenbank-Aktivitäten können die folgenden *referentiellen* Integritätsbedingungen einbezogen werden:

- Einfügen eines Tupels in eine referenzierende Relation

  Ein definiter Fremdschlüssel-Wert muß auch schon als Ausprägung des Primär-Schlüssels in der referenzierten Relation vorhanden sein. Das gleiche gilt für die Änderung (Update) eines Fremdschlüssels.

- Löschen eines Tupels in einer referenzierten Relation

  Wird ein Tupel gelöscht, auf das ein Tupel t aus einer anderen Relation (über einen Fremdschlüssel) Bezug nimmt, so sind – je nach Beziehungsart – bei einigen Produkten folgende DBMS-Reaktionen spezifizierbar:

  - die Anweisung wird zurückgewiesen;
  - t wird gleichzeitig mitgelöscht (sog. CASCADE); dieser Prozeß kann sich ggf. in weitere Relationen hinein fortsetzen;
  - der betreffende Fremdschlüssel in t wird mit einem Null-Wert oder Default-Wert aktualisiert.

Für jede Beziehung zwischen Fremd- und Primär-Schlüsseln sollte mit dem DBMS eine dieser drei Regeln vereinbart werden (sofern das DBMS derartige Regeln akzeptiert).

7.2 Transaktionen

Auch korrekt arbeitende Anwendungen können eine Datenbank zwischenzeitlich in einen ‚fehlerhaften' Zustand versetzen. Wir wollen in diesem Abschnitt derartige Situationen kennenlernen.

Transaktionen

Jeder zugängliche Datenbank-Zustand soll im Sinne eines ‚Schnappschusses' ein korrektes Gesamtbild der Unternehmens-Welt wiedergeben. Wir bezeichnen eine Datenbank als *konsistent,* wenn alle Aussagen (über Gegenstände oder Sachverhalte), die sie vermittelt, als ‚korrekt' aufgefaßt werden. Unter formalen Aspekten haben wir schon im letzten Abschnitt (Abschnitt 7.1) einige Integritätsbedingungen kennengelernt, denen eine konsistente Datenbank notwendigerweise genügen muß. Darüber hinaus sind aber oft noch weitere Kriterien formulierbar; bei Umbuchungen in einer Bank etwa muß die Summe der Konto-Stände konstant bleiben.

Grundsätzlich nehmen wir an, daß Anwendungen für sich allein eine konsistente Datenbank wieder in eine konsistente Datenbank überführen. Sie stützen sich dabei auf die elementaren Datenbank-Zugriffe, wobei wir zwischen *lesenden Aktionen* (Lesen eines Records) und *schreibenden Aktionen* (Neuzugang, Löschen und Update eines Records) unterscheiden.

Eine Verarbeitungseinheit von Aktionen bezeichnen wir als eine *Transaktion.* Sie nimmt durch ihre lesenden Aktionen einen bestimmten Datenbank-Zustand entgegen und erzeugt mit schreibenden Aktionen einen neuen Datenbank-Zustand. Wir gehen grundsätzlich davon aus, daß Transaktionen (vom Anwender) so konzipiert sind, daß sie einen konsistenten Bestand wieder in einen konsistenten Zustand überführen. Eine größere Anwendung setzt sich in der Regel aus mehreren derartigen Einheiten zusammen, die dann im konkreten Einsatz nacheinander verarbeitet werden. Für eine Transaktion fordern wir, daß ihre Abwicklung *atomaren* Charakter besitzt: entweder soll sie vom DBMS vollständig oder überhaupt nicht ausgeführt werden.

Im Verlauf ihrer Abarbeitung können Transaktionen kurzfristig inkonsistente Zustände erzeugen. Wir zeigen in den beiden Szenarien (Beispiele 7.1, 7.2), welche Folgen sich einstellen können, wenn das DBMS keine Schutzmaßnahmen ergreift.

Multiuser-Betrieb

Im folgenden Beispiel gehen wir von einem ‚naiv' arbeitenden DBMS aus.

Beispiel 7.1

Ein Kunde einer Bank möchte DM 500,– von seinem Giro-Konto (GK; Stand DM 1200,–) auf sein Sparkonto (SK; Stand DM 3000,–) übertragen. Dazu sei eine Anwendung ‚Umbuchung' realisiert.

Zur selben Zeit möchte ein Angehöriger unseres Kunden von einer anderen Stelle aus auf das gleiche Sparkonto (SK) DM 200,– einzahlen. Wir nehmen deshalb an, daß gleichzeitig mit der Umbuchung eine zweite Anwendung ‚Buchung' mit folgender Verzahnung zum Einsatz kommt (GK und SK geben den Stand in der Datenbank wieder):

Schritt	‚Umbuchung'	‚Buchung'	GK	SK
			1200	3000
1.	Lesen GK			
2.	GK ← GK − 500			
3.	Schreiben GK		700	
4.	Lesen SK			
5.		Lesen SK		
6.	SK ← SK + 500			
7.		S ← SK + 200		
8.	Schreiben SK			3500
10.		Schreiben SK		3200

Offensichtlich hat unser Kunde DM 500,– verloren!

Wir sprechen allgemein von zwei *parallelen* Transaktionen, wenn der Beginn der einen zwischen Start und Ende der anderen fällt. Parallele Transaktionen, welche gemeinsame Daten-Objekte ändern, nehmen unter Umständen inkonsistente Datenbank-Zustände entgegen. Im obigen Beispiel müßte ‚Buchung' streng genommen den Wert DM 3500,– lesen. Ein DBMS muß deshalb auf parallele Transaktionen steuernd einwirken, was auch als *Synchronisation* der Transaktionen (auch: Concurrency Control) bezeichnet wird.

Beispiel 7.2

Wir greifen noch einmal die Umbuchung aus Beispiel 7.1 (ohne die zusätzliche Einzahlung) auf; unser System soll während des Lesens von SK (4. Schritt) ausfallen. Gespeicherte Konto-Stände in der Datenbank: GK: DM 700,–; SK: DM 3.000,–. Wieder hat unser Kunde DM 500,– verloren.

System-Ausfall

Ähnlich wie bei parallelen Transaktionen kann auch der System-Ausfall (Betriebssystem, CPU oder Magnetplatte, z. B. bei Stromausfall) zu einem inkonsistenten Datenbank-Zustand führen.

Um den atomaren Charakter der Transaktionen auch bei einem System-Ausfall zu gewährleisten, protokolliert das DBMS alle schreibenden Aktionen auf einem gesonderten Speichermedium. Beim Neustart des DBMS können damit durch das *Recovery* alle noch nicht vollständig abgewickelten Transaktionen entweder zu Ende geführt oder zurückgesetzt werden (Abschnitt 7.5).

Transaktions-Vereinbarung

Transaktionen sind nach inhaltlichen Kriterien festzulegen. Ihr Beginn und Ende wird je nach Produkt entweder durch eine explizite Anweisung oder implizit mit anderen Datenbank-Anweisungen mitgeteilt. Das Transaktionskonzept der DBMS gibt sogar noch ein komfortables Gestaltungsmittel für die Programmierung an die Hand: Mit Hilfe einer ABORT-Anweisung kann das DBMS veranlaßt werden, die aktuelle Transaktion abzubrechen und mit einem sog. *Rollback* alle Änderungen zurückzusetzen (vgl. auch Abschnitt 3.5.3).

Wie in SQL wollen wir im folgenden annehmen, daß das Transaktions-Ende durch eine COMMIT-Anweisung vereinbart wird.

7.3 Parallele Transaktionen

Parallele Transaktionen können unbeabsichtigte Seiteneffekte hervorrufen, wenn sie nicht koordiniert verarbeitet werden (vgl. Abschnitt 7.2). Wir zielen deshalb auf Kriterien ab, nach denen parallele Transaktionen entweder als harmlos oder als gefährlich einzustufen sind (Abschnitt 7.3.2). Dazu benötigen wir eine formale Darstellung für Abwicklungen von Transaktionen (Abschnitt 7.3.1).

7.3.1 Abwicklungen

Unter einer *Abwicklung* wollen wir (informal) die konkrete, unter Umständen zeitlich verzahnte Abarbeitung vorgegebener Transaktionen verstehen.

Serielle Transaktionen

Nach unser Vereinbarung (Abschnitt 7.2) sind Transaktionen stets so konzipiert, daß sie eine konsistente Datenbank wieder in einen konsistenten Zustand überführen. Transaktionen, die zeitlich nacheinander abgewickelt werden, sind demnach stets Konsistenz-bewahrend.

Definition 7.1

Eine Abwicklung von Transaktionen wird als *seriell* bezeichnet, wenn die Transaktionen zeitlich versetzt nacheinander abgearbeitet werden.

Das DBMS braucht bei parallelen Transaktionen dann nicht einzugreifen, wenn die Transaktionen (in einem noch zu präzisierenden Sinn) die gleiche Wirkung wie eine serielle Abwicklung aufweisen.

Schedule

Zur Beurteilung von Abwicklungen ist die zeitliche Abfolge der Datenbank-Zugriffe zu analysieren, wozu je Aktion noch folgende Informationen benötigt werden:

- die Art dieser Aktion,
- die Transaktion, welche die Aktion veranlaßt hat, sowie
- das Datenbank-Element der Aktion.

Absolute Zeitangaben oder Zeitintervalle zwischen den Zugriffen sind dabei belanglos.

Jede Transaktion wollen wir durch eine eindeutige Identifikation kennzeichnen, wofür wir die Symbole $T_1, \ldots, T_n$ etc. wählen. Diese Identifikation kann z. B. als eine fortlaufende Nummer gewählt werden, die vom DBMS in der Reihenfolge der Transaktions-Anmeldungen vergeben wird. Ebenso bezeichnet E_i die Identifikation eines Datenbank-Elementes (z. B. die Speicher-Adresse).

Als ein *Datenbank-Element* (auch: Datenbank-Objekt; Datenbank-Entity) bezeichnen wir eine Einheit im Speicher, die vom DBMS zur Kontrolle paralleler Transaktionen überwacht wird. Sofern das DBMS Sperr-Mechanismen zur Abschirmung der Transaktionen verwendet, gibt ein Datenbank-Element eine Speicher-Einheit wieder, die für andere Transaktionen gesperrt werden kann. Je nach Feinheitsgrad (auch: Granularität) kommen dafür Record-Felder, Records, Blöcke, Files oder Datenbanken in Frage. Feinere Einheiten lassen höhere Parallelität zu, während gröbere Einheiten vom DBMS weniger Aufwand zur Verwaltung und Steuerung der Transaktionen verlangen.

Abwicklungen von Transaktionen können auf formale Weise dargestellt werden, indem die Abfolge der einzelnen Aktionen im obigen Sinne präzise notiert wird (im folgenden durch ein Tripel). Für die formale Darstellung benutzen wir ausschließlich den englischen Begriff Schedule (deutsch: Abwicklung).

Definition 7.2

Ein *Schedule S* bezeichnet eine endliche Folge von Tripeln

$$S = ((tr(i),\ a(i),\ e(i)))_{i=1}^{N}$$

wobei tr(i) die Identifikation der Transaktion, welche die i-te Aktion auslöst, a(i) die Art dieser Aktion (‚W' für WRITE oder Schreiben bzw. ‚R' für READ oder Lesen) und e(i) die Identifikation des betreffenden Zugriffs-Objektes bedeuten.

Eine Transaktion (mit der Identifikation) T_n kann als eine Teilfolge des Schedules interpretiert werden; dazu sind alle Glieder (Tripel) auszuwählen, für die $tr(i) = T_n$ gilt:

$$((tr(i),\ a(i),\ e(i)) \mid tr(i) = T_n)_{i=1}^{N}$$

bzw. nach einer geeigneten Umnumerierung

$$((a(i),\ e(i)))_{i=1}^{M}.$$

Beispiel 7.3

Gegeben seien die folgenden Transaktionen, welche auf die Datenbank-Elemente A, B, C und D zugreifen:

T1: ((R,A), (W,A))

T2: ((R,C), (W,C))

T3: ((R,B), (W,B), (R,A), (W,A))

T4: ((R,D), (W,D))

T5: ((R,C), (R,B), (R,A), (W,A))

T6: ((R,A), (W,A)).

Zeitliche Versetzungen sollen zu folgenden Abwicklungen führen:

a) S1 als serielle Abwicklung mit der Reihenfolge T1, T2, T3, T4, T5, T6; Darstellung:
S1 = ((T1, R, A), (T1, W, A), (T2, R, C), (T2, W, C),
(T3, R, B), (T3, W, B), (T3, R, A), (T3, W, A),
(T4, R, D), (T4, W, D), (T5, R, C), (T5, R, B),
(T5, R, A), (T5, W, A), (T6, R, A), (T6, W, A))

b) S2 mit der Abfolge

Schritt	T1	T2	T3	T4	T5	T6
1	(R,A)					
2		(R,C)				
3		(W,C)				
4			(R,B)			
5				(R,D)		
6	(W,A)					
7			(W,B)			
8					(R,C)	
9			(R,A)			
10					(R,B)	
11				(W,D)		
12			(W,A)			
13					(R,A)	
14					(W,A)	
15						(R,A)
16						(W,A)

Schedule:
S2 = ((T1, R, A), (T2, R, C), (T2, W, C), (T3, R, B),
(T4, R, D), (T1, W, A), (T3, W, B), (T5, R, C),
(T3, R, A), (T5, R, B), (T4, W, D), (T3, W, A),
(T5, R, A), (T5, W, A), (T6, R, A), (T6, W, A))

Serielle Abwicklungen und strikte Ordnungen

Für einen seriellen Schedule S können die beteiligten Transaktionen auf natürliche Weise linear angeordnet werden: Wir setzen $T_n < T_m$, falls T_n vor T_m verarbeitet wird. Derartige Beziehungen zwischen Elementen einer Menge können mit Hilfe des Begriffs der strikten linearen Ordnung formuliert werden. Wir stützen uns dabei wieder auf den (allgemeinen) Begriff der Relation.

Definition 7.3

Eine Relation $R \subseteq M \times M$ heißt *strikte Ordnungsrelation,* wenn folgende Axiome erfüllt sind:

(SO1) Asymmetrie: mit $(x,y) \in R$ folgt $(y,x) \notin R$;

(SO2) Transitivität: aus $(x,y) \in R$ und $(y,z) \in R$ folgt auch $(x,z) \in R$.

R heißt *strikte lineare Ordnungsrelation,* wenn zusätzlich die Vergleichbarkeit der Elemente gewährleistet ist:

(LO) Konnexität: Für $x \neq y$ gilt $(x,y) \in R$ oder $(y,x) \in R$.

Anstelle von $(x,y) \in R$ schreiben wir auch $x<y$ und sprechen von einer strikten bzw. strikten linearen Ordnung in M.

Für eine serielle Abwicklung von Transaktionen $T_1, \ldots, T_k$ können wir anhand ihres Schedules S die erwähnte strikte lineare Ordnung auf folgende Weise festlegen:

$T_n<T_m$ falls bzgl. S ein Paar i, j mit $i<j$ und
$T_n = tr(i)$, $T_m = tr(j)$, $tr(i) \neq tr(j)$ existiert.

Diese Ordnungsbeziehung genügt genau dann den Axiomen (SO1), (SO2) und (LO), wenn die Transaktionen blockweise nacheinander – d.h. seriell – abgewickelt werden. Wir sprechen dann auch von einem *seriellen Schedule* S.

In Beispiel 7.3 genügt S1 offensichtlich den obigen Axiomen; dagegen finden wir (LO) in S2 verletzt. (Z.B. finden wir tr(4) = tr(7) = T3 und tr(5) = T4; deshalb gilt weder T4 < T3 noch T3 < T4).

Parallelität

Ein DBMS könnte die Datenbank-Konsistenz damit erzwingen, indem es die parallelen Transaktionen in eine Warteschlange einreiht und nacheinander (seriell) abarbeitet. Eine derartige Strategie verbietet sich allerdings für viele Anwendungen wegen der Gefahr extrem langer Wartezeiten von selbst (z.B. zur Reservierung von Flügen). Wir suchen deshalb nach weniger strengen Kriterien, wo auch parallele Zugriffe erlaubt sind. In der Tat dürfen Transaktionen sicherlich ohne Bedenken parallel abgewickelt werden, wenn einer der folgenden Fälle vorliegt:

- alle Transaktionen verwenden ausschließlich lesende Zugriffe;
- die Transaktionen greifen auf keine gemeinsamen Elemente zu.

In beiden Fällen führt jede beliebige Verschiebung oder Verzahnung der Transaktionen zu *demselben* Resultat. In anderen Situationen üben dagegen Transaktionen einen Einfluß aufeinander aus, wie das einführende Beispiel 7.1 (Abschnitt 7.2) gezeigt hat. Wir wollen deshalb jetzt Verzahnungen von Transaktionen genauer untersuchen.

Konflikte

Gefahren-Situationen können sich bei der Abwicklung paralleler Transaktionen nur dann einstellen, wenn Schreib-Zugriffe auf gemeinsame Elemente stattfinden. Zur Beschreibung derartiger Zusammenhänge zwischen Transaktionen dient die folgende Klassifizierung von Konflikten.

Definition 7.4

Eine Transaktion T_i steht mit einer anderen Transaktion T_j in einem

(W,R)-Konflikt, wenn T_i zuerst schreibend und T_j später lesend auf ein gemeinsames Element zugreifen,

(R,W)-Konflikt, wenn T_i zuerst lesend und T_j danach schreibend auf ein gemeinsames Element zugreifen,

(W,W)-Konflikt, wenn zuerst T_i und später T_j schreibend auf ein gemeinsames Element zugreifen.

In genau diesen drei Fällen sprechen wir davon, daß T_i und T_j hinsichtlich des betreffenden Elementes in einem *Konflikt* zueinander stehen.

In Beispiel 7.3 (a) und (b) sehen wir, daß die Transaktionen T1 und T3, T5 und T6 (wegen A) in einem Konflikt stehen, ebenso T2 und T5 etc. Konflikte können offensichtlich auch in seriellen Abwicklungen auftreten.

Abhängigkeitsrelation

Mit Hilfe der folgenden Definition werden diejenigen Konflikte markiert, die einen unmittelbaren zeitlichen Bezug zueinander haben:

Definiton 7.5

Für einen Schedule

$$S = ((tr(i),\ a(i),\ e(i)))_{i=1}^{N},$$

an welchem die Transaktionen $T = \{T_1, \ldots, T_k\}$ und die Elemente $E = \{E_1, \ldots, E_n\}$ beteiligt sind, ist die *Abhängigkeitsrelation* (engl.: dependency relation) $DEP(S) \subseteq T \times E \times T$ definiert als Menge aller Tripel

$$(tr(m), E_i, tr(n)) \;,$$

für die folgende Bedingungen erfüllt sein müssen:

(1) es gilt $1 \leqslant m < n \leqslant N$;

(2) die Transaktionen tr(m) und tr(n) stehen hinsichtlich E_i in einem Konflikt zueinander (d. h. auch $tr(m) \neq tr(n)$);

(3) zwischen tr(m) und tr(n) darf keine andere Transaktion schreibend auf E_i zugreifen: Für jedes k, $m < k < n$, mit $e(k) = E_i$, $tr(k) \neq tr(m)$ und $tr(k) \neq tr(n)$ gilt: $a(k) = R$.

Erläuterung zur Bedingung (3):

Bedingung (3) berücksichtigt in DEP(S) nur *unmittelbare* Konflikte. Wenn wir nur die (W,W)-Konflikte auf einem Element E_i betrachten, so gilt: Zu einem Index m, für den tr(m) schreibend auf E_i zugreift, existiert eindeutig ein Index $n > m$, so daß $(tr(m), E_i, tr(n)) \in DEP(S)$ einen (W,W)-Konflikt wiedergibt; tr(n) ist dabei die nächste Transaktion, die auf E_i schreibend zugreift.

Beispiel 7.4

Die Abhängigkeitsrelationen zu Beispiel 7.3 (a), (b) lauten

$$\begin{aligned} DEP(S1) &= DEP(S2) \\ &= \{(T1, A, T3), (T3, A, T5), (T5, A, T6), (T2, C, T5), \\ &\quad (T3, B, T5)\}. \end{aligned}$$

Die Abhängigkeitsrelation DEP(S) selektiert aus S nur diejenigen Konflikte, bei denen sich Transaktionen direkt beeinflussen: Eine der Transaktionen verändert unmittelbar *vor* oder unmittelbar *nach* dem Zugriff der anderen den Wert des gemeinsamen Elementes. DEP(S) hält die zeitliche Anordnung dieser Aktionen fest.

Aufgrund der Bedingung (3) kann ein Tripel $(tr(m), E, tr(n)) \in DEP(S)$ je nach Konflikt-Art auf folgende Weise interpretiert werden:

- Die Transaktion tr(n) übernimmt den von tr(m) erzeugten Zustand ((W,R)-Konflikt; „tr(n) liest von tr(m)“);
- tr(n) überschreibt den zuvor von tr(m) übernommenen Zustand ((R,W)-Konflikt);

- Transaktion tr(n) überschreibt als nächstes den von tr(m) zuvor erzeugten Zustand ((W,W)-Konflikt).

Aktionspaare, welche einem Tripel aus der Abhängigkeitsrelation zugrunde liegen, dürfen nicht vertauscht werden, ohne daß sich (potentiell) ein anderer Effekt einstellt: Entweder sieht dann eine der beteiligten Transaktionen ein ‚anderes' Element (Lese-Aktion bei einem (W,R)- oder (R,W)-Konflikt) oder es liegt danach ein anderer Datenbank-Zustand vor. Sofern eine Transaktion an keinem Konflikt beteiligt ist, taucht sie in DEP(S) nicht auf.

Bemerkung

Im Einklang mit der oben eingeführten Ordnung läßt sich in einem seriellen Schedule folgendes beobachten: Gilt $(T_m, E_i, T_n) \in DEP(S)$, so kann für *kein* anderes Element X auch $(T_n, X, T_m) \in DEP(S)$ gelten.

7.3.2 Serialisierbarkeit

Zu einer konkreten Abwicklung von Transaktionen – dargestellt durch den Schedule S – notiert die Abhängigkeitsrelation DEP(S) alle Transaktionspaare, die sich gegenseitig unmittelbar beeinflussen. Sie gestattet uns, ein genaues Kriterium zur Beurteilung von Konsistenz-Gefährdungen herzuleiten. Serielle Abwicklungen nehmen dabei eine Musterrolle ein.

Definition Serialisierbarkeit

Abwicklungen mit ähnlichen Konflikt-Situationen können auf folgende Weise klassifiziert werden:

Definition 7.6

Zwei Schedules S_1 und S_2 heißen *äquivalent,* falls die beiden folgenden Bedingungen erfüllt sind:

a) In S_1 und S_2 sind dieselben Transaktionen beteiligt;
b) S_1 und S_2 besitzen die gleiche Abhängigkeitsrelation: $DEP(S_1) = DEP(S_2)$.

Abwicklungen mit Konflikten wie in einem seriellen Schedule werden folgendermaßen charakterisiert:

Definition 7.7

Ein Schedule S heißt *Konflikt–serialisierbar,* falls zu S ein äquivalenter serieller Schedule S* existiert.

In einem Konflikt-serialisierbaren Schedule treten zwei Transaktionen T_m und T_n bei allen Konflikten in derselben zeitlichen Abfolge auf: auf alle Elemente, die in einen Konflikt zwischen T_m und T_n verstrickt sind, greift T_m entweder immer *vor* T_n oder immer *nach* T_n zu. Aus der Sicht einer Transaktion T_n finden deshalb alle anderen Transaktionen, mit denen sie in einem mittelbaren oder unmittelbaren Konflikt steht, entweder vollständig vorher oder vollständig nachher statt. Die Datenbank-Zustände, die jede Transaktion wahrnimmt oder an ihrem Ende erzeugt, verhalten sich deshalb so, *als ob* sie in einer seriellen Abwicklung entstanden wären.

Man beachte, daß S* in Definition 7.7 im allgemeinen Fall nicht eindeutig festgelegt ist.

Beispiel 7.5

Schedule S2 aus Beispiel 7.3 (Abschnitt 7.3.1) ist Konflikt-serialisierbar, da DEP(S1) = DEP(S2) besteht (vgl. auch Beispiel 7.4).

Dagegen kann die Abwicklung

	T1	T2	T3	T4	T5	T6
1	(R,A)					
2		(R,C)				
3		(W,C)				
4			(R,B)			
5				(R,D)		
6	(W,A)					
7			(W,B)			
8					(R,C)	
9					(R,B)	
10				(W,D)		
11					(R,A)	
12					(W,A)	
13						(R,A)
14						(W,A)
15			(R,A)			
16			(W,A)			

mit dem Schedule

S3 = ((T1, R, A), (T2, R, C), (T2, W, C), (T3, R, B), (T4, R, D), (T1, W, A),
(T3, W, B), (T5, R, C), (T5, R, B), (T4, W, D), (T5, R, A), (T5, W, A),
(T6, R, A), (T6, W, A), (T3, R, A), (T3, W, A))

und der Abhängigkeitsrelation

DEP(S3) = {(T1, A, T5), (T5, A, T6), (T6, A, T3), (T2, C, T5), (T3, B, T5)}.

nicht Konflikt-serialisierbar sein: Für das Element A gilt ‚T5 vor T6 vor T3', für B jedoch ‚T3 vor T5', was offensichtlich im Widerspruch zueinander steht.

Wir werden jetzt nach einem Kriterium suchen, das uns eine einfache Entscheidung über die Konflikt-Serialisierbarkeit eines Schedules liefert.

Ordnung

Die lineare strikte Ordnung auf einem seriellen Schedule spiegelt sich zum Teil in der Abhängigkeitsrelation eines Konflikt-serialisierbaren Schedules wider. Dazu erklären wir auf einem Schedule S, bei dem die Elemente $E = \{E_1, \ldots, E_n\}$ einbezogen sind, die (mathematische) Relation ‚<*' zwischen Transaktionen durch

$$T_m <^* T_n, \text{ falls } (T_m, E_i, T_n) \in DEP(S) \text{ für ein } E_i \in E.$$

Man beachte, daß ‚<*' im allgemeinen Fall nicht mehr den Axiomen (SO2) oder (LO) einer linearen strikten Ordnung genügt! Allerdings verträgt sich '<*' für Konflikt-serialisierbare Schedules mit der strikten linearen Ordnung '<', die auf dem äquivalenten seriellen Schedule (Abschnitt 7.3.1) erklärt ist:

Lemma 7.1

Für den Konflikt-serialisierbaren Schedule S mit den Transaktionen $T = \{T_1, \ldots, {}_n\}$ gilt: Mit $T_m <^* T_n$ folgt auch $T_m < T_n$ in jedem äquivalenten seriellen Schedule.

Der *Beweis* kann unmittelbar an den Definitionen von ‚< *' und ‚< ' abgelesen werden.

Die Relation ‚<*' enthält nach Lemma 7.1 in der Regel weniger Beziehungspaare als ‚<'. Sie kann allerdings zu einer strikten Ordnungsrelation erweitert werden, wenn wir hinsichtlich Axiom (SO2) die noch fehlenden Paare ergänzen (transitive Erweiterung):

Satz 7.1

Für den Konflikt-serialisierbaren Schedule S mit den Transaktionen $T = \{T_1, \ldots, T_n\}$ erzeugt ‚$<^*$' mit ihrer transitiven Erweiterung eine strikte Ordnung auf T.

Beweis

Transitivität (SO2) gilt laut Konstruktion; die Asymmetrie (SO1) ist nach Lemma 7.1 erfüllt.

Durch eine geeignete Anordnung (d. h. Ergänzung von Beziehungen) kann jede strikte Ordnung auf einer endlichen Menge zu einer linearen strikten Ordnung ergänzt werden, was wir mit graphentheoretischen Mitteln herleiten wollen.

Graphentheoretische Mittel

Ordnungen können mit graphentheoretischen Mitteln beschrieben werden. Ein *Graph* besteht aus einer Menge V von *Knoten* (engl.: vertices) zusammen mit einer Menge E von *Kanten* (engl.: edges) zwischen den Elementen aus V; eine Kante kann als Paar (x, y) mit $x, y \in V$ dargestellt werden. Sofern stets die Symmetrie $((x, y) \in E \Rightarrow (y, x) \in E)$ vorliegt, sprechen wir von einem *ungerichteten*, andernfalls von einem *gerichteten* Graphen. Da uns in erster Linie die Kanten interessieren, wollen wir (vereinfachend) einen Graphen mit seiner Kanten-Menge gleichsetzen; die Knoten-Menge ist hieraus unmittelbar ablesbar.

In unserem Fall der Konflikt-serialisierbaren Schedules konstruieren wir den folgenden Graphen:

Definition 7.8

Für einen Schedule S mit den Transaktionen $T = \{T_1, \ldots, T_n\}$, der Elementmenge E und der Abhängigkeitsrelation DEP(S) ist der *Präzedenz–Graph* PG(S) definiert durch

$$(T_m, T_n) \in PG(S), \quad \text{falls} \quad (T_m, E_i, T_n) \in DEP(S) \quad \text{für ein} \quad E_i \in E.$$

Ein Präzedenz-Graph PG(S) charakterisiert genau wie DEP(S) die Konflikte in einer Abwicklung von Transaktionen. Im Unterschied zur Abhängigkeitsrelation DEP(S) treten die Elemente (E_i) dabei jedoch hier nicht mehr in Erscheinung. Es wird allein die Reihenfolge zweier in Konflikt stehender Transaktionen (bzgl. irgendeines Elementes) mit der Kante verdeutlicht. Für Konflikt-serialisierbare Schedules wurde die-

Beispiel 7.6

Die Präzedenz-Graphen zu den Beispielen 7.3 und 7.5:

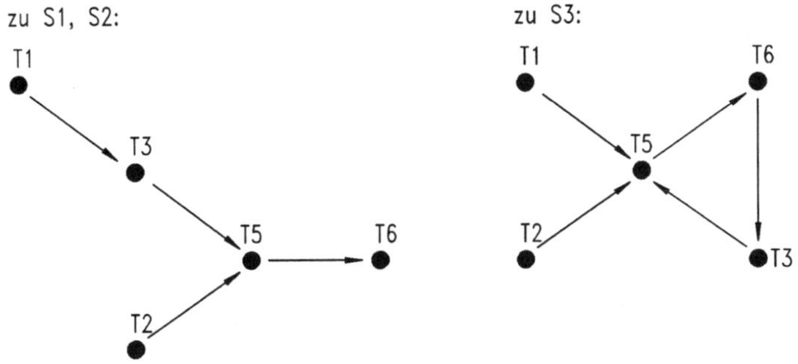

se ‚Richtung' zwischen Transaktionen mit Hilfe der Ordnung ‚< *' schon als eindeutig festgelegt erkannt – mithin ist auch die Einbeziehung des Elementes irrelevant.

Mit den zeitlichen Abhängigkeiten zwischen den Transaktionen, die sich im Präzedenz-Graphen widerspiegeln, können wir im Falle eines Konflikt-serialisierbaren Schedules eine lineare strikte Ordnung konstruieren. Dazu spielt der allgemein bekannte Zusammenhang zwischen strikten Ordnungen und gerichteten azyklischen Graphen (engl.: directed acyclic graph; DAG) eine wichtige Rolle. Ein Graph enthält einen *Zyklus*, falls sich eine Kantenfolge $(a_1, a_2), (a_2, a_3), \ldots, (a_{m1}, a_n), (a_n, x_1)$ finden läßt; Zyklen-freie Graphen werden als azyklisch bezeichnet. Wir werden speziell nachweisen, daß sich Serialisierbarkeit und azyklische Präzedenz-Graphen entsprechen. In der einen Richtung zeigt dies

Satz 7.2

Ist S Konflikt-serialisierbar, so ist PG(S) azyklisch.

Beweis

Wir gehen vom Gegenteil aus, daß ein zyklischer Graph PG(S) vorliege, und zeigen den Widerspruch zur Konflikt-Serialisierbarkeit auf.

Im Falle eines Zyklus finden wir in PG(S) Kanten

$$(T_{i_1}, T_{i_2}), (T_{i_2}, T_{i_3}), \ldots, (T_{i_k}, T_{i_1}),$$

was auch so darstellbar ist:

$$T_{i_1} \rightarrow T_{i_2} \rightarrow T_{i_3} \rightarrow \ldots \rightarrow T_{i_k} \rightarrow T_{i_1};$$

‚→' gibt die zeitliche Reihenfolge für Zugriffe der Transaktionen auf irgendwelche Elemente wieder. Wegen der blockweisen Abarbeitung ist für einen seriellen Schedule eine Anordnung ‚T_{i_1} vor T_{i_2} ... vor T_{i_k} vor T_{i_1}' jedoch nicht möglich; mithin kann S nicht Konflikt-serialisierbar sein.

Azyklische Präzedenz-Graphen

Wenn wir noch die Umkehrung des letzten Satzes – daß Zyklen-Freiheit auch die Konflikt-Serialisierbarkeit gewährleistet – nachweisen können, verfügen wir über ein exaktes Kriterium zur Beurteilung von Abwicklungen. Dazu suchen wir ein Verfahren, das uns aus einem azyklischen Präzedenz-Graphen einen seriellen Schedule konstruieren hilft.

Die Knoten eines beliebigen azyklischen gerichteten Graphen können durch die folgende Prozedur, die als *topologisches Sortieren* bezeichnet wird, in einer linearen Reihenfolge angeordnet werden:

Zyklenfreiheit garantiert mindestens einen Knoten, der nicht als Nachfolger eines anderen auftritt; wir wählen aus diesen Kandidaten willkürlich einen ersten Knoten als Startpunkt aus und eliminieren ihn samt allen Kanten, die von ihm ausgehen. Mit dem Rest-Graphen verfahren wir auf die gleiche Weise, was uns sukzesssiv das 2. Element etc. liefert.

Hinweis

Wegen der mangelnden Eindeutigkeit der auszuwählenden Elemente sind i. allg. mehrere lineare strikte Ordnungen durch topologisches Sortieren herleitbar.

Die erzeugte Anordnung kann als eine lineare strikte Ordnung auf der Menge der Transaktionen aufgefaßt werden, die uns gleichzeitig einen seriellen Schedule S* an die Hand gibt. Wir wollen in Lemma 7.3 nachweisen, daß S und S* äquivalent sind.

Lemma 7.2

Für einen Schedule S mit azyklischem Präzedenz-Graphen PG(S) gilt: Falls $(T_m, E_i, T_n) \in DEP(S)$ (bzw. $T_m <^* T_n$) besteht, so gilt auch für jeden, durch topologisches Sortieren erzeugten seriellen Schedule S*:

$$T_m < T_n \ .$$

Beweis

$(T_m, E_i, T_n) \in DEP(S)$ führt zu $(T_m, T_n) \in PG$; da topologisches Sortieren die Wahl eines Nachfolger-Knotens im (Rest-) Graphen verbietet, gilt mithin in S* : $T_m < T_n$, was zu zeigen war.

Zwischen einem Schedule S mit azyklischem Präzedenz-Graphen und dem durch topologisches Sortieren erzeugten S* besteht folgende Verwandtschaft:

Lemma 7.3

Aus dem Schedule S mit einem azyklischen Präzedenz-Graphen PG(S) sei S* durch topologisches Sortieren erzeugt. Dann sind S und S* äquivalent: DEP(S) = DEP(S*).

Beweis

Zum Nachweis der Aussage zeigen wir zuerst

a) S und S* besitzen dieselben unmittelbaren (W,W)-Konflikte:

Die Schreib-Zugriffe auf ein beliebig gewähltes Element E_i induzieren bei Zyklenfreiem PG(S) dort eine lineare strikte Ordnung der Transaktionen (vgl. auch die Erläuterung zur Definition 7.5, Abschnitt 7.3.1):

$$T_{i_1} <^* T_{i_2} <^* \ldots <^* T_{i_k}.$$

Nach Lemma 7.2 überträgt sich diese Anordnung auch auf S*:

$$T_{i_1} < T_{i_2} < \ldots < T_{i_k}.$$

Dies zeigt, daß S* dieselben unmittelbaren (W,W)-Konflikte besitzt wie S.

b) S und S* besitzen dieselben unmittelbaren (W,R)- und (R,W)-Konflikte:

Zwischen den Schreib-Zugriffen aus zwei Transaktionen T_m und T_n, die in einem unmittelbaren (W,W)-Konflikt bzgl. E_i zueinander stehen, nehmen wir nun eine Transaktion T_k mit einem Lese-Zugriff auf E_i an. Wir finden deshalb $(T_m, E_i, T_k) \in DEP(S)$ und $(T_k, E_i, T_n) \in DEP(S)$. Wieder führt uns Lemma 7.2 hinsichtlich S* zu $T_m < T_k < T_n$. Auch diese Anordnung zeigt, daß S* dieselben unmittelbaren (W,R)- und (R,W)-Konflikte besitzt wie S.

a) und b) zeigen: DEP(S) = DEP(S*).

Aus dem letzten Lemma folgt unmittelbar

Satz 7.3

Ein Schedule S mit azyklischem Präzedenz-Graphen PG(S) ist Konflikt-serialisierbar.

Beispiel 7.7

Aufgrund der Präzedenz-Graphen (vgl. Beispiel 7.6) gilt für die Schedules aus den Beispielen 7.3 und 7.5:

S1: seriell,
S2: Konflikt-serialisierbar,
S3: nicht Konflikt-serialisierbar.

Mit Hilfe des letzten Satzes läßt sich auch die Umkehrung von Satz 7.1 nachweisen.

Satz 7.4

Läßt sich die Relation ‚<*' (abgeleitet aus einem Schedule S) durch transitive Ergänzung zu einer strikten Ordnung auf der Menge der beteiligten Transaktionen erweitern, so ist S Konflikt-serialisierbar.

Beweis

Beweis durch Widerspruch: Ist S nicht Konflikt-serialisierbar, so finden wir mit Satz 7.3 in PG(S) einen Zyklus

$$T_{i_1} \rightarrow T_{i_2} \rightarrow T_{i_3} \rightarrow \ldots \rightarrow T_{i_k} \rightarrow T_{i_1},$$

der mit Blick auf DEP(S)

$$T_{i_1} <^* T_{i_2} <^* T_{i_3} < \ldots <^* T_{i_k} <^* T_{i_1}$$

ergibt. Dann kann aber $<^*$ zu keiner strikten Ordnung führen.

7.3.3 Zusammenfassung

Serielle Abwicklungen bewahren von vornherein im allgemeinen Fall die Konsistenz eines Datenbestandes. Alle anderen – parallelen – Abwicklungen müssen sich daran messen lassen, ob sie zu allen Zeitpunkten den gleichen Effekt wie serielle Abwicklungen aufweisen. Zur Beurteilung dieser Frage wurden die unmittelbaren Konflikte zwischen Transaktionen herangezogen, wo sich die zeitliche Abfolge der Transaktionen (bezogen auf jeweils ein Datenbank-Element) widerspiegelt. Besitzt eine zeitlich verzahnte Abwicklung die gleichen Konflikte wie (irgend) eine serielle Abwicklung, so darf sie als Konsistenz-bewahrend eingestuft werden; wir haben sie dann als Konflikt-serialisierbar bezeichnet. Im Zusammenhang mit der zeitlichen Anordnung der Aktionen, die sich für einen seriellen Schedule auf natürliche Weise festlegen läßt, ergibt sich für die Beziehung $<^*$ in einem Konflikt-serialisierbaren Schedule:

(A) Konflikt-Serialisierbarkeit induziert eine strikte Ordnung $<^*$ auf der Transaktionen-Menge und umgekehrt, falls sich $<^*$ zu einer Ordnungsrelation erweitern läßt, ist der betreffende Schedule Konflikt-serialisierbar (Satz 7.1, Satz 7.4).

Die abgeleitete Ordnungsrelation $<^*$ eines Schedules S läßt sich (unter Ausblendung der Datenbank-Elemente) anschaulich mit graphentheoretischen Mitteln darstellen, was uns zu dem Präzendenzgraphen PG(S) führt. Das folgende Ergebnis gibt ebenfalls ein notwendiges und hinreichendes Kriterium für Konflikt-Serialisierbarkeit ab. Es zeigt im Falle der Transaktionen den für endliche Mengen allgemein bekannten Zusammenhang zwischen azyklischen Graphen und Ordnungsrelationen auf. Als besondere Hilfe wurde das topologische Sortieren verwendet, das zu Konflikt-serialisierbaren Schedules äquivalente serielle Schedules erzeugt.

(B) S ist Konflikt-serialisierbar genau dann, wenn PG(S) frei von Zyklen ist.

Die letzte Feststellung gibt uns ein einfaches Kriterium an die Hand, um im nachhinein die Konflikt-Serialisierbarkeit eines Schedules zu beurteilen. Dazu ist im konkreten Fall die Abhängigkeitsrelation DEP(S) und hieraus der Präzendenz-Graph PG(S) zu konstruieren. In der Praxis muß ein DBMS allerdings von vornherein die Konflikt-Serialisierbarkeit sicherstellen. Die Kriterien helfen uns jedoch, bestimmte Steuerungsstrategien auf ihre Tauglichkeit hin zu überprüfen.

7.4 Synchronisationsverfahren

Datenbankmanagementsysteme können unterschiedliche Strategien anwenden, um Abwicklungen von Transaktionen zu einem (Konflikt-) serialisierbaren Schedule zu steuern. Derartige *Synchronisationsverfahren* müssen, wie wir aus Abschnitt 7.3 wissen, die eintreffenden Transaktionen in eine bestimmte Reihenfolge anordnen.

Mit Hilfe von Sperrmechanismen dürfen Transaktionen Elemente für sich reservieren und vor konkurrierenden Zugriffen schützen (Abschnitt 7.4.1). Andere Konzepte verzichten auf Sperren und brechen Transaktionen bei drohender Inkonsistenz ab

(Abschnitt 7.4.2) oder überprüfen erst am Schluß, vor der definitiven Eintragung der vorgenommenen Datenbank-Änderungen, ob die Aktionen der Transaktion im Einklang mit der Serialisierbarkeit stehen (Abschnitt 7.4.3).

7.4.1 Sperr-Verfahren

Konflikt-Serialisierbarkeit kann mit Hilfe von Element-Sperren erzwungen werden. Eine Transaktion darf bei diesem Vorgehen ein Datenbank-Element für eine bestimmte Zeit für sich reservieren.

Wir gehen grundsätzlich davon aus, daß das Zusammenspiel zwischen Transaktionen und DBMS auf folgende Weise geregelt ist: Vor dem Zugriff einer Transaktion auf ein Datenbank-Element wird eine Sperre (engl.: lock) des Elementes (durch eine explizite Sperr-Anforderung oder implizit durch eine andere Anweisung) veranlaßt. Eine Komponente des DBMS, der *Lockmanager,* verwaltet die Sperren und unterbindet die Zugriffe anderer Transaktionen auf bereits gesperrte Elemente. Die Freigabe erfolgt aufgrund von Anweisungen der Transaktion oder nach deren Ende. Als Datenbank-Elemente benutzen die Produkte häufig die Datenblöcke in denen die auszusprechenden Records abgelegt bzw. abzulegen sind.

Sperr-Modi

Die unterschiedlichen Konflikt-Arten (vgl. die Abschnitte 7.3.1 und 7.3.2) legen es nahe, unterschiedlich restriktive Sperr-Modi ins Auge zu fassen. Während wir gestatten, daß Transaktionen, die ausschließlich Lesezugriffe vollziehen, ungehindert parallel abgearbeitet werden dürfen, sollen Sperren bei (W,R)-, (R,W)- oder (W,W)-Konflikten wirksam werden. Wir erreichen dieses Ziel durch folgende Differenzierung der Sperren:

- READ-Lock (auch: shared lock; RLOCK):

  Transaktion T darf nach einer Anforderung eines READ-Locks nur lesend auf das betreffende Element E zugreifen; anderen Transaktionen erlaubt das DBMS ebenfalls lesende Zugriffe bzw. die Vereinbarung eines READ-Locks auf E.

- WRITE-Lock (auch: exclusive lock; WLOCK):

  Transaktion T darf schreibend oder lesend auf E zugreifen; während des WRITE-Locks untersagt das DBMS anderen Transaktionen jeglichen Zugriff auf E. Andererseits wird ein WRITE-Lock zurückgewiesen, wenn das Element bereits mit einem READ-Lock gesperrt ist.

Transaktionen, die vor einem Lese-Zugriff einen READ-Lock bzw. für Lese- und Schreib-Zugriffe einen WRITE-Lock anfordern und nur Elemente freigeben, die sie auch zuvor gesperrt haben, werden als ‚well-formed' bezeichnet. Sofern das DBMS konkurrierende Zugriffe nur gemäß den obigen Regeln ausführt, sprechen wir auch von *legalen* Abwicklungen.

Die gesperrten Elemente können vom Lockmanager in einer Sperrtabelle mit den Eintragungen

(Element-ID, Transaktions-ID, Modus)

verwaltet werden. Transaktionen, die in kollidierender Weise auf ein Element zugreifen möchten, werden vom Lockmanager unterbrochen und in eine Warteschlange eingereiht. In der Sprache ESQL werden Sperren implizit mit den entsprechenden Anweisungen für die Datenbank-Zugriffe vermittelt. So gestattet z. B. die CREATE CURSOR-Anweisung die Verwendung der FOR UPDATE-Klausel, was einen WRITE-Lock der Treffer bewirkt (vgl. Abschnitt 5.5.3).

Transaktionen, die ausschließlich lesend zugreifen, können in beliebiger Verzahnung parallel abgearbeitet werden. Wie man aus dem folgenden Beispiel ablesen kann, genügt es allerdings nicht, daß Transaktionen nur dem ‚well-formed'-Kriterium genügen. (Um das Sperren und die Freigabe eines Elementes E zu verdeutlichen, verwenden wir die Anweisungen RLOCK(E), WLOCK(E) sowie UNLOCK(E).)

Beispiel 7.8

In der folgenden Abwicklung soll Transaktion T1 wieder eine Umbuchung von einem Giro-Konto (GK) auf ein Spar-Konto (SK) vornehmen; T1 ist offen-sichtlich 'well-formed'; gleichzeitig ermittelt eine Transaktion T2 das Guthaben unseres Kunden. (Wir zeigen nur die Datenbank-Anweisungen auf.)

Schritt	‚Umbuchung' (T1)	‚Info' (T2)
1.	WLOCK(GK)	
2.	Lesen GK	
3.	Schreiben GK	
4.	UNLOCK(GK)	
5.		RLOCK(SK)
6.		RLOCK(GK)

Tabelle Fortsetzung

Schritt	‚Umbuchung' (T1)	‚Info' (T2)
7.		Lesen GK
8.		Lesen SK
9.		UNLOCK(GK)
10.		UNLOCK(SK)
11.	WLOCK(SK)	
12.	Lesen SK	
13.	Schreiben SK	
14.	UNLOCK(SK)	

Die Abhängigkeitsrelation lautet in unserem Beispiel

$$DEP(S) = \{(T1, GK, T2), (T2, SK, T1)\}.$$

Offensichtlich ist der zugrunde liegende Schedule *nicht* serialisierbar. Erklärung: T2 sieht einen inkonsistenten Zustand der Datenbank; der übertragene Wert bleibt ihr verborgen!

Zwei-Phasen-Sperrprotokoll

Eine serielle Abwicklung von Transaktionen läßt sich so interpretieren: Jeder Transaktion steht der Bestand vom Start bis zu ihrem Ende exklusiv zur Verfügung. Damit das DBMS die Konflikt-Serialisierbarkeit erzeugt, muß eine ähnliche Wirkung mit dem Zwei-Phasen-Sperrprotokoll erzielt werden:

Eine Transaktion T genügt dem *Zwei-Phasen-Sperrprotokoll*, wenn sich Sperren und Freigaben der Elemente zeitlich voneinander trennen lassen: T läßt eine Aufteilung in drei Abschnitte zu, wo im ersten Abschnitt, in der Wachstumsphase (engl.: growing phase) alle Sperren erfolgen und im dritten Abschnitt, in der Schrumpfungsphase (engl.: shrinking phase), alle Freigaben vorgenommen werden; der mittlere Abschnitt dient allein der Verarbeitung (Abb. 7.1); er ist für die Transaktionssteuerung nicht von Interesse und kann z. B. der Wachstumsphase zugeschlagen (bzw. ignoriert) werden. Man beachte, daß innerhalb der Schrumpfungsphase kein ABORT der Transaktionen mehr vorgenommen werden darf! Die Freigabe der Elemente sollte deshalb möglichst spät, am Ende der Transaktion erfolgen (allerdings zu Lasten anderer Transaktionen).

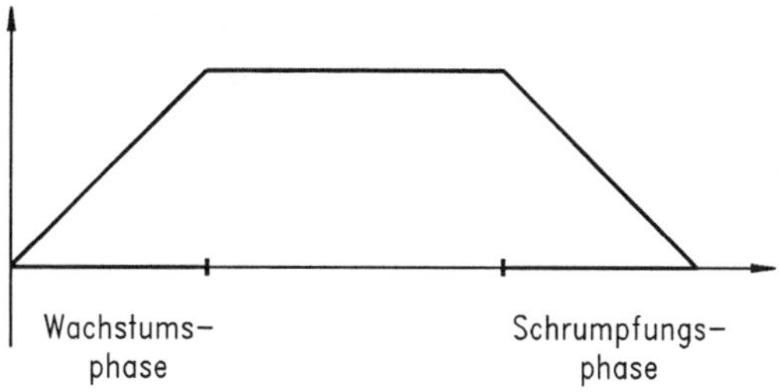

Abb. 7.1
Zwei-Phasen-Sperrprotokoll

Satz 7.5

Transaktionen, die dem Zwei-Phasen-Sperrprotokoll gehorchen, werden vom DBMS mit einem Konflikt-serialisierbaren Schedule abgewickelt.

Beweis

Wir gehen vom Gegenteil aus und leiten damit einen Widerspruch her.

Zu einem Schedule S, welcher nicht Konflikt-serialisierbar ist, finden wir im Präzedenz-Graphen PG(S) einen Zyklus

$$T_{i_1} \rightarrow T_{i_2} \rightarrow \ldots \rightarrow T_{i_k} \rightarrow T_{i_1}.$$

Wir beachten, daß allgemein mit $T_m \rightarrow T_n$ mindestens eine dieser Transaktionen einen Schreibzugriff auf ein gemeinsames Element vornimmt (vgl. Definition 7.4, Abschnitt 7.3.1). Unabhängig von der Konflikt-Art muß deshalb T_m das betreffende Element freigeben, bevor T_n seine Sperre realisieren lassen kann. Im obigen Zyklus gibt daher T_{i_1} zuerst ein Element frei, bevor T_{i_2} darauf zugreift; später fordert allerdings T_{i_1} wieder eine Sperre an, die nach der Freigabe durch T_{i_k} wirksam wird. Dies widerspricht aber der Voraussetzung des Satzes.

Beispiel 7.9

Wir greifen noch einmal die Transaktionen aus Beispiel 7.5 (Abschnitt 7.3.2) auf, die jetzt jedoch nach dem Zwei-Phasen-Sperrprotokoll abgewickelt werden sollen; jede Transaktion möge unmittelbar nach ihrem Start alle betroffenen Elemente sperren und nach dem letzten Datenbank-Zugriff wieder freigeben. Das DBMS steuert dann die Transaktionen, die sich in der Reihenfolge wie in S3 anmelden, zu folgender Abwicklung (wir verzichten auf die Kennzeichnung der Sperren; in Klammern ist die Schritt-Nr. aus Beispiel 7.5 aufgeführt):

Schritt	T1	T2	T3	T4	T5	T6
1 (1)	(R,A)					
2 (2)		(R,C)				
3 (3)		(W,C)				
4 (4)			(R,B)			
5 (5)				(R,D)		
6 (6)	(W,A)					
7 (7)			(W,B)			
8 (8)					(R,C)	
9 (10)				(W,D)		
10 (15)			(R,A)			
11 (16)			(W,A)			
12 (9)					(R,B)	
13 (11)					(R,A)	
14 (12)					(W,A)	
15 (13)						(R,A)
16 (14)						(W,A)

So sperrt etwa T3 in Schritt 4 (Beispiel 7.5) das Element B mit einem WRITE-Lock (wegen Schritt 7). Da T3 noch nicht beendet ist, wird T5 in Schritt 9 der Zugriff auf B untersagt. Erst nach Abschluß von T3 wird T5 fortgesetzt etc. Die Sperr-Mechanismen führen zum Schedule

S4 = ((T1, R, A), (T2, R, C), (T2, W, C), (T3, R, B),
(T4, R, D), (T1, W, A), (T3, W, B), (T5, R, C),
(T4, W, D), (T3, R, A), (T3, W, A), (T4, R, B),
(T5, R, A), (T5, W, A), (T6, R, A), (T6, W, A)),

mit der Abhängigkeitsrelation

DEP(S4) = { (T1, A, T3), (T3, A, T5), (T5, A, T6), (T2, C, T5),
(T3, B, T5)},

und dem Präzedenz-Graphen

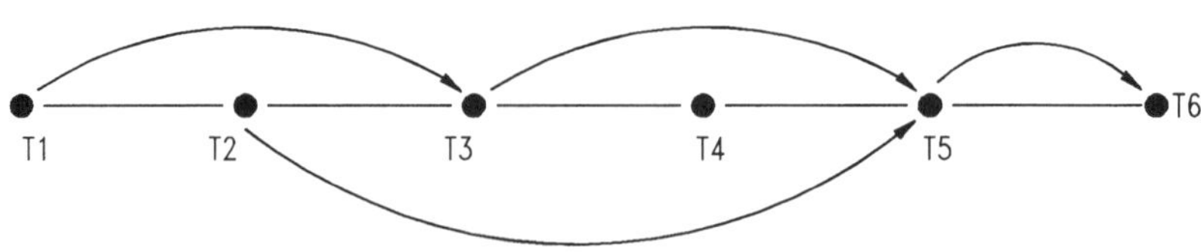

S4 ist Konflikt-serialisierbar.

Sperren in B* -Bäumen

Neuzugänge oder Löschungen können in einem Bestand, der als B* -Baum verwaltet wird, auch zur Aktualisierung von Index-Blöcken führen – in ungünstigen Fällen bis hin zur Wurzel. Diese Blöcke müssen genau wie die Nutzdaten in das Sperr-Konzept einbezogen werden. Man beachte, daß mit dem Sperren der Wurzel gleichzeitig der gesamte Bestand blockiert wird. Die folgende Strategie nach R. BAYER und M. SCHKOLNICK [77] zeigt allerdings, daß nur ‚gefährdete' Index-Blöcke zu berücksichtigen sind.

Mit Start in der Wurzel wird für einen Neuzugang der betreffende Pfad im Index bis zu den Nutzdaten abgearbeitet. Wir bezeichnen einen Index-Knoten als *sicher,* wenn dort $k < M$ besteht, wo k die aktuelle und M die maximale Anzahl der Eintragungen (Records) im Block bedeuten. Entsprechend wird ein Nutzdatenblock als *sicher* bezeichnet, wenn er nicht vollständig belegt ist. Eine Kette von Überläufen, die sich von den Nutzdaten her fortpflanzt, findet spätestens in einem sicheren Block ihr Ende; mithin brauchen die Vorgänger dieses Blockes nicht gesperrt zu werden.

Sperr-Algorithmus für Neuzugang:

Schritt I: Exclusive Sperre der Wurzel mit anschließendem Zugriff; exclusives Sperren des betreffenden Nachfolgers (genannt B) mit Lese-Zugriff.

Schritt II: Falls B sicher ist: Freigabe aller seiner bisher gesperrten Vorgänger; exclusive Sperre des Nachfolgers (jetzt mit B bezeichnet) mit anschließendem Lese-Zugriff.
Schritt II wird so lange wiederholt, bis der Zugriff auf die Nutzdaten erfolgt ist.

Um möglichst wenige Blöcke zu sperren, erzwingt eine andere Strategie von vornherein die Sicherheit der Blöcke in den inneren Knoten eines B*-Baumes. Falls sich im obigen Durchgriff ein Knoten als nicht sicher zeigt, wird vorbeugend ein Block-Splitting vorgenommen (wozu nur der Vorgänger zu sperren ist!). Ein Überlauf in einem Blatt endet damit stets in der nächsten Ebene. Offensichtlich sind zu jedem Zeitpunkt während des Durchgriffs maximal zwei Knoten zu sperren.

Deadlock

Zwei Transaktionen T1 und T2 können sich gegenseitig blockieren, wie die folgende Abwicklung zeigt:

T1	T2	Kommentar
WLOCK(A)		
·	WLOCK(B)	
·	·	
WLOCK(B)	·	T1 wartet auf die Freigabe von B
	·	
	WLOCK(A)	T2 wartet auf die Freigabe von A.

Eine Situation, in der sich zwei Transaktionen wie oben gegenseitig in den Warte-Status versetzen, wird als *Deadlock* bezeichnet. Ein DBMS, das Sperrmechanismen anwendet, muß Deadlocks sofort erkennen und auflösen; eine der beteiligten Transaktionen muß dazu vom DBMS mit einem Abort zurückgesetzt werden. Je nach Strategie wird hier die älteste oder die jüngste Transaktion ausgewählt. Das DBMS nimmt ggf. dann einen Neustart der Transaktion vor oder es teilt den Mißerfolg über eine Fehler-Meldung mit.

Zur Aufdeckung eines Deadlocks kann der *Warte-Graph* WG $\subseteq$ T$\times$T herangezogen werden. $(T_m, T_n) \in$ WG dokumentiert, daß T_n auf die Freigabe eines Objektes durch T_m wartet. Nach der Freigabe wird die Kante wieder aus WG entfernt. Ein Deadlock liegt genau dann vor, wenn WG einen Zyklus enthält.

Transaktionen mit sehr kurzer Aufbauphase verringern die Gefahr eines Deadlocks. Deshalb sollten die Transaktionen alle aufzugreifenden Elemente möglichst unmittelbar nach dem Start sperren. Allerdings verringert dieses Vorgehen wegen der längeren Sperren die Parallelität des Datenbankbetriebs, und es werden vorbeugend oft mehr Elemente gesperrt, als später tatsächlich angepackt werden.

7.4.2 Zeitstempel-Verfahren

Präventive Synchronisationsstrategien wollen Deadlock-Situationen durch eine andere Zugriffs-Kontrolle von vornherein verhindern. Anstelle der Sperren wird eine Transaktion, die mit ihrem Zugriff das Serialisierbarkeitskriterium zu verletzen droht, vom DBMS abgebrochen und wieder neu gestartet. Derartige Verfahren werden vor allem bei verteilten Datenbanken angewendet.

Anordnung

Das hier vorzustellende Zeitstempel-Verfahren ordnet jeder Transaktion T einen (eineindeutigen) *Zeitstempel* (engl.: time stamp) TS(T) zu (z. B. die Uhrzeit der ersten

Aktion oder eine fortlaufende Nummer). Die damit erzeugte Transaktions-Identifikation liefert gleichzeitig eine (zeitliche) lineare Anordnung $TS(T_1) < TS(T_2) < \ldots$ bzw. einen seriellen (Vorbild-) Schedule S^+. Der tatsächliche entstehende Schedule wird dann Zugriff für Zugriff darauf hin überprüft, ob er hinsichtlich der Konflikte mit S^+ verwandt ist: Erzeugt ein Zugriff einer Transaktion T einen unmittelbaren Konflikt, welcher der aus S^+ abgeleiteten Ordnung widerspricht, so wird T abgebrochen und vom System neu gestartet.

Kontroll-Mechanismen

Zur Überwachung der ‚richtigen' zeitlichen Reihenfolge, wie sie S^+ vermittelt, muß das DBMS noch zu jedem Datenbank-Element E gewisse Informationen führen, und zwar

- eine Lese-Information TR(E) als den Zeitstempel der jüngsten Transaktion, welche E gelesen hat;
- eine Schreib-Information TW(E) als den Zeitstempel derjenigen Transaktion, welche zuletzt auf E schreibend zugegriffen hat.

Auf die Versorgung von TR(E) und TW(E) wird noch genauer eingegangen.

Um feststellen zu können, ob S und S^+ äquivalent sind, betrachten wir die Abhängigkeitsrelation DEP(S) bzw. die darin dokumentierten Konflikte. Je nach Zugriffsart ruft eine momentane Aktion aus T einen der folgenden Konflikte hervor:

- einen (W,R)-Konflikt, dokumentiert durch $(TW(E), E, TS(T)) \in DEP(S)$, wenn T das Element E liest;
- einen (W,W)-Konflikt, $(TW(E), E, TS(T)) \in DEP(S)$, sowie unter anderem den (R,W)-Konflikt $(TR(E), E, TS(T)) \in DEP(S)$, falls T auf E schreibend zugreift.

Damit S und S^+ als äquivalent beurteilt werden können (vgl. Definition 7.5, Abschnitt 7.3.2), muß das DBMS folgende Zeit-Beziehungen überprüfen:

- T lesend: $TW(E) < TS(T)$;
- T schreibend: $TR(E) < TS(T)$ und gleichzeitig $TW(E) < TS(T)$.

Erläuterung:

Die erste Bedingung besagt, daß nach dem letzten Schreib-Zugriff nur noch jüngere Transaktionen E lesen dürfen.

Die zweite Bedingung fordert, daß E nur von einer jüngeren als der in TW(E) vermerkten Transaktion überschrieben werden darf; T (schreibend!) muß zugleich auch noch jünger als die jüngste der bisher lesenden Transaktionen sein.

Im Falle einer Verletzung der obigen Kriterien könnten S und S^+ *nicht* äquivalent sein! Das DBMS bricht dann Transaktion T ab und startet sie erneut mit einem jüngeren Zeitstempel. Im erfolgreichen Fall wird andernfalls bei lesendem Zugriff

$$TR(E) = \max (TS(T), TR(E))$$

und bei schreibendem Zugriff

$$TW(E) = TS(T)$$

gesetzt.

Das Zeitstempel-Verfahren liefert einen Konflikt-serialisierbaren Schedule. Wir haben oben bei einer Schreib-Aktion einige (R,W)-Konflikte eventuell nicht berücksichtigt, die allerdings übergangen werden dürfen: TR(E) hält stets die jüngste Transaktion fest, die jemals auf E lesend zugegriffen hat. Mit $TR(E) < TS(T)$ sind deshalb auch alle anderen Transaktionen, die in einem unmittelbaren (R,W)-Konflikt zu T stehen, älter als T.

7.4.3 Optimistische Verfahren

Optimistische Verfahren gehen auf eine Arbeit von H.-T. KUNG und J. T. ROBINSON [81] zurück. Ihr sinnvoller Einsatz setzt – wie die Bezeichnung verrät – voraus, daß parallele, Konsistenz-gefährdende Transaktionen nur selten auftreten. Erst am Ende der Transaktion nimmt hier das DBMS eine Serialisierbarkeits-Überprüfung, die *Validierung* der Transaktion, vor.

Im Falle einer Verletzung der zugrunde gelegten Serialisierbarkeits-Kriterien erfolgt der Abbruch der Transaktion mit anschließendem Neustart durch das DBMS. Um negative Auswirkungen eines Abbruchs zu verhindern, nehmen die Transaktionen ihre Änderungen zunächst nur auf lokalen Kopien der Datenbank-Elemente vor; erst nach der erfolgreichen Validierung wird der Original-Bestand aktualisiert. (Unser Verfahren setzt somit voraus, daß eine Transaktion mit Schreibzugriff zuvor das betreffende Element liest.) Um das mehrfache Auftreten desselben Mißerfolges zu verhindern, kann nach einer festgelegten Anzahl von Fehlversuchen die Datenbank für die betreffende Transaktion kurzzeitig exklusiv gesperrt werden.

Durchführung

Die Verarbeitung einer Transaktion T gliedert sich bei den optimistischen Verfahren in drei Etappen:

- *Lese-Phase:* T übernimmt die Kopien der Datenbank-Elemente und nimmt dort seine Änderungen vor.
- *Validierungsphase:* Anhand einer geeigneten (hinreichenden) Serialisierbarkeits-Bedingung überprüft das DBMS, ob eine Konsistenz-Gefährdung durch T mit Sicherheit ausgeschlossen werden kann.
- *Schreibphase:* Bei positivem Validierungs-Ergebnis überträgt das DBMS alle geänderten Kopien in den Original-Bestand. Die Schreibphase ist losgelöst von der Anwendung; sie wird ausschließlich vom DBMS verarbeitet.

Ein Validierungskriterium

Das DBMS muß über Regeln verfügen, nach denen es potentielle Konsistenz-Gefährdungen erkennen kann. Beim Zeitstempel-Verfahren (vgl. Abschnitt 7.4.2) haben wir jede einzelne Aktion einer Transaktion auf ihr mögliches Konflikt-Potential hin überprüft; dagegen untersuchen wir jetzt, ob Transaktionen als Ganzes sich in einen Konflikt-serialisierbaren Schedule eingliedern lassen.

Wir gehen bei diesem Verfahren davon aus, daß die Transaktionen nacheinander, ohne Überschneidungen (seriell) validiert werden. Eine Transaktion T muß dann mit denjenigen Transaktionen abgeglichen werden, deren erfolgreiche Beendigung genau zwischen dem Start von T und dem Beginn der Validierungsphase von T liegt. Diese parallelen Transaktionen können leicht mit Hilfe eines Transaktions-Zählers t_{nc} bestimmt werden: t_{nc} wird im Falle einer erfolgreich validierten Transaktion erhöht und als deren Identifikation vergeben. Jede Transaktion T liest dann zweimal den aktuellen Wert von t_{nc}: zu ihrem Beginn ($t_{nc} = t_0$ als die Identifikation der letzten, nicht mehr zu berücksichtigenden Transaktion) und zu Beginn der Validierungsphase ($t_{nc} = t_1$ als Identifikation der zuletzt validierten Transaktion). Alle Transaktionen, deren Identifikationen zwischen $t_0 + 1$ und t_1 liegen, müssen sodann in die Validierung einbezogen und auf Konflikte mit T hin untersucht werden.

In der genannten Arbeit von H.-T. KUNG und J. T. ROBINSON [81] werden der seriellen Validierung die beiden folgenden Bedingungen zugrunde gelegt:

(1) Die Schreibphasen der Transaktionen werden seriell abgewickelt sowie

(2) T liest kein Element, welches gleichzeitig im Schreibzugriff einer parallelen Transaktion (mit der Identifikation $t_0 + 1, \dots t_1$) steht.

Da alle Schreibphasen allein unter der Kontrolle des DBMS stehen, kann Bedingung (1) grundsätzlich eingehalten werden. Validierung, Schreibphase und Zähler-Fortscheibung/Identifizierung werden zur ‚kritischen Phase' gebündelt. Es wird angenommen, daß das DBMS auch die kritischen Phasen in serieller Weise abarbeitet.

Das DBMS muß außerdem für die einzelnen Transaktionen ein Verzeichnis über die gelesenen und geschriebenen Elemente führen (sog. read sets bzw. write sets). Damit ist für eine zu validierende Transaktion T nachzuprüfen, ob T Bedingung (2) verletzt hat.

Diese Strategie legt mit der Reihenfolge der Schreibphasen bzw. des Transaktions-Zählers von vornherein eine Anordnung der validierten Transaktionen fest. Wir zeigen, daß dieses optimistische Verfahren stets einen Konflikt-serialisierbaren Schedule erzeugt (Satz 7.6). Zuvor weisen wir nach, daß die Tripel der Abhängigkeitsrelation die Ordnung des Transaktions-Zählers widerspiegeln.

Lemma 7.4

Für einen Schedule S, der durch ein optimistisches Verfahren gesteuert wurde, gilt mit:

$$(t_{nc}(T_i),\ X,\ t_{nc}(T_j)) \in DEP(S)$$

folgt $t_{nc}(T_i) < t_{nc}(T_j)$; $t_{nc}(T_i)$ bedeutet den Transaktions-Zähler für T_i und ‚<' betrifft den numerischen Vergleich dieser Zähler.

Beweis

Zum Nachweis der Aussage unterscheiden wir die Konfliktarten, die dem Tripel $(t_{nc}(T_i),\ X,\ t_{nc}(T_j)) \in DEP(S)$ zugrunde liegen:

(W,W)-Konflikt: die Behauptung gilt wegen Bedingung (1);

(W,R)-Konflikt: da die Schreibphase einer Transaktion erst nach ihrer Lesephase stattfindet, wird T_i vor der anderen validiert; deshalb gilt auch hier $t_{nc}(T_i) < t_{nc}(T_j)$;

(R,W)-Konflikt: Bedingung (2) garantiert, daß T_i vor T_j validiert wird: T_i wird abgebrochen, wenn es ein Element X gelesen hat, das auch im Schreib-Zugriff einer parallelen, aber vorher validierten Transaktion T_j steht. Daher gilt $t_{nc}(T_i) < t_{nc}(T_j)$.

Dieses Lemma gestattet uns, eine Ordnung $<^*$ auf den Transaktionen $T_1, \ldots, T_n$ zu erklären. Mit Satz 7.4 (Abschnitt 7.3.2) erhalten wir dann

Satz 7.6

Das beschriebene optimistische Verfahren mit serieller Validierung erzeugt stets einen Konflikt-serialisierbaren Schedule.

7.5 Recovery

Im Falle eines technischen Defektes erwarten wir vom Datenbankmanagementsystem, daß es nach seinem Neustart einen konsistenten Datenbank-Zustand herstellt – was man auch als *Recovery* bezeichnet. Die entsprechenden Maßnahmen des DBMS hängen von der Art des Fehlers ab.

Fehlerklassen

Die Ursachen, die zu einem Abbruch einer Transaktion führen, werden in die drei folgenden Klassen eingeteilt:

- Transaktions-Abbruch mit intakter System-Umgebung

  Als Gründe für den Abbruch einer Transaktion kommen hier Programm-Fehler, ABORT-Anweisungen oder der Eingriff des DBMS in einer Deadlock-Situation in Frage. Wir gehen davon aus, daß dadurch die Funktionsfähigkeit des DBMS nicht weiter berührt wird.

- Systemausfall

  Zusammenbruch des DBMS bzw. des DV-Systems wie Hardware-Defekt, Ausfall des DBMS etc.; ausgenommen sind Fehler, die zur Zerstörung des Externspeicher-Inhalts führen.

- Externspeicher-Defekt

  In diese Kategorie fallen Fehler, die eine Zerstörung des Externspeicher-Inhalts zur Folge haben.

Um auf die Fehler-Situationen geeignet reagieren zu können, müssen vorbeugend gewisse Sicherungsinformationen angelegt werden.

Sicherungsinformationen

Um einen Datenbestand nach einem Schadensfall wieder rekonstruieren zu können ist in bestimmten Abständen vom Systemverwalter eine Sicherheits-Kopie, der *Dump*, auf einem separaten Speichermedium zu erstellen. Damit der Dump einen definiten Status des Bestandes wiedergibt, muß sich die Datenbank während dieser Zeit in einem ruhenden Zustand befinden.

Für spätere Rekonstruktions-Maßnahmen notiert das DBMS in einer speziellen Datei, dem *Log* (auch: Log-File, journaling file), jede Bestandsbewegung. Der Log wird in serieller Weise beschrieben. Die Reihenfolge der Eintragungen spiegelt ihre zeitliche Abfolge wider. Zu jedem Zugriff werden im Log folgende Informationen festgehalten:

- die Identifikation der Transaktion, aus der der Zugriff stammt;
- die Identifikation des betreffenden Datenbank-Elementes;
- die Art des Zugriffs;
- das Datenbank-Element vor der Änderung, das sog. *Before Image;*
- das Datenbank-Element nach der Änderung, das *After Image* des Elementes.

Zur Rekonstruktion der Datenbank-Zustände hält das DBMS im Log außerdem den Beginn bzw. das Ende (Commit-Eintrag) jeder Transaktion fest.

Die Reihenfolge der DBMS-Aktivitäten ist dabei von entscheidender Bedeutung: Um allen technischen Defekten begegnen zu können, muß zuerst der Log-Zugriff und anschließend die Datenbank-Änderung vollzogen werden, was auch als *Write-Ahead-Log* gekennzeichnet wird. Das DBMS darf andererseits erst nach der (technisch) erfolgreichen Datenbank-Änderung das Transaktions-Ende im Log vermerken.

Mit Hilfe der Before Images können Datenbank-Änderungen wieder revidiert werden; entsprechend dienen die After Images dazu, bereits vollzogene Änderungen noch einmal auszuführen. Diese Aktivitäten werden auch als UNDO bzw. als REDO bezeichnet.

Zur Behebung einiger Fehler ist es darüber hinaus günstig, wenn das DBMS in festen Abständen im Log eine Liste der gerade aktiven Transaktionen vermerkt. Diese Eintragungen werden auch *Checkpoints* genannt. Vor dem Eintrag eines Checkpoints sind die vorausgegangenen Datenbank-Änderungen auf dem Externspeicher zu sichern.

Mit Hilfe dieser Sicherungs-Informationen kann den oben klassifizierten Fehler-Situationen geeignet begegnet werden.

Fehler-Behebung

Im Falle eines *Transaktionsabbruchs* muß das DBMS alle Änderungen revidieren, die bereits in der Datenbank vermerkt wurden. Dies gelingt mit Hilfe der Before Images, wozu der Log rückwärts bis zum Eintrag des Transaktions-Beginns zu verfolgen ist.

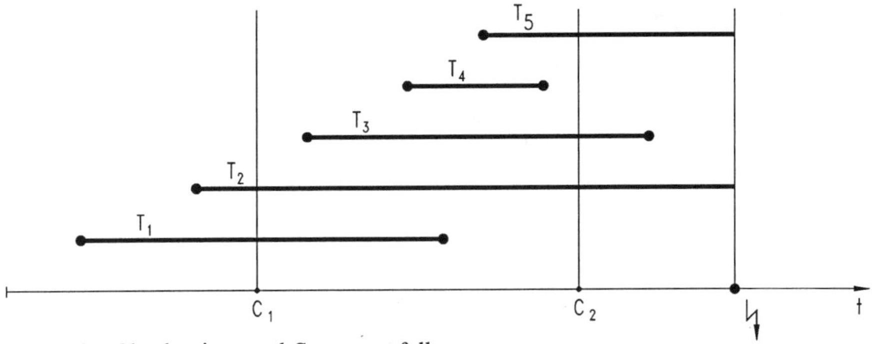

Abb. 7.2 Checkpoints und Systemausfall

Nach einem *Systemausfall* sind die Folgen aller noch nicht abgeschlossenen Transaktionen zu beseitigen. Abb. 7.2 zeigt Beginn und Ende der Transaktionen auf; hier müssen die Auswirkungen der Transaktionen T2 und T5 (ähnlich wie im Falle eines Transaktionsabbruchs) revidiert werden. Ein wichtiger Hinweis auf mögliche, noch nicht beendete Transaktionen, findet sich im Vermerk des letzten Checkpoints, wo alle noch aktiven Transaktionen notiert sind. Die Recovery-Prozedur des DBMS muß den Log vom Ende bis zum letzten Checkpoint zurückverfolgen und für folgende Kandidaten eine Revision vornehmen:

- alle Transaktionen, für die ein Transaktions-Beginn, jedoch kein Commit-Eintrag festgestellt wurde, sowie zusätzlich
- alle im Checkpoint aufgeführten Transaktionen, für die ebenfalls kein Commit-Eintrag gefunden wurde.

Der Log ist dann noch soweit rückwärts zu lesen, bis sämtliche Beginn-Vermerke der betreffenden Transaktionen entdeckt wurden. (Ohne die Checkpoint-Einträge müßte der gesamte Log analysiert werden!)

Das Zurücksetzen nicht-vollendeter Transaktionen kann sich auch auf andere Transaktionen auswirken: Bei Sperr-Verfahren kann eine später zu revidierende Transaktion vor ihrem Ende ein Datenbank-Element freigeben, das anschließend von einer anderen Transaktion T aufgegriffen wird. Im obigen Beispiel (Abb. 7.2) könnte etwa T4 ein Element lesen, das gerade von T2 freigegeben wurde. Solche Transaktionen müssen ebenfalls revidiert werden, was zu einer Kettenreaktion führen kann. Diese Situationen stellen sich dann nicht ein, wenn jede Transaktion ihre Elemente bis zum Transaktions-Ende sperrt.

Bei einem *Externspeicher-Defekt* möchte man schnell einen möglichst aktuellen, konsistenten Datenbank-Zustand wiederherstellen. Auf der Basis des letzten Dumps können mit den After Images des Logs alle Änderungen direkt nachvollzogen werden. Nicht-vollendete Transaktionen sind zu ignorieren bzw. wie bei einem System-Ausfall zu revidieren.

Anmerkungen

Fehlerhafte oder inkonsequente Bestandsänderungen und technische Einflüsse können zu inkonsistenten – und damit wertlosen – Beständen führen. Jedes DBMS muß zumindest für die vorhersehbaren Fälle gewisse Schutzmaßnahmen ergreifen. Dazu gehören ‚Vorfahrtsregelungen' für die Verarbeitung paralleler Transaktionen (Synchronisation) und das Festhalten von Sicherungs-Informationen während der Verarbeitung der Transkaktionen (Recovery).

Das Konzept der Konflikt-Serialisierbarkeit führt uns zu präzisen Bedingungen für steuerndes Eingreifen des DBMS bei parallelen Transaktionen. Es geht auf die Arbeit von K. P. ESWARAN et al. [76] zurück, die als erste formale Behandlung paralleler Transaktionen betrachtet werden kann. Konflikt-serialisierbare Abwicklungen weisen die gleichen Effekte auf wie Abwicklungen, in denen die Transaktionen versetzt nacheinander – seriell – abgearbeitet werden. Diese Bedingungen lassen sich noch abschwächen, wenn man z. B. Datenbank-Zustände, die von keiner anderen Transaktion zur Kenntnis genommen werden, ausklammert (vgl. C. H. PAPADIMITRIOU [79], M. YANNAKAKIS [84]).

Die Serialisierbarkeitsbedingungen helfen uns dabei, konkrete Maßnahmen zur Absicherung der Konsistenz zu ergreifen. Am häufigsten verwenden die DBMS dazu Sperr-Verfahren. Die gesperrten Elemente können mit Hilfe von Sperr-Tabellen (vgl. Abschnitt 7.4.1) oder mit Hilfe von Prädikaten verwaltet werden (vgl. K. P. ESWARAN et al. [76]; G. SchLAGETER, W. STUCKY, [83]*, S. ALAGIC [86]*, A. REUTER [87]). Sperren müssen nach gewissen Regeln gesetzt bzw. aufgehoben werden, wozu man sich in der Praxis des Zwei-Phasen-Sperrprotokolls bedient. Allerdings sind auch Sperr-Protokolle bekannt, die ohne die Einhaltung des Zwei-Phasen-Sperrprotokolls zu serialisierbaren Schedules führen (A. SILBERSCHATZ et al. [80], Z. KEDEM et al. [83]).

Aufgaben

Aufgabe 7.1

Man untersuche, ob der folgende Schedule S1 Konflikt-serialisierbar ist:

((T1, R, a), (T2, R, a), (T2, W, a), (T2, R, b), (T2, R, c), (T3, R, a), (T4, R, c), (T3, W, d), (T4, W, c), (T5, R, d), (T5, R, b), (T2, W, b)).

Aufgabe 7.2

Zu dem folgenden Konflikt-serialisierbaren Schedule S2 gebe man man verschieden serielle Schedules an, die zu S2 äquivalent sind:

((T1, R, a), (T2, R, a), (T2, R, b), (T3, W, c), (T3, W, d), (T1, R, c), (T4, R, d), (T1, W, c), (T4, R, b), (T4, W, d), (T4, W, e), (T5, R, c), (T5, R, f), (T6, R, e), (T6, R, d), (T6, R, f), (T7, W, f)).

Aufgabe 7.3

Schränkt man einen Schedule auf alle Glieder mit demselben Element E_k ein, so erhalten wir den *Log* des Elementes E_k:

$$\text{Log}(E_k) = ((tr(i),\ a(i),\ e(i))\,|_{e(i) = E_k})_{i=1}^{N}$$

bzw. nach Umnumerierung

$$\text{Log}(E_k) = ((tr(i),\ a(i)))_{i=1}^{K}.$$

Man konstruiere einen Schedule S für den gilt:

a) Für jedes einzelne Element E_k kann für die zugreifenden Transaktionen eine Ordnung in Log (E_k) definiert werden;
b) S ist (trotzdem) nicht Konflikt-serialisierbar

(vgl. G. SCHLAGETER, W. STUCKY, [83]*).

Aufgabe 7.4

Man konstruiere einen Konflikt-serialisierbaren Schedule, der auf keinen Fall nach dem Zwei-Phasen-Sperr-Protokoll abgewickelt werden konnte.

Literatur

Die Seralisierbarkeit von Abwicklungen wurde hier ähnlich behandelt wie in J. D. ULLMAN [82]* oder S. ALAGIC [86]*. Als ergänzende oder weiterführende Literatur sind neben A. REUTER [81]*, G. SCHLAGETER und W. STUCKY [83]* weiter zu nennen.

BAYER, R., HELLER, H., REISER, A. [80]: Paralleslism and recovery in database systems. ACM Trans. on Database Systems 5 (1980), 139–156.

BAYER, R.; SCHKOLNICK, M. [77]: Concurrency of operations in B*–trees. Acta Informatica 9 (1977), 1–21.

ESWARAN, K.P.; GRAY, J.N.; LORIE, R.A.; TRAIGER, I.L. [76]: The notions of consistency and predicate locks in a database System. Comm. ACM 19 (1976), 624–633.

GRAY, J.N. [81]: The transaction concept: Virtues and limitations. Proc. 7th Int. Conf. VLDB, 1981, 144–154.

GRAY, J.N.; LORIE, R.A.; PUTZOLU, G.R. [75]: Granularity of locks in a shared database. Proc. ACM Int. Conf. on Very Large Data Bases, 1975, 428–451.

GRAY, J.N.; PUTZOLU, G.R.; TRAIGER, I. [76]: Granularity of locks and degrees of consistency in a shared database. In NIJSSEN [76]*.

GUIBAS, L.J.; SEDGEWICK, R. [78]: A dichromatic framework for balanced trees. Proc. 19th Ann. Symp. Foundation of Computer Science, IEEE, 1978.

HÄRDER, T.; REUTER, A. [83]: Principles of transaction-oriented database recovery. ACM Comp. Surveys 15 (1983), 287–317.

HADZILACOS, V. [88]: A theory of reliability in database systems. Journ. of the ACM 35 (1988), 121–145.

KELTER, U. [85]: Parallele Transaktionen in Datenbanksystemen. BI-Verlag, Mannheim 1985.

KEDEM, Z. M.; SILBERSCHATZ, A. [83]: Locking protokols from exclusive to shared locks. Journ. of the ACM 30 (1983), 787–804.

KUNG, H.-T.; ROBINSON, J.T. [81]: On optimistic methods for concurrency control. ACM Trans. on Database Systems 6 (1981), 213–226.

LEHMAN, P.L.; YAO, B. [81]: Efficient locking for concurrent operations on B–Trees. ACM Trans. on Database Systems 6 (1981), 650–670.

PAPADIMITRIOU, C.H. [79]: The serializability of concurrent database updates. Journ. of the ACM 26 (1979), 631–653.

RAHM, E. [88]: Optimistische Synchronisationskonzepte in zentralisierten und verteilten Datenbanksystemen. Informationstechnik 30 (1988), 28–47.

REUTER, A. [84]: Performance analysis of recovery techniques. ACM Trans. on Database Systems 9 (1984), 526–559.

REUTER, A. [87]: Maßnahmen zur Wahrung von Sicherheits- und Integritätsbedingungen. In: P.C. LOCKEMANN, J.W. SCHMITDT [87]*.

RIES, D.R.; STONEBRAKER, M. [77]: Effects of locking granularity in a database management system. ACM Trans. on Database Systems 2 (1977), 233–246.

SCHLAGETER, G. [78]: Process synchronization in database systems. ACM Trans. on Database Systems 3 (1978), 248–271.

SILBERSCHATZ, A.; KEDEM, Z. M. [83]: Consistency in hierarchical database systems. Journ. of the ACM 27 (1980), 72–80.

TAY, Y.C.; GOODMAN, N.; SURI, R. [85]: Locking performance in centralized databases. ACM Trans. on Database Systems 10 (1985), 415–462.

WEIKUM, G. [88]: Transaktionen in Datenbanksystemen. Fehlertolerante Steuerung paralleler Abläufe. Addison-Wesley, Bonn 1988.

YANNAKAKIS, M. [84]: Serializability by locking. Journ. of the ACM 31 (1984), 227–244.

Die mit [ ]* gekennzeichneten Zitate (auch im Text) beziehen sich auf übergreifende Werke, die am Ende des Buches aufgeführt sind.

8. Verteilte Datenbanken

Die Informationsverarbeitung in Unternehmen, die geographisch über mehrere Gebiete verstreut sind, verlangt nach einem Konzept für eine gemeinsame Organisation der Datenbestände. Im Unterschied zu den bisherigen Annahmen wird davon ausgegangen, daß mehrere Rechner (Stellen) in ein (lokales oder geographisch verteiltes) Kommunikations-Netz eingebunden sind. Dort wird eine autonome Datenverwaltung durch lokale DBMS vorausgesetzt.

Ein verteiltes Datenbanksystem integriert mehrere zentrale Datenbanksysteme zu einer Organisationseinheit, mit der Anwendungen im Idealfall genau so umgehen wie mit einem zentralen Datenbanksystem. Das zugrunde liegende Software-System einschließlich der lokalen DBMS wird als *verteiltes Datenbank Managementsystem* (engl.: distributed database management system; DDBMS) bezeichnet. Eine seiner wichtigsten Aufgaben besteht darin, global formulierte Transaktionen in Subtransaktionen aufzugliedern und diese an die betreffenden Stellen zur Bearbeitung weiterzuleiten. Gleichzeitig muß es in Zusammenarbeit mit den lokalen DBMS die globale Serialisierbarkeit der verteilten und lokalen Transaktionen gewährleisten und das Recovery im verteilten System ermöglichen.

Während die Bearbeitungszeit einer Anweisung bei zentralen Datenbanksystemen in erster Linie von der Anzahl der Zugriffe auf den Externspeicher abhängt, muß bei verteilten Systemen, die in ein öffentliches Netz eingebunden sind, vor allem der Datentransfer zwischen den Stellen berücksichtigt werden. Mit DATEX-P der Deutschen Bundespost sind derzeit üblicherweise 9600 oder 19200 bits pro Sekunde übertragbar. DDBMS werden deshalb versuchen, möglichst wenig Daten auszutauschen.

Dieses Kapitel skizziert drei Themenbereiche für verteilte Datenbanksysteme:

- die übergeordnete, logische Organisation der Daten (Abschnitt 8.1),
- die Transaktionsverarbeitung der DDBMS (Abschnitt 8.2) und
- Strategien zur optimierten Bearbeitung von Suchanfragen, die Daten an mehreren Stellen gemeinsam auswerten sollen (Abschnitt 8.3).

8.1 Daten-Integration

In einem verteilten Datenbanksystem dürfen auch lokale Datenbankmanagementsysteme mit unterschiedlichen Datenmodellen einbezogen sein. Wir sprechen von einem *homogenen* System, wenn sich alle lokale DBMS auf ein gemeinsames Datenmodell stützen, andernfalls von einem *heterogenen* System. Damit der Anwender das DDBMS wie ein zentrales DBMS ansprechen kann, ist jedoch die Ausrichtung des Gesamt-Bestandes an einem Bezugsmodell notwendig. Wie es sich noch ergeben wird, drängt sich dazu das relationale Modell geradezu auf. Im heterogenen Fall muß dann das DDBMS über Verfahren verfügen, welche die Übertragung anders organisierter Daten in eine relationale Struktur vornehmen. In den weiteren Betrachtungen werden nur homogene relationale DDBMS berücksichtigt.

Fragmentierung

Im Gegensatz zu den zentralen Datenbanksytemen wird in einer verteilten Datenbank oft die mehrfache Speicherung identischer Daten – jedoch nur an unterschiedlichen Stellen – angestrebt. Auf diesem Wege soll der Datenaustausch zwischen den Stellen reduziert und die Verfügbarkeit des Systems auch während des Ausfalls eines lokalen Rechners abgesichert werden.

Die Struktur des gesamten, verteilten Datenbestandes wird mit den Relationen-Strukturen des *globalen Schemas* beschrieben. Es entspricht dem konzeptionellen Schema der Drei-Schichten-Architektur (vgl. Abschnitt 1.4). Diese Relationen-Strukturen beschreiben das Informationsgefüge unabhängig vom Speicher-Ort der Daten.

Eine Relation des globalen Schemas kann vollständig an einer Stelle abgespeichert sein; es dürfen aber auch Ausschnitte aus einer globalen Relation an mehreren verschiedenen Orten unter der Verwaltung von lokalen DBMS stehen. Diese, von der Speicherung abhängigen Einheiten werden als *Fragmente* bezeichnet. Sofern eine globale Relation in mehrere Teile zu zerlegen ist, gehen wir grundsätzlich von der folgenden Voraussetzung aus: Die betreffenden Fragmente entstehen aus einer globalen Relation durch Anwendung der relationalen Operationen Selektion (horizontale Fragmentierung) oder Projektion (vertikale Fragmentierung) bzw. durch Hintereinanderschaltung von beiden (gemischte Fragmentierung). Im Falle einer vertikalen Fragmentierung besitzen die Ausschnitte denselben Schlüssel. Umgekehrt läßt sich dann jede globale Relation durch die Verknüpfungen Vereinigung (bei horizontaler Fragmentierung) und Join (bei vertikaler Fragmentierung) aus den Fragmenten erzeugen.

Die Fragmentierung einer globalen Relation können wir uns in der Form eines hierarchischen Baumes veranschaulichen, dessen innere Knoten die Zerlegungsoperation (bzw. die Mittel zur Rekonstruktion) und die Blätter die Fragmente wiedergeben.

Hinsichtlich der Daten-Redundanz gehen wir von dem Grundsatz aus, daß allein Fragmente mehrfach an verschiedenen Stellen auftreten dürfen; falls Aussagen in dem verteilten System mehrfach angetroffen werden, so finden wir diese stets in der Form mehrfach gespeicherter Fragment-Kopien vor.

Beispiel 8.1

In einer Hotel-Kette mit 3 Häusern sollen die globalen Relationen GAESTE (Gast_ID, Name, Vorname, PLZ, Ort, Straße) und BELEGG (Gast_ID, Zimmer_Nr, Tag, Haus_ID) bestehen. Wir gehen davon aus, daß GAESTE an zentraler Stelle geführt wird, während die einzelnen Häuser ihre Daten zu BELEGG in den (horizontalen) Fragmenten BELEGG_1, BELEGG_2 und BELEGG_3 vor Ort halten.

Transparenz

Bei einem idealen verteilten Datenbanksystem braucht ein Benutzer lediglich die Struktur und den Sinn der Relationen des globalen Schemas zu kennen; das DDBMS ist dann selbständig in der Lage, die betreffenden globalen Relationen aus den (lokalen) Fragmenten aufzubauen und zu bearbeiten. Je nachdem, wieviel Kenntnisse ein Benutzer für den Umgang mit dem DDBMS einbringen muß, unterscheiden wir folgende Transparenz-Stufen:

Fragmentation Transparenz: In diesem Idealfall sind nur die globalen Relationen anzusprechen. Das DDBMS leitet selbständig alle Anweisungen an die betreffenden Stellen weiter.

Location Transparenz: Anwendungen beziehen sich auf Fragmente (anstelle der globalen Relationen); allerdings kennt das DDBMS die Speicherstellen der Fragmente.

Local Mapping Transparenz: Anwendungen müssen die Fragmente und ihren Speicherort kennen. Die Zugriffe werden jedoch unabhängig vom lokalen Datenmodell formuliert (d. h. in unserem Fall als relationale Verknüpfungen).

Im schlimmsten Fall, bei fehlender Transparenz, müssen die Zugriffe in den Subtransaktionen nach Art der lokalen DBMS formuliert werden. Es ist zu beachten, daß Anwendungen mit ändernden Zugriffen außer bei Fragmentation und Location Transparenz alle mehrfach gespeicherten Fragment-Kopien selbst einbeziehen müssen.

8.2 Transaktionen

In einem verteilten Datenbanksystem muß eine Transaktion, die Fragmente oder Relationen an unterschiedlichen Stellen anspricht, in lokale Subtransaktionen zerlegt werden. Wir nehmen dabei an, daß jedes lokale DBMS für die Abwicklung der Subtransaktionen über ein eigenes Transaktions-Management (vgl. Kapitel 7) verfügt. Zur Steuerung der globalen Transaktionen bedienen sich die DDBMS des folgenden *Zwei-Phasen-Commit-Protokolls.*

Zwei-Phasen-Commit-Protokoll

Eine verteilte Transaktion gilt genau dann als erfolgreich verarbeitet, wenn *jede* ihrer Subtransaktionen mit Erfolg abgewickelt werden konnte. Um den atomaren Charakter einer Transaktion sicherzustellen, müssen ihre Subtransaktionen von einer Stelle, dem *Koordinator,* aus gemeinsam überwacht und gesteuert werden. Genau wie bei zentralen Systemen fordern wir, daß das DDBMS zu jedem Zeitpunkt eines Fehlschlages alle bereits vollzogenen Bestandsänderungen selbständig revidiert. In Ergänzung zur Transaktionsverarbeitung in zentralen Systemen muß ein lokales DBMS jetzt noch in der Lage sein, gewisse Nachrichten wie z. B. Informationen über den Zustand einer Subtransaktion mit anderen Stellen auszutauschen. Der Abschluß einer Transaktion kann auf folgende Weise koordiniert werden:

Phase I (Vorbereitung)

Der Koordinator fordert von den Subtransaktionen einer Transaktion durch Versenden einer Nachricht (PREPARE) eine Information über deren Abschluß an. Nur wenn alle Subtransaktionen ihre Ergebnisse auf dem Externspeicher gesichert haben und anschließend ein erfolgreiches Ende (READY) melden, entscheidet er sich für eine positive Beendigung; andernfalls, wenn von mindestens einer Subtransaktion ein Abbruch (ABORT) mitgeteilt wurde bzw. falls nach einer festgelegten Zeitspanne eine Antwort ausbleibt, wird der Abbruch festgelegt.

Phase II (Abschluß):

Nach der Auswertung der Rückmeldungen in Phase I sendet der Koordinator ein globales COMMIT bzw. ein globales ABORT an die Subtransaktionen. Diese bestätigen den Empfang der Nachricht (ACK; acknowledgement) und schließen danach die Transaktion ab. Die Transaktion ist aus der Sicht des Koordinators definitiv beendet, wenn alle ACK-Meldungen eingegangen sind.

Log-Eintragungen

Um das Geschehen auch nach dem Ausfall eines lokalen Rechners rekonstruieren zu können, wird an allen Stellen ein Log (vgl. Abschnitt 7.5) geführt; neben den bekannten Records über Datenänderungen werden auch Eintragungen über das Versenden oder den Empfang von Nachrichten vorgenommen. So hält der Koordinator *vor* dem Versenden der PREPARE-, COMMIT- bzw. ABORT-Meldung einen entsprechenden Log-Eintrag fest und trägt dort nach dem Empfang der ACK-Meldungen das Ende der Transaktion (COMPLETE) ein. Die Subtransaktionen vermerken auf dem lokalen Log ihre Meldung (READY oder ABORT) in Phase I; außerdem halten sie den Empfang der Anweisung des Koordinators (globales COMMIT oder ABORT) vor dem Versenden der Bestätigung (ACK) in Phase II fest.

Die Log-Eintragungen ermöglichen auf diese Weise nach einem Rechner-Ausfall oder nach dem Ausfall einer Netz-Komponente stets eine Vervollständigung der Transaktion bzw. die Revision ihrer Änderungen. (Eine ausführliche Erörterung der möglichen Ausfall-Zeitpunkte findet sich bei S. CERI; G. PELAGATTI [83]*, Ch. 7.2; vgl. auch H. F. KORTH, A. SILBERSCHATZ [86]*, Ch. 12).

Sperren

Mit ähnlichen Ansätzen wie bei zentralen Systemen ist auch die Serialisierbarkeit in einem verteilten Datenbanksystem analysierbar. Wieder kann die Abhängigkeitsrelation bzw. der Präzedenz-Graph (bei denen der Ort der Datenbank-Elemente keine wesentliche Rolle spielt) dazu verwendet werden, um eine globale Ordnung der Transaktionen festzulegen. Zunächst betrachten wir, wie die bekannten Sperrmechanismen (Abschnitt 7.4.1) in das Zwei-Phasen-Commit-Protokoll integriert werden können.

Alle Datenbank-Elemente, die von einer Transaktion angesprochen werden, müssen mit dem entsprechenden Modus (READ- oder WRITE-Lock) bis zum Beginn der Phase II (Abschluß) gesperrt bleiben. Auf diese Weise bleibt der Präzedenz-Graph für alle Transaktionen, welche mit einem globalen COMMIT abgeschlossen werden, frei von Zyklen – was uns die Konflikt-Serialisierbarkeit garantiert.

Um Deadlocks zu entdecken, kann das DDBMS an einer ausgewählten Stelle einen globalen Warte-Graphen führen. Allerdings ist zu berücksichtigen, daß es infolge von Verzögerungen bei der Übertragung zu Konstellationen kommen kann, in denen ein Deadlock nur vorgetäuscht wird. Deadlock-Überwachung kann aber auch dezentral durchgeführt werden; jede Stelle muß ihre lokalen Warte-Graphen noch mit denjenigen Abhängigkeiten ergänzen, in die seine Transaktionen an anderen Orten verstrickt sind (vgl. H.F. KORTH, A. SILBERSCHATZ [86]*, Ch. 12).

Die Synchronisation der Transaktionen mittels Sperr-Verfahren setzt den Nachrichten-Austausch zwischen dem Koordinator und den Subtransaktionen voraus. Es ist jedoch nicht notwendig, daß alle (redundanten) Kopien eines Fragmentes vom Sperr-Verfahren berücksichtigt werden, wie die folgenden Varianten zeigen:

- Vergabe der (exklusiven) WRITE-Locks auf allen betroffenen Kopien; READ-Locks werden dagegen nur auf einer Kopie verwendet;
- Vergabe von Sperren nur auf einer (echten) Mehrheit der Fragment-Kopien;
- Auswahl einer bestimmten Kopie (primary copy), auf der alle Sperren abgehandelt werden.

Zeitstempel-Verfahren

Im Unterschied zu zentralen Datenbanksystemen kann sich ein verteiltes System nicht mehr auf eine übergeordnete System-Uhr stützen, welche die Transaktionen mit Zeitstempeln versorgt; jeder Rechner verfügt über seine eigene Zeitrechnung. Durch bestimmte Maßnahmen gelingt es jedoch, zeitliche Bezüge zwischen Aktionen abzuleiten. Da die konkrete Zeitangabe wieder nur eine untergeordnete Rolle spielt, wählen wir lokale Zeitstempel TS in der Form eines Zählers, der allerdings mit den anderen Stellen noch abzustimmen ist:

Nachrichten werden grundsätzlich nur zusammen mit dem Zeitstempel TS_0 des Absenders übermittelt. Stellt der Empfänger fest, daß das eingetroffene TS_0 größer als der eigene Zeitstempel TS ist, so justiert er diesen durch $TS = TS_0 + 1$ nach. Auf diese Weise erhält eine Aktion, die nach dem Eintreffen einer Nachricht ausgeführt wird, stets einen ‚späteren' Zeitstempel als diese Nachricht. Sofern keine Nachrichten von einer anderen Seite eintreffen, wird mit jeder lokalen Aktion der eignene Zeitstempel TS weitergezählt. Dadurch können allerdings zeitlich unvergleichbare (sogenannte pseudo-simultane) Aktionen auftreten. Um schließlich die lokale Vergleichbarkeit der Zeitstempel gewährleisten zu können, fügt man an jeden Zeitstempel TS noch eine Identifikation der betreffenden Stelle (an der am wenigsten signifikanten Stelle) an.

Die Einbettung des Zeitstempel-Verfahrens in das Zwei-Phasen-Commit-Protokoll erfordert, daß die Schreib-Aktionen nicht unmittelbar im Datenbestand, sondern nur als gepuffertes, vorläufiges und widerrufbares Schreiben ausgeführt werden. Zu diesem als *Prewrite* bezeichneten Schreiben wird wieder der aktuelle Zeitstempel vermerkt. Die endgültige Durchführung mit der Aufhebung des Prewrites erfolgt nach dem Empfang des globalen COMMIT. Wenn eine Transaktion T einen Zugriff auf ein Element E ausführen will, so ist ihr Zeitstempel TS(T) nach folgenden Regeln mit den Schreib- und Lese-Zeitstempeln TR(E) und TW(E) abzugleichen (in einer Anpassung des Konzeptes aus Abschnitt 7.4.2):

- Lesen: Ergänzend zu TS(T) > TW(E) muß überprüft werden, ob Prewrites auf E vorhanden sind. Trifft dies zu, so wird der Lese-Zugriff erst nach Aufhebung der Prewrites mit älteren (kleineren) Zeitstempeln als TS ausgeführt.
- Prewrite: Genau wie bei einem Schreib-Zugriff im zentralen System ist TR(E) < TS(T) und TW(E) < TS(T) zu überprüfen.
- Schreiben: Schreib-Zugriffe, die nach Vereinbarung ausschließlich nach dem COMMIT erfolgen dürfen, müssen warten, bis alle Prewrites mit einem älteren Zeitstempel ausgeführt sind.

8.3 Verteilte Anfragen

Die kommutativen und assoziativen Eigenschaften der relationalen Operationen Projektion, Selektion, Join und Vereinigung gestatten es oft, Suchanfragen auf unterschiedliche Weise zu verarbeiten. Beispiel: Möchte man in unseren Hotels (mit den Relationen GAESTE und BELEGG; vgl. Beispiel 8.1) z. B. zu vorgebener Gast_ID alle betreffenden Belegungen zusammen mit den Personen-Angaben ermitteln, so können zwei verschiedene Strategien angewandt werden, die beide zum gleichen Ergebnis führen: Join von GAESTE mit BELEGG mit anschließender Selektion bzgl. der Gast_ID; oder umgekehrt: Selektion in GAESTE bzgl. der Gast_ID mit anschließendem Join der Ergebnis-Relation mit BELEGG. Man erkennt, daß die zweite Strategie weniger Aufwand erfordern wird als die erste. Mit der *Query-Optimierung* versucht ein DBMS oder DDBMS, den günstigsten Lösungsweg auszuwählen.

Die folgenden Überlegungen wollen veranschaulichen, wie verteilte Anfragen (Suchanfragen, die sich auf mehrere Stellen beziehen) optimiert werden können. Sie stützen sich auf allgemeingültige Eigenschaften der relationalen Operationen, wie sie zum Teil in Abschnitt 2.1 nachgewiesen wurden.

Die Bearbeitungszeit von verteilten Anfragen richtet sich in geographisch verteilten Datenbanksystemen hauptsächlich nach dem Umfang des Datentransfers zwischen den lokalen Systemen. Wir dürfen davon ausgehen, daß die Übertragungszeit linear mit dem zu übermittelnden Datenvolumen wächst (nach der Formel $t = a + b \cdot V$, V: Datenvolumen). Ein DDBMS muß deshalb für eine verteilte SELECT-Anweisung diejenige Verarbeitungsstrategie wählen, welche den geringsten Datentransfer erwarten läßt.

Operator-Bäume

Geschachtelte relationale Operationen können in der Form eines Operator-Baumes dargestellt werden; die inneren Knoten repräsentieren dabei die Operationen, die Blätter die zu verknüpfenden Relationen. Beispiel: Die zwei Versionen der eingangs formulierten Suchanfrage entsprechen den Operator-Bäumen in Abb. 8.1. Offensichtlich ist umgekehrt auch jeder so strukturierte Operator-Baum als ein relationaler Ausdruck interpretierbar.

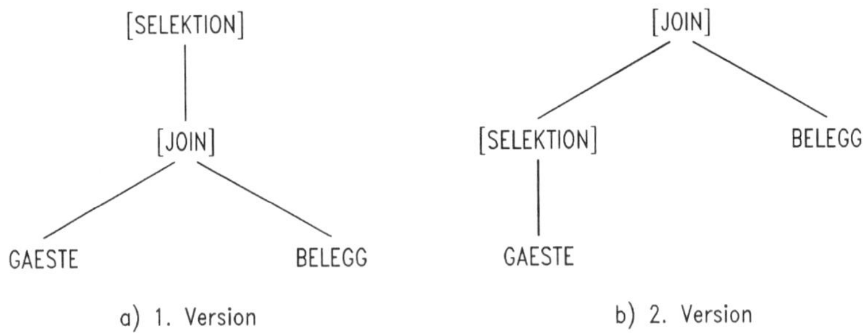

Abb. 8.1 Operator-Baum

Suchanfragen dürfen sich in verteilten Systemen im Idealfall auf globale Relationen (als Blätter des betreffenden Operator-Baumes) beziehen. Jede globale Relation kann ihrerseits als Verknüpfung von Fragmenten (Join bei vertikaler Fragmentierung; Vereinigung bei horizontaler Fragmentierung) wiedergegeben werden – was ebenfalls in der Form eines Operator-Baumes darstellbar ist; als Blätter treffen wir dort die Fragmente an. Wenn wir die globalen Relationen durch die geeigneten Verknüpfungen der Fragmente ersetzen, sprechen wir auch von einer *kanonischen Darstellung* des relationalen Ausdrucks (Anfrage) bzw. des Operator-Baumes. Abb. 8.2 gibt die kanonische Darstellung zu Abb. 8.1 a) wieder, wobei wir die Fragmentierung aus Beispiel 8.1 übernehmen.

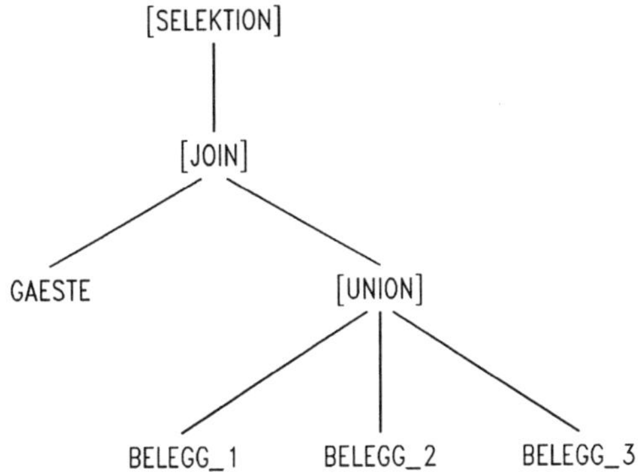

Abb. 8.2 Kanonische Darstellung

Query-Optimierung

Zwei relationale Ausdrücke bezeichnen wir als äquivalent, falls sie stets dieselbe Ergebnis-Relation erzeugen – bis auf Äquivalenz im Sinne des Abschnitts 2.1. Es wird angenommen, daß das DDBMS denjenigen äquivalenten Ausdruck wählt, bei dem primär der Datentransfer und sekundär die Externspeicher-Zugriffe berücksichtigt wird.

‚Unäre' Operationen, welche sich nur auf eine Relation beziehen (Projektion, Selektion), verkleinern stets das Datenvolumen. Deshalb wird ein DDBMS unäre Operationen vorrangig ausführen; im Operator-Baum bzw. in der kanonischen Darstellung sind diese Operationen dann möglichst tief, direkt über den Blättern anzusiedeln. So gibt Abb. 8.1 b) eine optimierte Version zu Abb. 8.1 a) wieder. Um weitergehende Vertauschungen zu legitimieren, darf auch von der Idempotenz der Operationen Selektion ((R(P))(P) = R(P)) und Projektion ((R[L])[L] = R[L]) Gebrauch gemacht werden. Abb. 8.3 a) verwendet die Idempotenz der Selektion und stellt einen äquivalenten Operator-Baum zu Abb. 8.1 a) dar; Abb. 8.3 b) erzielt im Vergleich zu Abb. 8.1 b) dann noch eine weitere Verbesserung.

Oft läßt sich von vornherein erkennen, daß gewisse Fragmente keinen Beitrag zu einer Selektion liefern werden. Dazu muß das DDBMS Informationen über Bedingungen, welche der Fragmentierung zugrunde liegen, besitzen. In solchen Fällen ist das betreffende Blatt in der kanonischen Darstellung (Fragment) durch die leere Menge zu ersetzen und bei der Auswertung zu übergehen.

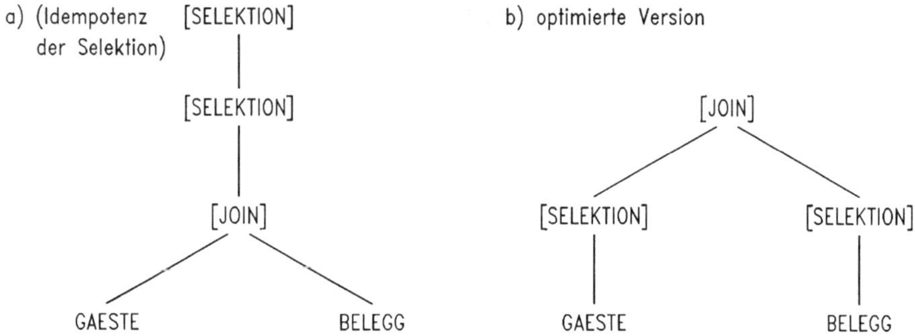

Abb. 8.3 Operator-Baum

Beispiel 8.2

Die Selektion

BELEGG (Zimmer_Nr = 104 AND Haus_ID = H2)

(vgl. Beispiel 8.1) entspricht der optimierten kanonischen Darstellung in Abb. 8.4 a). Da nur das Fragment BELEGG_2 einen Beitrag liefert, gibt auch Abb. 8.4 b) diese Selektion wieder.

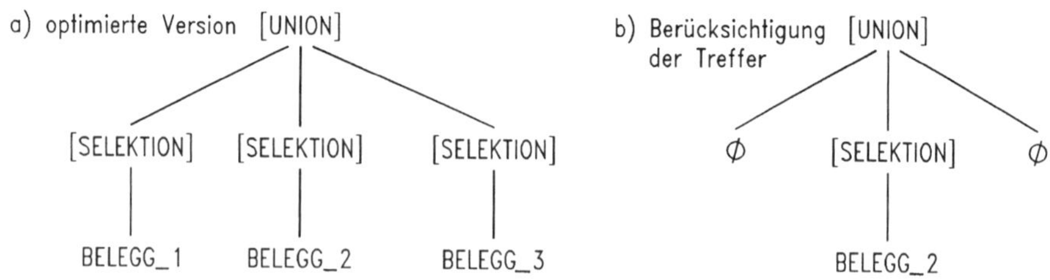

Abb. 8.4 Kanonische Darstellung

Join-Graphen

Weitere Einsparungen von Zugriffen können auf ähnliche Weise auch bei Joins von Relationen, die in mehrere horizontale Fragmente zerlegt sind, eingeplant werden; man berücksichtigt nur noch diejenigen Fragment-Paare, welche verknüpfbare Tupel enthalten können. Hierbei nutzt man die Vertauschbarkeit der Operationen Join und Vereinigung (als Rekonstruktion der globalen Relation) aus. Die noch zu verknüpfenden Fragment-Paare können in der Form eines *Join-Graphen* veranschaulicht werden; dort sind Fragmente durch eine Kante verbunden, wenn sie verknüpfbare Tupel enthalten.

Beispiel 8.3

In Ergänzung zu Beispiel 8.1 verwendet unsere Hotel-Kette neben GAESTE und BELEGG noch die globale Relation LEISTUNG(Gast_ID, Tag, Art, Preis, Haus-ID), in der die erbrachten Zusatz-Leistungen festgehalten sind. Wie bei BELEGG sollen die Informationen zu LEISTUNG durch horizontale Fragmentierung lokal geführt werden. Mit drei Niederlassungen finden wir dann die betreffenden Fragmente BELEGG_1, BELEGG_2 und BELEGG_3 sowie LEISTUNG_1, LEISTUNG_2 und LEISTUNG_3 vor. Abb. 8.5 a) zeigt den Join-Graphen zu GAESTE * BELEGG, Abb. 8.5 b) zu BELEGG * LEISTUNG.

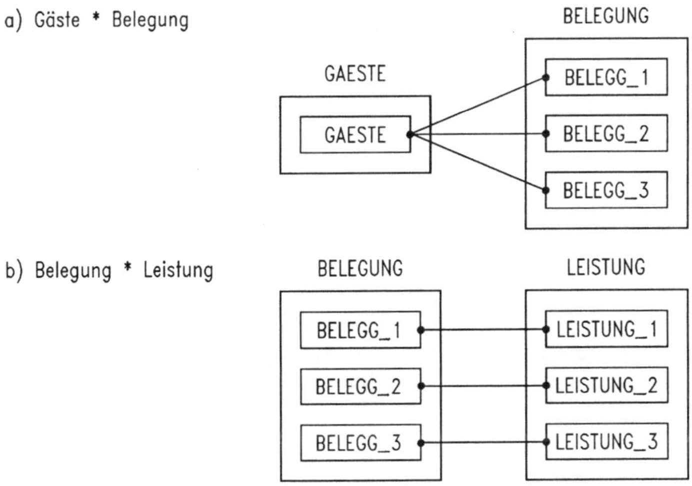

Abb. 8.5 Join-Graph

Zur Reduktion des Datenaustauschs wird das DDBMS für den Join zweier horizontal fragmentierter Relationen folgende Strategie wählen: Join der Fragment-Paare mit verknüpfbaren Tupeln (gemäß dem Join-Graphen) und anschließende Vereinigung der Teilergebnisse. Im Operator-Baum des optimierten Ausdrucks findet sich dann die Operation Vereinigung *über* den Joins; dabei werden nur noch die Fragment-Paare mit einem möglichen Beitrag berücksichtigt.

Semi-Joins

Ähnlich wie eine Selektion trägt auch ein Semi-Join zur Reduzierung des Volumens einer Relation bei (vgl. Abschnitt 2.1); er selektiert alle verknüpfbaren Tupel aus einem der Join-Operanden. Bei einem verteilten Join zweier Relationen R1 und R2 (über eine Attribut-Kombination L) kann dann das DDBMS zunächst die Projektion R2[L] zum lokalen DBMS mit R1 senden und dort den Semi-Join R1 * R2[L] ausführen. Das Ergebnis mit den verknüpfbaren Tupeln wird anschließend an R2 übermittelt. Offensichtlich erspart man sich damit den Transfer der nicht-verknüpfbaren Tupel aus R1.

Beispiel 8.4

Wenn wir noch einmal GAESTE * BELEGG (Gast__ID = 82) betrachten, so können wir zuerst die Projektion PROJ = (GAESTE (Gast__ID = 82)) [GAST__ID] zu den drei Stellen senden und dort die Semi-Joins BELEGG__1 * PROJ bzw. BELEGG__2 * PROJ bzw. BELEGG__3 * PROJ ausführen (was jeweils einer Selektion in den betreffenden Fragmenten gleichkommt). Die Ergebnisse sind dann nach ihrer Übermittlung mit GAESTE zu verknüpfen.

Anmerkungen

Verteilte Datenbanken gehen von autonomen Datenbanksystemen auf unterschiedlichen Verarbeitungssystemen aus, die zum Zwecke gemeinsamer Bestandsbearbeitungen zu einer übergreifenden Organisationseinheit koordiniert werden sollen.

Ein verteiltes Datenbanksystem ist um so positiver zu bewerten, je weniger der Anwender die Daten-Verteilung zu berücksichtigen braucht. Zur Beurteilung sind die Transparenz-Stufen vorgestellt worden; sie wollen aufzeigen, in welcher Hinsicht ein Produkt die Verteilung nach außen hin als „durchsichtig" (unerkennbar) verbirgt. Genau wie ein zentrales DBMS benötigt auch ein DDBMS ein Datenmodell zur übergreifenden Beschreibung der Datenbestände; hierzu bietet das relationale Modell besondere Vorteile. Kontrollierte redundante Datenhaltung kann dazu benutzt werden, um die Ausfallsicherheit eines Systems zu erhöhen.

Besondere Maßnahmen sind zur Koordination verteilter Transaktionen erforderlich (Zwei-Phasen-Commit-Protokoll). Hinsichtlich der Bearbeitungszeit muß bei einer

Anfrage, die sich auf mehrere Stellen bezieht, jetzt vor allem noch die Verzögerung durch den Daten-Transfer zwischen den Stellen berücksichtigt werden. Verfahren der Query-Optimierung nutzen die algebraischen Eigenschaften der Relationen-Operatoren aus, wonach dieselbe Ergebnis-Relation oft auf verschiedenen Wegen ermittelt werden kann; es wird dann diejenige Strategie verfolgt, für die der geringste Daten-Austausch zu erwarten ist.

Literatur

Als Standardwerk auf dem Gebiet der verteilten Datenbanken ist S. CERI, G. PELAGATTI [85]* zu nennen, an dem sich die Ausführungen dieses Kapitels orientieren. Detailliertere Ausführungen, insbesondere zu Synchronisation und Recovery finden sich in H. F. KORTH, A. SILBERSCHATZ [86]*, Ch. 12. Eine kleine Auswahl weiterer Veröffentlichungen (vgl. auch J. N. GRAY [81]*, Kap. 7):

BERNSTEIN, P.A.; GOODMAN, N. [78]: Concurrency control in distributed database systems. ACM Comp. Surveys 13 (1981), 185–221.

BERNSTEIN, P.A.; GOODMAN, N. [82]: A Sophisticate's introduction to distributed database concurrency control. Proc. 8th Int. Conf. on Very Large Data Bases, 1982, 62–76.

TRAIGER, I.L., GRAY, J.; GALTIERI, C.A.; LINDSAY, B. G. [82]: Transactions and consistency in distributed database systems. ACM Trans. on Database Systems 7 (1982), 323–342.

Die folgenden Zitate beziehen sich auf den Prototypen SDD-1 (Computer Corporation of America):

BERNSTEIN, P.A.; GOODMAN, N., WONG, E.; REEVE, C.L.; ROTHNIE, J. B. [81]: Query Precessing in SDD-1: A system for distributed databases. ACM Trans. on Database Systems 6 (1981), 602–625.

BERNSTEIN, P.A.; ROTHNIE, J.B.; GOODMAN, N.; PAPADIMITIOU, C. A. [78]: The concurrency control of SDD-1: A system for distributed databases (the fully redundant case). IEEE Trans. on Software Eng. SE-4 (1978), 154–168.

BERNSTEIN, P.A.; SHIPMAN, D.W.; ROTHNIE, J. B. Jr. [80a]: Concurrency control in a system for distributed databases (SDD-1). ACM Trans. on Database Systems 5 (1980), 18–51.

BERNSTEIN, P.A.; SHIPMAN, D. [80b]: The correctness of concurrency control mechanism in a system for distributed databases (SDD-1). ACM Trans. on Database Systems 5 (1980), 52–68.

MCLEAN, G. [81]: Comments on SDD-1 concurrency control mechanism. ACM Trans. on Database Systems 6 (1981), 347–350.

ROTHNIE, J. B. Jr.; BERNSTEIN, P.A.; FOX, S.; GOODMAN, N.; HAMMER, M.; LANDERS, T.A.; REEVE, C.; SHIPMAN, D.W.; WONG, E. [80]: Introduction to a system for distributed databases (SDD-1). ACM Trans. on Database Systems 5 (1980), 1–17.

Die mit [ ]* gekennzeichneten Zitate (auch im Text) beziehen sich auf übergreifende Werke, die am Ende des Buches aufgeführt sind.

9. Semantische Datenmodelle

Jedes DBMS schreibt Strukturkriterien vor, nach denen die Informationen und ihre Zusammenhänge aufzugliedern sind. Diese Modellierungs-Konzepte der klassischen DBMS werden allerdings in erster Linie dem (technischen) Zweck gerecht, große Informationsmengen zu speichern und effizient zu verwalten. Dies deckt sich jedoch nur zu einem gewissen Teil mit dem Ziel, die vielschichtigen Zusammenhänge zwischen den Informationen und damit ihre Bedeutung darzustellen. Zum Ausgleich dieses Defizits sind die *semantischen* Datenmodelle entwickelt worden. Sie orientieren sich deshalb weniger an der technischen Verarbeitung der gespeicherten Daten sondern vielmehr an der adäquaten Charakterisierung der Zusammenhänge (oder Beziehungen) zwischen Informationseinheiten.

Semantische Datenmodelle lassen sich danach unterscheiden, ob sie sich als ein reines Dokumentationsmittel zur Beschreibung der Informationen eines Unternehmens verstehen oder ob sie ein Datenmodell für ein DBMS abgeben; im ersten Fall müssen die Strukturen in ein klassisches Datenmodell transformierbar sein. Das Entity-Relationship-Modell von P. P.-S. CHEN (Abschnitt 9.1) ist in die erste Kategorie einzuordnen. Das erweiterte relationale Modell RM/T von E. F. CODD (Abschnitt 9.2) nimmt dagegen hier eine ambivalente Rolle ein; zum einen strukturiert es die Informationen nach dem klassischen Relationen-Ansatz, andererseits sieht es Mittel zur Beschreibung von Zusammenhängen vor, deren Überwachung als selbständige Aufgabe eines DBMS neuen Typs anzusehen ist.

Folgende Aspekte können bei der Beschreibung der Modellierungsansätze betrachtet werden:

- Graphische Darstellung des Modells, um die Zusammenhänge der Informationen zu verdeutlichen;
- explizit darstellbare Beziehungsarten, um die Beziehungen zwischen Informationseinheiten näher zu charakterisieren;
- implizite Integritätsregeln;
- Regeln zur Übersetzung in Strukturen des relationalen Modells;
- erlaubte oder herleitbare Operationen auf den dargestellten Informationseinheiten;
- Vorgehensregeln (Entwicklungsschritte).

Die Datenmodellierung gewinnt im Zuge der Integration von Daten und Anwendungen immer mehr an Bedeutung. Wir geben mit dem Entity-Relationship-Modell und mit RM/T einen kurzen Einblick in dieses Gebiet.

Berichtigungen

zum Werk "Schwinn, Relationale Datenbanksysteme"

An den hier aufgeführten Stellen muß es heißen:

S. 23 Unter der Überschrift **Äquivalenz-Betrachtung** (3. Zeile) "...Dann können die Tupel $t \in R_1 (A_1, A_2,...,A_n)$..."

S. 26 (5. Zeile) "$t[L] = (x_{i(1)},..., x_{i(1)})$."

S. 44 Unter **Beweis** (b), 4. Zeile) "...anzutreffen ist; mithin gilt $Y_{x_0 z'} \subsetneq Y_{x_0 z}$, und..."

S. 66 (Abschnitt: „Während... 3. Zeile) "...Attribute dürfen nur..."

S. 68 Unter **Normalisierungsschritt** (2. Zeile) "...mit $\{S\} \cap \{Y\} = \emptyset$,..."

S. 86 Unter **4.2 Beziehungen** (6. Zeile) "...E_1 bzw. E_2 bedeuten..."

S. 147 Unter "*Beispiel*" (10. Zeile) "...der Index-Blöcke mit (k') Schlüsselwerten..."

S. 161 Unter "Höhen-Bestimmung" (3. Zeile) "$n = ... + (m+1)^{(h-1)}m$"

S. 192 Unter "b) [*muß es sowohl in* "PRIMARY KEY-Klausel"]...

SIGN_NR INTEGER NOT NULL,
BEN_NR INTEGER NOT NULL,

[*als auch in* UNIQUE-Klausel]

SIGN_NR INTEGER NOT NULL,
BEN_NR INTEGER NOT NULL,
ANZ_AUSL SMALLINT NOT NULL,..."

S. 205 Unter **Lemma 7.1** (1. Zeile) "...mit den Transaktionen $T = \{T_1,..., T_k\}$..."

S. 207 Nach "Beispiel 7.6" (8. Z.) "...Kantenfolge $(a_1, a_2), (a_2, a_3),...(a_m, a_n), (a_n, a_1)$ ..."

S. 222 Unter **Lemma 7.4** (1. Zeile) "...gesteuert wurde, gilt: [*nächste Zeile*] mit"

Carl Hanser Verlag
München Wien

9.1 Das Entity-Relationship-Modell

Von den semantischen Modellierungsansätzen findet heute das Entity-Relationship-Modell, das von P. P.-S. CHEN [76] vorgestellt wurde, in der Praxis den stärksten Anklang. Vor allem haben die graphischen Darstellungsmittel dieses Ansatzes eine breite Akzeptanz gefunden.

Die Entwicklung des Entity-Relationship-Konzeptes fällt in die Zeit, in der *das* adäquate Daten-Modell kontrovers zwischen Vertretern des Netzwerk-Modells und des relationalen Ansatzes diskutiert wurde (vgl. R. ASHENHURST [74]). Mit dem Entity-Relationship-Ansatz wird der Versuch unternommen, beide ‚Parteien' zusammen mit dem Entity-Set-Ansatz (M. E. SENKO et al. [73]) zu einem übergreifenden Konzept zu vereinen.

9.1.1 Methodische Grundlagen

Das Entity-Relationship-Modell nimmt vier Ebenen an, auf denen die Informationen eines Unternehmens zu betrachten sind:

<u>1. Ebene:</u> Klassifizierung der Entities und Beziehungen

Unter *Entities* werden ‚Dinge' – als Gegenstände unserer Anschauung – verstanden, welche eindeutig identifizierbar sind; daneben werden noch *Beziehungen* als Verbindungen zwischen Entities einbezogen.

Entities werden auf der Grundlage gemeinsamer Eigenschaften in verschiedene Mengen aufgeteilt; Disjunktheit der Mengen wird dazu nicht gefordert. Jede Entity-Menge ist durch ein Prädikat ausgezeichnet, das über die Zugehörigkeit eines Entities zur betreffenden Menge entscheidet.

Mit Hilfe der antizipierten Mengenaufteilung läßt sich eine Beziehung präziser interpretieren. Sie entspricht einem Tupel

$$(e_1, e_2, \ldots, e_n): e_1 \in E_1, e_2 \in E_2, \ldots, e_n \in E_n,$$

dessen Komponenten e_i den Elementen aus gewissen Entity-Mengen E_i, $1 \leqslant i \leqslant n$, entsprechen. Jede Komponente (Entity) in einer Beziehung erfüllt eine gewisse Funktion, die als seine *Rolle* verstanden wird.

Neben Entities und Beziehungen bilden die *Attribute* den dritten Pfeiler des Ansatzes. Sie werden als Funktionen aufgefaßt, die Entities bzw. Beziehungen in gewisse (nicht notwendigerweise elementare) Wertebereiche abbilden.

Formal:

$$f\colon E_i \text{ (bzw. } R_i) \longrightarrow V_i \text{ (oder } \longrightarrow V_{i_1} \times V_{i_2} \text{ x} \ldots \text{x } V_{i_k}),$$

wobei f das Attribut meint und V_i bzw. V_{i_j} Wert-Mengen bedeuten; E_i bzw. R_i bezeichnen Entity- bzw. Beziehungsmengen. Die Zuordnung der Werte zu den Entities (bzw. zu den Beziehungen) kann in Form einer Tabelle dargestellt werden.

<u>2. Ebene:</u> Informations-Struktur der Entities und Beziehungen

Nach der Aufteilung der Anschauungsobjekte in Entity- und Beziehungsmengen wird nun der Schritt zur Beschreibung des Entities und Beziehungen durch Informationen vollzogen. Eine zentrale Stellung nimmt dabei deren Identifikation ein. Zu jeder Entity-Menge wird ein Attribut (bzw. eine Attribut-Kombination) als *Schlüssel* bestimmt, womit die einzelnen Entities eindeutig kennzeichenbar sind. Ein Schlüssel gibt eine eindeutige Abbildung zwischen einer Entity-Menge und einer Wert-Menge ab.

Für Beziehungsmengen wird der Schlüssel aus den Schlüssel-Komponenten der beteiligten Entities gebildet.

In manchen Fällen ergibt sich der Sinn der Entities erst im Zusammenhang mit anderen Entities, mit denen sie in einer Beziehung stehen. Informationen über Kinder der Angestellten im Unternehmen sind ,dort erst dann sinnvoll interpretierbar, wenn gleichzeitig die Beziehung zum Elternteil mitgedacht wird. Solche Entities werden als *schwache Entities* (weak entities), alle anderen als *reguläre Entities* charakterisiert. Schwache Entities werden mit Hilfe ihres Bezugs-Entities identifiziert. Die Zusammenhänge zwischen den Entity- und Beziehungsmengen können mit Hilfe der Entity-Relationship-Diagramme (vgl. Abschnitt 9.1.2) wiedergegeben werden.

Der Ansatz führt, wie gezeigt, unmittelbar zu Relationen-Strukturen. Die Schlüssel-Ausprägungen repräsentieren die betreffenden Entities. Aufgrund ihres Verständnisses sind die Attribute außerhalb des Schlüssels von diesem funktional abhängig.

Entsprechend ihrer Verankerung wird eine Relation als

- reguläre Entity-Relation,
- reguläre Beziehungs-Relation,
- schwache Entity-Relation bzw.
- schwache Beziehungs-Relation (falls ein schwaches Entity beteiligt ist)

eingestuft.

<u>3. Ebene:</u> Datenstrukturen *ohne* Zugriffspfade

Je nach Produkt sind die Datenstrukturen nach dem DBMS darzustellen. Im Falle eines relationalen DBMS ergeben sich die Relationen-Strukturen unmittelbar im Zusammenhang mit dem Entity-Relationship-Diagramm (2. Ebene).

4. Ebene: Datenstrukturen *mit* ihren Zugriffspfaden

Die beiden letztgenannten Ebenen, die auf das DBMS bezogen sind, werden durch das Entity-Relationship-Modell nicht weiter unterstützt.

9.1.2 Entity-Relationship-Diagramme

Das Entity-Relationship-Diagramm gibt die Informationsstruktur wieder, die mit Hilfe des Entity-Relationship-Ansatzes entwickelt wurde. Alle Eigenschaften dieses Modells können anhand der Entity-Relationship-Diagramme wiedergegeben werden.

Darstellung des Modells

Zur Visualisierung eines Entity-Relationship-Modells, wie es nach dem letzten Abschnitt entwickelt wurde, stehen folgende Symbole zur Verfügung:

Entity-Menge: Rechteck, beschriftet mit dem Namen der Entity-Klasse

Menge schwacher Entities: zweifach umrandetes, beschriftetes Rechteck

Beziehungs-Menge: Raute, mit dem entsprechenden Namen gekennzeichnet; von den Ecken der Raute gehen Kanten zu den Entity-Mengen, welche in der betreffenden Beziehung zueinander stehen.

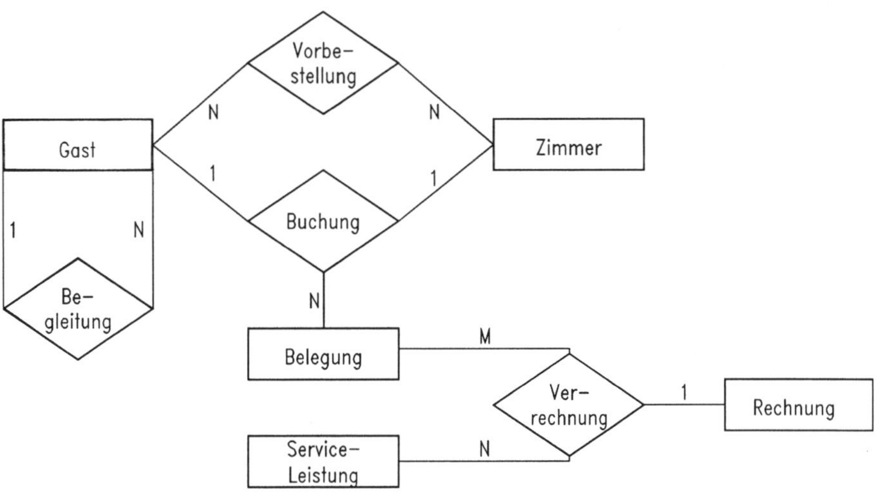

Abb. 9.1 Entity-Relationship-Diagramm (Hotel)

An den Verbindungslinien zwischen den Symbolen kann der Beziehungstyp (vgl. Abschnitt 4.2) verdeutlicht werden (durch ‚1' bzw. ‚n' etc.).

In Abb. 9.1 (vorige Seite) wurden die Informationen eines Hotels mit einem Entity-Relationship-Diagramm strukturiert.

Explizit darstellbare Beziehungsarten

Im Vergleich zu anderen (klassischen) Datenmodellen zeichnet sich das Entity-Relationship-Modell bei der Behandlung von Beziehungen durch folgende Eigenschaften aus:

- 1 : 1-, 1 : n- und n : m-Beziehungen sind explizit dokumentierbar;
- mehr als zwei Mengen dürfen im Entity-Relationship-Modell gemeinsam an einer Beziehung beteiligt sein;
- Darstellbarkeit von Beziehungen zwischen Entities derselben Menge.

Implizit vermittelte Integritätsregeln

Existenzabhängigkeit kann graphisch mit Hilfe einer gerichteten Kante (Pfeil) angegeben werden, z. B. beim Vorliegen schwacher Entities. Aus dem Entity-Relationship-Diagramm läßt sich daher auch ablesen, wann bestimmte Maßnahmen zur referentiellen Integrität (vgl. Abschnitt 7.1) gefordert sind (Einfügen von existenzabhängigen Entities bzw. Entfernen der Bezugs-Entities).

Vorgehensregeln

Folgende Schritte werden vorgeschlagen:

1. Festlegen der Entity-Mengen und Beziehungsmengen;
2. Charakterisierung der Anzahl der Elemente, die an der Beziehung beteiligt sind;
3. Festlegen der Attribute und Wertebereiche
4. Strukturieren der Entity- und Beziehungs-Relationen sowie Festlegen der (Primär-) Schlüssel.

Nach den ersten beiden Schritten wird das Entity-Relationship-Diagramm erstellt.

9.1.3 Bemerkungen

Das Zusammenführen der entgegenstehenden Ansätze des Netzwerk- und des relationalen Modells im Entity-Relationship-Ansatz gelingt durch das Ausweichen von der logischen Modell-Ebene auf die semantische Ebene, welche die technischen Gesichtspunkte der physischen Datenverarbeitung beiseite schiebt.

Dieser semantische Ansatz macht sich einerseits die Vorzüge der formalen Behandlung (Reduktion des Blickfeldes auf Mengen) zunutze, wie sie auch dem relationalen Ansatz eigen sind; andererseits bietet es durch die angebotenten graphischen Darstellungsmittel die Gelegenheit, Zusammenhänge zwischen Informationseinheiten explizit darzustellen, wie es etwa im Netzwerk-Ansatz naheliegt.

Mit dem relationalen Konzept werden Gegenstände (Entities) und Beziehungen nach der gleichen Art behandelt: Die Unterscheidung zwischen beiden Begriffen verschwindet im nachhinein. Der Entity-Relationship-Ansatz läßt hier Unterscheidungen zu (allerdings ohne präzise Festlegungen; vgl. C. J. DATE [86]*, Ch. 25.3).

9.2 Das erweiterte relationale Modell RM/T

Im klassischen relationalen Modell werden Entities und Beziehungen in Tupelform wiedergegeben; Beziehungen zwischen Entities werden über Attribut-Werte vermittelt. Auf der Ebene der Datenbeschreibung sind diese Zusammenhänge aus den Relationen-Strukturen jedoch nur mittelbar erkennbar. Zur präziseren Charakterisierung der Zusammenhänge auch auf der Struktur-Ebene wurde von E. F. CODD [79] das erweiterte relationale Modell vorgestellt, das nach dem Ort seiner ersten Präsentation in Tasmania auch als RM/T bezeichnet wird. Der folgende kurze Überblick versucht, einen Einblick in dieses Konzept zu geben.

RM/T geht von der Aufgliederung der Informationen nach dem relationalen Modell aus. Für den Umgang mit Relationen wird grundsätzlich angenommen, daß für den Primär-Schlüssel einer Relation nur definite, nicht-modifizierbare Werte geführt werden (Regel 1).

Entities

Unter Entities werden eigenständige Informationseinheiten verstanden. Jedes Entity ist mindestens einem, gegebenenfalls aber auch mehreren Typen zugeordnet. Wie wir noch sehen werden, zeichnet sich ein Entity-Typ durch die Informationsstruktur seiner Glieder aus. Jedes Entity wird durch ein unveränderbares *Surrogat* repräsentiert; das Surrogat entspricht einem vom System vergebenen, global eindeutigen Identifikationsschlüssel, der allein zur Verwaltung der Entities dient und nach außen hin keine Bedeutung besitzt. Alle Beziehungen zwischen Entities und alle gespeicherten Informationen über ein Entity werden mit Hilfe des Surrogats verwaltet.

Jedem Entity-Typ ist eine *E-Relation* zugewiesen, die ausschließlich aus der Schlüssel-Spalte für Surrogate besteht. Die E-Relation besitzt die einzige Aufgabe, die Existenz der dem Typ zugewiesenen Mitglieder zu verwalten. Sie erlaubt daher lediglich Einfüge- und Lösch-Aktionen (Regel 3; auf Regel 2 gehen wir noch später ein). Aus naheliegenden Gründen wird als Relationen-Name die Bezeichnung des betreffenden Typs gewählt.

Entities können in RM/T hinsichtlich ihrer Stellung zu anderen Entities nach einer der drei folgenden Kategeorien charakterisiert werden:

- *Charakteristische Entities* dienen dazu, andere höhere Entities zu beschreiben; ihre Existenz ist von diesen übergeordneten Bezugs-Entities abhängig. (Beispiel: die Entities ‚Bestell-Positionen' beziehen sich in diesem Sinne auf ein Entity ‚Bestellung'.) Ein charakteristisches Entity darf selbst weitere nachgeordnete charakteristische Entities besitzen.
- *Assoziative Entities* bezeichnen das Zusammenspiel einer festen Anzahl von Entities zu einer neuen Informationseinheit. Sie nehmen ebenfalls eine existenzabhängige Rolle ein – allerdings in gewissem Sinne nach ‚oben' hin. (Beispiel: ‚Benutzer' und ‚Buch' führen zum assoziation Entity ‚Ausleih-Vorgang'.)
- Alle anderen Entities werden als *Kern-Entities* (engl.: kernel) bezeichnet. Sie verfügen über eine eigenständige Existenz (Beispiel: ‚Benutzer').

Eigenschaften

Entities, gleich welchen Typs oder Kategorie, dürfen in RM/T auf folgende Weise beschrieben werden: durch unmittelbare Eigenschaften (engl.: properties) in Form elementarer Attribute sowie durch mehrwertige Eigenschaften mit Hilfe mehrerer charakteristischer Entities. Im letzten Fall wird eine dynamisch festgelegte Anzahl von Entities desselben Typs einem anderen Entity zugewiesen. Die Schachtelung charakteristischer Entities kann in der Form einer hierarchischen Baumstruktur gefaßt werden.

Die Zusammenfassung von Elementar-Attributen eines Typs führt zu einer oder mehreren *P-Relationen* mit dem Entity-Schlüssel (Surrogat) als Primärschlüssel. Als Attribute dürfen auch die Schlüssel anderer Entities verwendet werden (als Fremdschlüssel bei assoziativen Entities). Eine P-Relation darf erst dann ein Tupel aufnehmen, wenn das betreffende Entity bereits in der E-Relation bekannt ist (Regel 4). Ähnlich darf ein charakterisches Entity nur dann aufgenommen werden, wenn die Existenz des Entities, welches es beschreibt, schon in dessen E-Relation festgehalten ist (Regel 5).

Auf der Ebene der Struktur-Beschreibung dokumentiert die *PG-Relation* (property graph relation), welche P-Relationen den Entity-Typen (bzw. den E-Relationen) zugeordnet sind; Struktur der PG-Relation: (Entity-Typ, Name der P-Relation). Ihre Entsprechnung findet sie für die mehrwertigen Eigenschaften in der *CG-Relation* (characteristic graph relation) mit der Form (SUB, SUP), wo SUB die Rolle des charakteristischen Entity-Typs bezeichnet, der sich unmittelbar auf den Typ SUP bezieht.

Für assoziative Entities zeichnet die *AG-Relation* (association graph relation) auf, welche Entity-Typen an einem assoziativen Typ beteiligt sind; Struktur der AG-Relation: (SUB, SUP), wo SUP den assoziativen Typ und SUB den Typ einer Komponente wiedergibt. Es wird gefordert, daß derartige Beziehungen zwischen Entity-Typen den Axiomen einer Ordnung (oder der Struktur eines azyklischen Graphen) genügen müssen (vgl. Abschnitt 7.4.2). Falls keine entgegenstehende Festlegung getroffen wurde, darf ein assoziatives Entity auch aufgenommenen werden, wenn eine der beteiligten Komponenten noch unbekannt ist (mit Nullwert statt des Surrogats; Regel 6).

Aggregation

Bereits 1977 haben J.M. SMITH und D.C.P. SMITH [77a], [77b] das Konzept der Aggregation von Einheiten zu einer höheren Einheit neuen Typs vorgestellt. Derartige Zusammenhänge können in RM/T differenzierter aufgezeigt werden, und zwar durch die PG-Relation (Aggregation unmittelbarer Eigenschaften), durch die CG-Relation (Aggregation charakteristischer Entities) und durch die AG-Relation (Aggregation von Kern-Entities oder assoziativen Entities zu einem assoziativen Entity-Typ). In den beiden ersten Fällen können die übergeordneten Entities charakteristische Entities oder Kern-Entities sein.

Aggregationen dieser Art werden in RM/T auch als *Cartesische Aggregation* bezeichnet. Sie stehen im Unterschied zur *Cover Aggregation,* mit der eine dynamische Anzahl von Entities unterschiedlichen Typs einer anderen Einheit zugeordnet werden. (Beispiel: ein Konvoy kann sich aus Fahrzeugen unterschiedlichen Typs wie LKW, PKW, Personen etc. zusammensetzen). Die *KG-Relation* (cover membership relation) führt zu jedem Cover Aggregat die Entity-Typen, aus denen sich die Mitglieder bilden dürfen.

Subtypen

Entities werden zu einem Typ zusammengefaßt, wenn über sie Aussagen derselben Art feststellbar sind. Oft können die Mitglieder eines Entity-Typs noch in Teilklassen aufgegliedert werden, die aufgrund spezifischer Aussagen in sich noch homogener strukturierbar sind. So können die Entities 'Fahrzeuge' in Teilklassen PKW, LKW etc. mit genaueren Angaben aufgeteilt werden. Eine derartige Aufgliederung eines Entity-Typs wird als *Spezialisierung* (engl.: specialization) in Subtypen, die Zusammenfassung der Teilmengen zu einer allgemeineren Klasse als *Generalisierung* (engl.: generalization) bezeichnet. Die Spezialisierung/Generalisierung kann sich über mehrere Ebenen erstrecken. Die Beziehungen zwischen den Typen und ihren Subtypen muß in RM/T den Axiomen einer Ordnung genügen. Sie werden in der *UGI-Relation* (unconditional gen inclusion relation) gespeichert, wo jedes Tupel den Typ, seinen Subtyp und das Prädikat festhält, welches ein Entity einem Subtyp zuweist. Die vollständige Integration eines Subtyps unter den betreffenden generalisierenden Typ wird durch die Forderung abgesichert, nach der jedes Element eines Subtyps zuvor dem allgemeineren Typ zugewiesen sein muß (Regel 7).

Hinsichtlich der Frage nach der Existenz-Abhängigkeit sind die Glieder eines Subtyps von Kern-Entities ebenfalls als Kern-Entities einzustufen, so wie die Spezialisierung charakteristischer Entities wieder zu charakteristischen Entities führt.

Zusätzlich dürfen auch alternative Spezialisierungen eines Typs betrachtet werden, deren strukturelle Beschreibung sich in der *AGI-Relation* (alternative gen inclusion relation) findet.

Reine Assoziationen

Im Unterschied zu den assoziativen Entities kann das Zusammenspiel von Entities, die in einer n:m-Beziehung stehen, auch als reine Assoziation (nonentity association) ohne den Status eines Entities aufgefaßt werden. Elementare Attribute dürfen wir einbeziehen; weitere Beschreibungen durch charakteristische Entities oder die Beteiligung an assoziativen Entities sind allerdings nicht möglich. Der Primär-Schlüssel solcher Relationen setzt sich aus den Schlüsseln der beteiligten Entities zusammen. Es wird gefordert, daß Surrogate, die hier angetroffen werden, bereits in ihrer E-Relation gespeichert sind (Regel 2).

Anmerkungen

Die klassischen Datenmodelle der marktgängigen DBMS können die Informationen und ihre Zusammenhänge im allgemeinen Fall nicht mit hinreichender Ausdruckskraft wiedergeben. Diese Aufgabe übernehmen die semantischen Datenmodelle. Der Einsatz der DBMS in der Praxis verlangt damit nach einer Modifikation der Drei-Schichten Architektur (ANSI/X3/SPARC-Vorschlag; vgl. Abschnitt 1.3). Das *konzeptionelle* Modell beschreibt jetzt unabhängig vom DBMS die Informationszusammenhänge; z. B. ist ein Entity-Relationship-Modell eines Unternehmens hier einzuordnen. Mit Hilfe vorgegebener Transformationsregeln wird hieraus das *logische* Modell abgeleitet, womit die Darstellung der Informationsstrukturen nach den Struktur-Vorgaben des DBMS gemeint ist (im relationalen Modell: die Relationen-Strukturen). Wie zuvor legt das *interne* Modell die Datenstrukturen nach den technischen Gesichtspunkten fest (unter Berücksichtigung der System-Umgebung). Schließlich können aus dem konzeptionellen Modell die Views des *externen* Modells abgeleitet werden. Es wird allerdings oft auch der Weg beschritten, wo zunächst die einzelnen Views erstellt und später zum konzeptionellen Modell integriert werden.

In diesem Kapitel wurde zunächst das Entity-Relationship-Modell nach P. P.-S. CHEN [76] vorgestellt. Die Praxis hat sich vor allem die Diagramm-Technik dieses Ansatzes zunutze gemacht (vgl. P. P.-S. CHEN [85]). Anmerkungen zu diesem Ansatz: vgl. C. J. DATE [86, Ch. 25]; hinsichtlich Erweiterungen vgl. T. J. TEOREY, D. YANG und J. P. FRY [86]. Der zweite Ansatz RM/T nach E. F. CODD [79] sorgt für eine präzisere Beschreibung von Zusammenhängen zwischen Informationen.

Literatur

Ein Konzept zur Datenmodellierung findet sich in M. VETTER [86]*. Weitere semantische Modellierungsansätze sind in den folgenden Zitaten zu finden.

ABITEBOUL, S.; HULL, R. [87]: IFO: A formal semantic database model. ACM Trans. on Database Systems 12 (1987), 525–565.

ASHENHURST, R. [74]: A great debate. Comm. ACM 17 (1974), 360.

BREUTMANN, B.; FALKENBERG, E.; MAURER, R.: [79]: CSL: A language for defining conceptual schemas. In: Data Base Architecture. North Holland, 1979, 237–256.

BREUTMANN, B.; MAURER, R. [79]: Konstrukte zur Darstellung und Prüfung semantischer Regeln. A language for defining conceptual schemas. In: Informatik Fachberichte 33. Springer Verlag, 1980, 166–180.

CHEN, P. P.-S. [76]: The entity–relationship model: toward a unified view of data. ACM Trans. on Database Systems 1 (1976), 9–36.

CHEN, P. P.-S. [85]: Database design on entity and relationship. in S. B. Yao [85]*.

CODD E. F. [79]: Extending the database relatinal model to capture more meaning. ACM Trans. on Database Systems 4 (1979), 397–434.

FALKENBERG, E. [76]: Concepts for modelling information. in: G. M. Nijssen [76]:*, 95–110.
HAMMER, M.; MCLEOD, D. [81]: Database description with SDM: a semantic database model. ACM Trans. on Database Systems 6 (1981), 351–386.
ORTNER, E.; SÖLLNER, B. [89]: Semantische Datenmodellierung nach der Objekttypenmethode. Informatik Spektrum 12 (1989), 31–42.
SENKO, M.E.; ALTMAN, E.B.; ASTRAHAN, M.M.; FEHDER, P.L. [73]: Data structures and accessing in database systems. IBM Syst. J. 12 (1973), 30–93.
SHIPMAN, D. [81]: The functional data model and the data model Daplex. ACM Trans. on Database Systems 6 (1981), 140–173.
SMITH, J.M.; SMITH, D.C.P. [77a]: Database abstractions: Aggregation. Comm. ACM. 20 (1977), 405–413.
SMITH, J.M.; SMITH, D.C.P. [77b]: Database abstractions: Aggregation and generalization. ACM Trans. on Database Systems 2 (1977), 105–133.
TEOREY, T. J.; YANG, D.; FRY, J. P. [86]: A logical design methodology for relational databases using the extended Entity-Relationship Model. Comp. Surveys 18 (1986), 197–222.
WEDEKIND, H.; ORTNER, E. [80]: Systematisches Konstruieren von Datenbankanwendungen: Zur Methodologie der angewandten Informatik. Carl Hanser Verlag, München, 1980.

Die mit [ ]* gekennzeichneten Zitate (auch im Text) beziehen sich auf übergreifende Werke, die am Ende des Buches aufgeführt sind.

Anhang A

Lösungen Kapitel 2

Aufgabe 2.1

a) GAESTE (Land = D UND Geschlecht = w)

Name	Land	Stadt	Geschlecht	Kunden_Nr
Luise	D	Kassel	w	213

b) BUCHUNG [Zimmer, Kunden_Nr]

Kunden_Nr	Zimmer
631	105
837	109
451	104
545	207
631	106

c) GAESTE * BUCHUNG

Name	Land	Stadt	Geschlecht	Kunden_Nr	Zimmer	Tag	Jahr	Dauer
Luigi	I	Roma	m	451	104	61	90	8
Luigi	I	Roma	m	451	104	122	90	2
Wendelin	D	Miltenberg	m	631	105	45	90	6
Wendelin	D	Miltenberg	m	631	106	287	90	6
Fritz	D	Bochum	m	837	109	47	90	4
Fritz	D	Bochum	m	837	109	145	90	3
Osman	TR	Ankara	m	545	207	103	90	3

d) GAESTE * MAHNUNG = Ø

Aufgabe 2.2

Zu ergänzen sind: (x, r, m), (x, r, o), (z, u, s) und (z, r, t).

Aufgabe 2.3

In VERANSTALTUNGEN sind feststellbar.

(Veranstaltung) → (Anzahl, Dozent)
(Veranstaltung, Termin) → (Saal)
(Saal, Termin) → (Veranstaltung)
(Dozent, Termin) → (Veranstaltung)

weitere Abhängigkeiten nach Satz 2.8.

Mehrwertige Abhängigkeiten:

(Veranstaltung) →→ (Hilfsmittel)
(Veranstaltung) →→ (Saal,Termin, Anzahl, Dozent)
oder auch
(Veranstaltung, Anzahl, Dozent) →→ (Hilfsmittel)
(Veranstaltung, Anzahl, Dozent) →→ (Saal, Termin)
etc. (vgl. Aufgabe 2.4).

Schlüssel von VERANSTALTUNGEN (vgl. auch Aufgabe 3.3): z. B. (Veranstaltung, Termin, Hilfsmittel).

Aufgabe 2.4

Beweis der Behauptungen:

a) Voraussetzung: $X \rightarrow A$ und $X \twoheadrightarrow Y$.
Nach den Sätzen 2.4, 2.9 und 2.12 gilt:

$$\begin{aligned} R(XAYZ) &= R(XA) * R(XYZ) \\ &= R(XA) * R(XY) * R(XZ) \\ &= R(XAY) * R(XZ); \qquad (1) \end{aligned}$$

ähnlich erhalten wir mit Hilfe der Idempotenz des Joins:

$$\begin{aligned} R(XAYZ) &= R(XA) * R(XY) * R(XA) * R(XZ) \\ &= R(XAY) * R(XAZ), \qquad (2) \end{aligned}$$

was uns aus (1) $X \twoheadrightarrow AY$ (sowie ($X \twoheadrightarrow Z$) und aus (2) $XA \twoheadrightarrow Y$ (bzw. $XA \twoheadrightarrow Z$) liefert.

b) Voraussetzung: $X \twoheadrightarrow AY$ und $X \twoheadrightarrow AZ$.

Die Austausch-Regel (Satz 2.10) für $X \twoheadrightarrow AY$ besagt: aus

$$t_1 = xayz \in R, \; t_2 = xa'y'z' \in R,$$

folgt auch

$$t_3 = xa'y'z \in R, \; t_4 = xayz' \in R$$

nun liefert die Abhängigkeit $X \twoheadrightarrow AZ$ für t_1, t_3 bzw. t_2, t_4 auf ähnliche Weise:

$$t_5 = xa'yz \in R \text{ und } t_6 = xay'z' \in R.$$

Die Austausch-Regel besagt deshalb hinsichtlich t_1, t_2, t_5, $t_6 \in R$: $X \twoheadrightarrow A$.

c) Voraussetzung: $XA \twoheadrightarrow Y$ und $X \twoheadrightarrow A$.

Ähnlich wie in (b) folgt wegen $X \twoheadrightarrow A$ aus

$$t_1 = xayz \in R\text{: } t_2 = xa'y'z' \in R\text{: } t_3 = xay'z' \in R, \; t_4 = xa'yz \in R.$$

sodann liefert $XA \twoheadrightarrow Y$ für t_1, t_3 bzw. t_2, t_4:

$$t_5 = xay'z \in R \text{ und } t_6 = xa'yz' \in R.$$

Mit der Austausch-Regel erhalten wir wegen t_5, $t_6 \in R$: $X \twoheadrightarrow Y$.

Aufgabe 2.5

Beweis von Satz 2.14 (Transitivität der mehrwertigen Abhängigkeiten): Aus $X \twoheadrightarrow Y$, $Y \twoheadrightarrow Z$, folgt $R \sim R[XZ] * R[XYW]$ (bzw. $X \twoheadrightarrow Z$).

Aus $Y \twoheadrightarrow Z$ folgt (Satz 2.12)

$$R \sim R[XYW] * R[YZ],$$

sowie mit $X \twoheadrightarrow Y$ (Satz 2.13)

$$R[XYW] = R[XY] * R[XW].$$

Satz 2.4 (Abschnitt 2.2.3) gestattet uns, die Verknüpfungen in beliebiger Reihenfolge auszuführen (mit Äquivalenz-Umformung). Deshalb folgt mit $y \twoheadrightarrow z$ und Satz 2.13:

$$\begin{aligned} R &\sim (R[XY] * R[XW]) * R[YZ] \\ &\sim R[XY] * R[YZ] * R[XW] \\ &\sim R[XYZ] * R[XW]; \end{aligned}$$

wegen $X \twoheadrightarrow Y$ folgt nach Satz 2.13

$$\begin{aligned} R &\sim (R[XZ] * R[XY]) * R[XW] \\ &\sim R[XZ] * R[XYW], \end{aligned}$$

was nach Satz 2.12 zu zeigen war.

Aufgabe 2.6

a) Annahme: Es gelten (A1)–(A3).

Regel (A1*) ergibt sich direkt aus (A1).

(A2*) läßt sich so zeigen: Mit $X \to YZ$ und $YZ \to Z$ (A1) gilt nach (A3) $X \to Z$ bzw. wegen $Z \to V$ auch $X \to V$; zusammen mit $X \to YZ$ liefert uns (A2): $X \to YZV$.

(A3*) folgt schließlich mit Hilfe von (A3) aus $X \to YZ$ und $YZ \to Z$ (A1).

b) Nun gelte (A1*)–(A3*).

Die Gültigkeit von (A1) leitet sich unmittelbar aus (A1*) und (A3*) ab. Ähnlich folgt (A2) aus (A1*) zusammen mit (A2*). Hinsichtlich (A3) liefert (A2*) für $X \to Y$ und $Y \to Z$, daß $X \to YZ$ besteht; sodann zeigt uns (A3*) noch $X \to Z$.

Lösungen Kapitel 3

Aufgabe 3.1

a) Im Unterschied zu TOUR_ORG sind in TOUREN * BETREUUNG folgende Tupel (zuviel) enthalten:

(Ikarus-Reisen, T1, 38),
(Ikarus-Reisen, T2, 25),
(Dallas-Tours, T3, 35),
(Rheinfall-Reisen, T1, 26),
(Rheinfall-Reisen, T3, 25),

b) TOUREN * CONTACT enthält die Tupel
(Dallas-Tours, T3, 26)
(Rheinfall-Reisen, T1, 35),
(Rheinfall-Reisen, T3, 38)

die jedoch nicht in TOUR_ORG anzutreffen sind:

c) In BETREUUNG * CONTACT finden wir

(Dallas-Tours, T1, 26),

nicht allerdings TOUR_ORG!

Aufgabe 3.2

a) Die Join-Abhängigkeit $*\{X_1, \ldots, X_k\}$ in R (Voraussetzung) besagt zunächst: $R \sim R[X_1]*\ldots*R[X_k]$. Dann ist das im Aufgabentext beschriebene t* als (mehrfache) Verknüpfung seiner Projektionen $t^*[X_1] \in R[X_1]$, $t^*[X_2] \in R[X_2], \ldots,$ $t^*[X_k] \in R[X_k]$ in R enthalten.

b) Wenn zu den Tupeln $t_1, \ldots, t_k \in R$ ein t* existiert mit

$$
\begin{aligned}
t^*[X_1] &= t_1[X_1] = t'_1,\\
t^*[X_2] &= t_2[X_2] = t'_2,\\
&\vdots\\
t^*[X_k] &= t_k[X_k] = t'_k,
\end{aligned}
$$

so besagt dies, daß die Projektionen $t'_1, \ldots, t'_k$ miteinander verknüpfbar sind. Deshalb liefert $t^* \in R$, daß $R[X_1]*\ldots*R[X_k] \sim R$ besteht.

Aufgabe 3.3

Als Schlüssel der Relation

VERANSTALTUNGEN(Veranstaltung, Saal, Termin, Anzahl, Dozent_ID, Doz_Name, Hilfsmittel):

kommen in Frage: (Veranstaltung, Termin, Hilfsmittel) oder (Saal, Termin, Hilfsmittel) oder (Termin, Dozent_ID, Hilfsmittel).

Primär-Attribute: {Veranstaltung, Saal, Termin, Dozent_ID, Hilfsmittel},

Sekundär-Attribute: {Anzahl, Doz_Name}.

Normalsierung 2NF: Mit (Veranstaltung) → (Anzahl),
(Dozent_ID) → (Doz_Name)

R_1(Veranstaltung, Saal, Termin, Dozent_ID, Hilfsmittel),

R_2(Veranstaltung, Anzahl),

R_3(Dozent_ID, Doz_Name).

R_1, R_2 und R_3 befinden sich in 3NF.

Normalisierung BCNF: Mit (Veranstaltung) → (Dozent_ID) und
(Veranstaltung, Termin) → (Saal)

R_11(Veranstaltung, Termin, Hilfsmittel),

R_12(Veranstaltung, Dozent_ID),

R_13(Veranstaltung, Saal, Termin).

Normalisierung 4NF: Mit (Veranstaltung) →→ (Hilfsmittel) in R_11:

R_111(Veranstaltung, Termin),

R_112(Veranstaltung, Hilfsmittel).

Ergebnis: R_2, R_3, R_12, R_13, R_111, R_112 in der vierten Normalform. (Anmerkung: R_2 und R_12 besitzen denselben Schlüssel und dürfen zusammengefaßt werden.)

Aufgabe 3.4

Schlüssel der Relation: (AB) oder (AC);

2NF-Normalisierung: Mit (B) → (E) und (C) → (D)

R_1(ABC), R_2(BE), R_3(CD);

BCNF-Normalisierung: Mit (B) → (C) (FA3)
R_11(AB), R_12(BC).

Ergebnis: R_11, R_12, R_2, R_3.

Wird zur BCNF-Normalisierung (C) → (B) verwendet, so erhalten wir statt R_11, R12 die Relationen

R_1A(AC), R1B(BC).

(Anmerkung: Neben R_1, R_2, R_3, befinden sich auch R_1 und R_4(BD4) als Zerlegung von R in 3NF)

Lösungen Kapitel 5

Aufgabe 5.1

a)
```
SELECT A.Kunden_Nr, A.Zimmer, A.Kategorie, A.Tag, A.Jahr,
    A.Dauer, B.Name
FROM Buchung A, Gaeste B
WHERE A.Kunden_Nr = B.Kunden_Nr;
```

b)
```
SELECT A.Kunden_Nr, A.Zimmer, A.Kategorie, A.Tag, A.Jahr,
         A.Dauer, B.Name, C.Preis
       FROM Buchung A, Gaeste B, Kategorie C
       WHERE A.Kunden_Nr = B.Kunden_Nr
           AND A.Kategorie = C.Kat;
```

c)
```
SELECT A.Kunden_Nr, A.Zimmer, A.Kategorie, A.Tag, A.Jahr,
         A.Dauer, B.Name
       FROM Buchung A, Gaeste B
       WHERE A.Kunden_Nr = B.Kunden_Nr
           AND A.Kategorie IN,
           (SELECT Kat
             FROM Kategorie
             WHERE Preis >100);
```

oder

```
SELECT A.Kunden_Nr, A.Zimmer, A.Kategorie, A.Tag, A.Jahr,
         A.Dauer, B.Name
       FROM Buchung A, Gaeste B, Kategorie C
       WHERE A.Kunden_Nr = B.Kunden_Nr
           AND A.Kategorie = C.Kat AND C.Preis >100;
```

Aufgabe 5.2

a)
```
SELECT *
   FROM Gaeste
   WHERE Kunden_Nr IN
     (SELECT Kunden_Nr FROM Buchung);
```

b)
```
SELECT A.Name, A.Land, A.Stadt, A.Geschlecht, A.Kunden_Nr
   FROM Gaeste A, Buchung B
   WHERE A.Kunden_Nr = B.Kunden_Nr;
```

Aufgabe 5.3

```
SELECT Betrag = SUM(K.Preis)
   FROM Buchung B, Kategorie K
   WHERE B.Kunden_Nr = 451 AND
           B.Kategorie = K.Kat;
```

falls die Ausgabe der Kunden_Nr erwünscht wird:

```
SELECT Kunden_Nr, Betrag = SUM(K.Preis)
   FROM Buchung B, Kategorie K
   WHERE Kunden_Nr = 451 AND
           B.Kategorie = K.Kat
   GROUP BY Kunden_Nr;
```

Aufgabe 5.4

SELECT X.Zimmer, Betrag = SUM(Y.Preis), Durchschnitt = AVG(X.Dauer)
FROM Buchung X, Kategorie Y
WHERE X.Kategorie = Y.Kat
GROUP BY X.Zimmer
ORDER BY 1.

Aufgabe 5.5

SELECT Abteilung, Max_Geh = MAX(Gehalt), Durchschn = AVG(Gehalt)
FROM Mitarbeiter
WHERE Lebensalter <30
GROUP BY Abteilung
HAVING COUNT(Ma_ID) >10
ORDER BY 3 DESC.

Lösungen Kapitel 6

Aufgabe 6.1

a) Für Records mit den Schlüsselwerten 5, 100, 18, 20, 13, 120, 111, 3, 15, 21, 27, 89, 90, 101, 14, 112 soll der Aufbau eines B-Baumes nachvollzogen werden (Maximal 4 Records je Block; Darstellung des 5., 10. und 15. Schrittes).

5. Schritt:

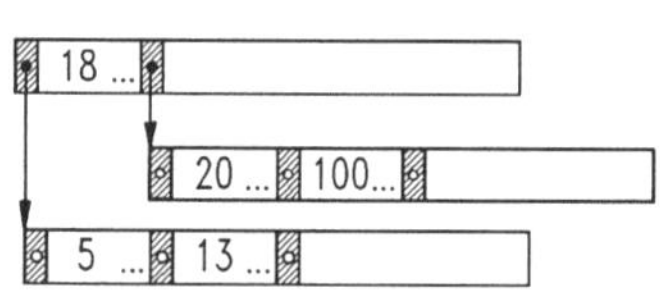

10. Schritt:

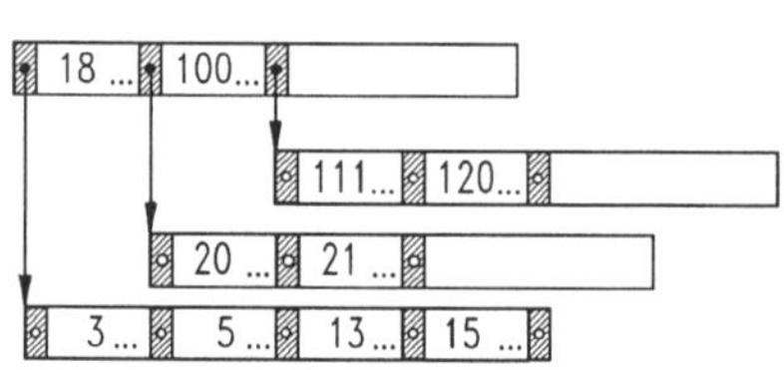

15. Schritt:

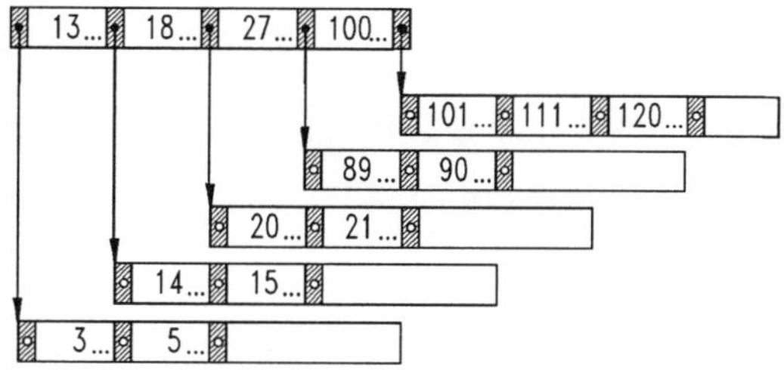

Ergebnis:

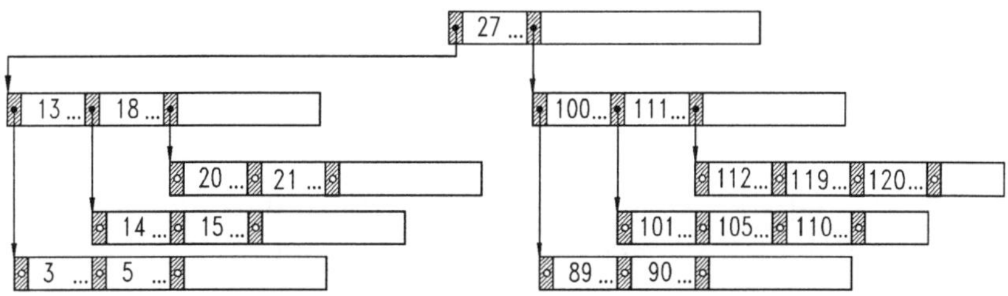

b) Man lösche sodann Record 27...

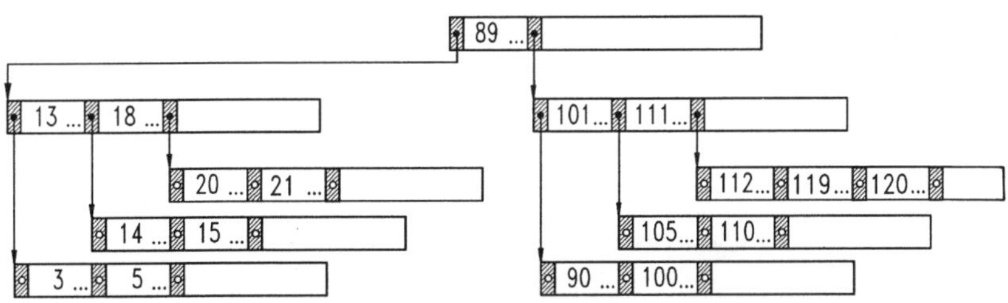

Ubernahme des Records 89 ... in die Wurzel hat eine Umverteilung auf der Blatt- zur Folge.

c) Man lösche in a) den Record 13...

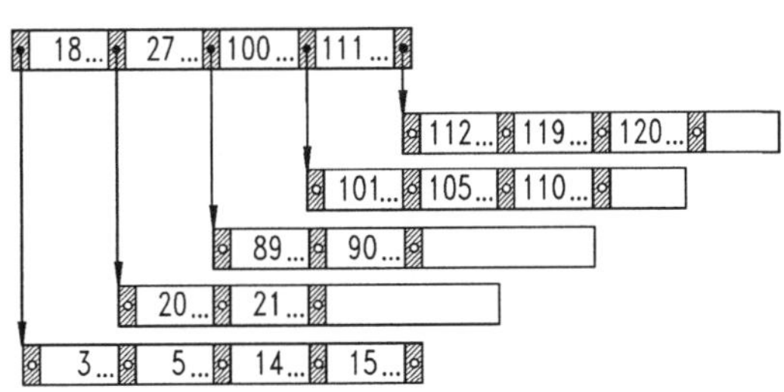

Aufgabe 6.2

In jedem Block können 12 Records aufgenommen werden:

a) 8334 Blöcke (33336 K)

b) 12500 Blöcke (50000 K)

c) Nutzdaten: 11111 Blöcke
Basis-Index: 74 Blöcke
Wurzel-Index: 1 Block;
insgesamt: 11186 Blöcke (44744 K)

d) 11111 Blöcke (44.444 K)

e) Nutzdaten: wie (d)
Index: 74 Blöcke;

in jedem Index-Block finden 151 Einträge (16+4 Bytes) Platz; für 11110 Schlüsselwerte benötigen wir dann noch die 74 weiteren Blöcke; insgesamt: 11185 Blöcke (44740 K).

Aufgabe 6.3

Höhen-Bestimmung: Mit maximal 12 Records ($M_0 = 2M = 12$)

a) $h_{min} = 5$, $h_{max} = 6$;

b) $h_{min} = h_{max} = 3$ ($M_0 = 2M = 202$ für die Index-Knoten).

Deshalb:

a) minimal 1, maximal 6 (bzw. 5) Zugriffe;

b) stets genau 3 Zugriffe.

Lösungen Kapitel 7

Aufgabe 7.1

Die Abhängigkeitsrelation des Schedules S1 lautet

{(T1, a, T2), (T2, a, T3), (T5, b, T2), (T2, c, T4), (T3, d, T5)}.

Damit leitet sich der Präzedenz-Graph ab:

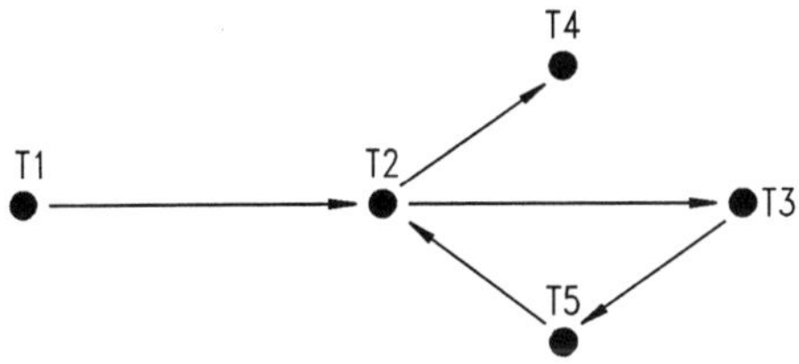

Wegen des Zyklus T2 → T3 → T5 → T2 ist S1 *nicht* Konflikt-serialisierbar.

Aufgabe 7.2

Mit der Abhängigkeitsrelation

{(T3, c, T1), (T1, c, T5), (T3, d, T4), (T4, d, T6), (T4, e, T6), (T5, f, T7), (T6, f, T7)}

konstruieren wir den Präzedenz-Graphen

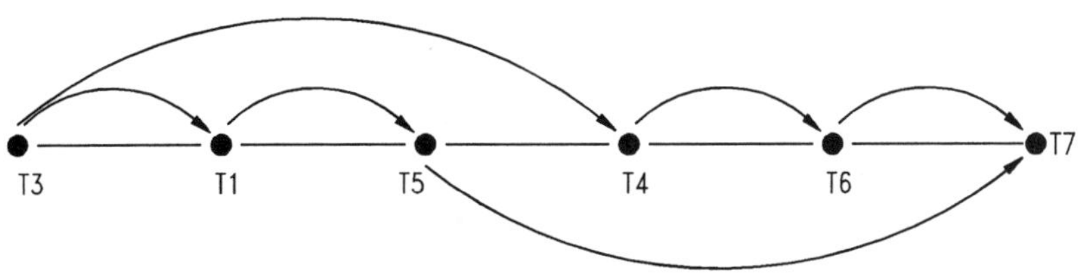

Topologisches Sortieren führt uns z. B. zu folgenden – zu S2 äquivalenten – seriellen Schedules (Angabe der Transaktionen-Folge):

S21 = (T3, T1, T5, T4, T6, T7, T2),
S22 = (T2, T3, T1, T4, T6, T5, T7),
S23 = (T3, T4, T1, T2, T5, T6, T7)

etc.; man beachte, daß T2 mit keiner anderen Transaktion in einem Konflikt steht (bzw. in der Abhängigkeitsrelation nicht in Erscheinung tritt), mithin an beliebiger Stelle aufgeführt werden darf.

Aufgabe 7.3

Es ist ein Schedule mit einem zyklischen Präzedenz-Graphen zu konstruieren. Z. B. betrachten wir mit den Datenbank-Elementen a, b, c:

Log(a) = ((T1, W), (T2, R))
Log(b) = ((T2, W), (T3, R))
Log(c) = ((T3, W), (T1, R))

mit dem Schedule

S* = ((T1,W,a), (T2,R,a), (T2,W,b),
(T3,W,b), (T3,W,c), (T1,R,c)).

Zugehöriger Präzedenz-Graph:

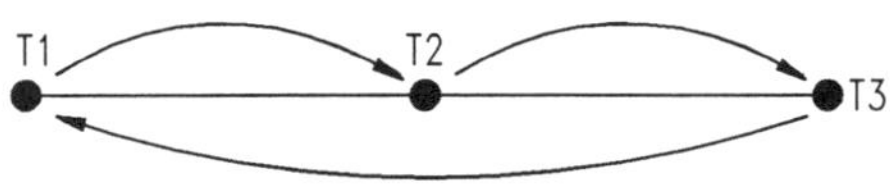

Mithin ist S* *nicht* Konflikt-serialisierbar, obwohl in jedem einzelnen Log die Transaktionen linear angeordnet sind.

Aufgabe 7.4

Wir betrachten 3 Transaktionen T1, T2, T3 mit folgendem Schedule

S* = ((T2, R, a), (T2, W, a), (T1, W, a),
(T3, W, b), (T2, R, b), (T2, W, b)).

Als Abhängigkeitsrelation leiten wir

DED(S*) = {(T2, a, T1), (T3, b, T2)}

ab, mithin ist S* Konflikt-serialisierbar. Allerdings kann S* nicht einem Schedule entstammen, dem das Zwei-Phasen-Sperr-Protokoll zugrunde lag: Der Schreib-Zugriff von T1 auf a macht es erforderlich, daß sich T2 nach seinem UNLOCK(a) bereits innerhalb seiner Schrumpfungsphase befindet. T2 muß aber später noch einmal eine Sperre für b anfordern (*nach* dem Schreibzugriff von T3 auf b), was dann dem Zwei-Phasen-Sperrprotokoll widerspricht.

Anhang B

SQL-Anweisungen zum Aufbau der Beispiel-Datenbank

Vereinbarung der Relationen-Strukturen:

```
CREATE TABLE     Benutzer
(Ben_Nr          INTEGER,
 Vorname         CHAR(15),
 Name            CHAR(20),
 PLZ             SMALLINT,
 Wohnort         CHAR(20),
 Lebensalter     SMALLINT,
 Geschlecht      CHAR(1));

CREATE TABLE     Ausleihe
(Sign_Nr         INTEGER,
 Ben_Nr          INTEGER,
 Tag             SMALLINT,
 Mon             SMALLINT,
 Jahr            SMALLINT,
 Tage            SMALLINT);
```

Einspeichern der Daten

```
INSERT INTO Benutzer
  (Ben_Nr, Vorname, Name, PLZ, Wohnort, Lebensalter, Geschlecht)
  VALUES (213, ‚Rosine‘, ‚Sch‘, 5439, ‚Salzburg‘, 31, ‚w‘);

INSERT INTO Benutzer
  (Ben_Nr, Vorname, Name, PLZ, Wohnort, Lebensalter, Geschlecht)
  VALUES (215, ‚Abacus‘, ‚B‘, 6114, ‚Frau-Nauses‘, 21, ‚m‘);

INSERT INTO Benutzer
  (Ben_Nr, Vorname, Name, PLZ, Wohnort, Lebensalter, Geschlecht)
  VALUES (220, ‚Rabiata‘, ‚M‘, 6948, ‚Corsika‘, 44, ‚w‘);

INSERT INTO Benutzer
  (Ben_Nr, Vorname, Name, PLZ, Wohnort, Lebensalter, Geschlecht)
  VALUES (224, ‚Antiqua‘, ‚W‘, 8563, ‚St Helena‘, 32, ‚w‘);
```

```
INSERT INTO Benutzer
  (Ben__Nr, Vorname, Name, PLZ, Wohnort, Lebensalter, Geschlecht)
  VALUES (232, ‚Frustus', ‚L', 6431, ‚Machtlos', 44, ‚m');
INSERT INTO Benutzer
  (Ben__Nr, Vorname, Name, PLZ, Wohnort, Lebensalter, Geschlecht)
  VALUES (240, ‚Mecki', ‚K', 6114, ‚Frau-Nauses', 35, ‚m');
INSERT INTO Ausleihe
  (Sign__Nr, Ben__Nr, Tag, Mon, Jahr, Tage)
  VALUES (34, 224, 1, 4, 1989, 29);
INSERT INTO Ausleihe
  (Sign__Nr, Ben__Nr, Tag, Mon, Jahr, Tage)
  VALUES (12, 224, 7, 4, 1989, 33);
INSERT INTO Ausleihe
  (Sign__Nr, Ben__Nr, Tag, Mon, Jahr, Tage)
  VALUES (24, 213, 12, 4, 1989, 26);
INSERT INTO Ausleihe
  (Sign__Nr, Ben__Nr, Tag, Mon, Jahr, Tage)
  VALUES (16, 215, 3, 5, 1989, 25);
INSERT INTO Ausleihe
  (Sign__Nr, Ben__Nr, Tag, Mon, Jahr, Tage)
  VALUES (12, 215, 14, 5, 1989, 26);
INSERT INTO Ausleihe
  (Sign__Nr, Ben__Nr, Tag, Mon, Jahr, Tage)
  VALUES (24, 232, 15, 7, 1989, 51);
```

Bibliographie

Bücher und Arbeiten von zentraler Bedeutung (zu den einzelnen Themen vgl. die Literatur-Angaben am Ende der Kapitel).

ALAGIC, S. [86]: Relationale database technology. Springer-Verlag, Berlin, 1986.

ASTRAHAN, M.M.; BLASGEN, M.W.; CHAMBERLIN, D.D.; ESWARAN, K.P.; GRAY J.N.; GRIFFITHS, P.P.; KING, W.T.; LORIE, R.A.; MCJONES, P.R.; MEHL, J.W.; PUTZOLU, G.R.; TRAIGER, I.L.; WADE, B.W.; WATSON, V. [76]: System/R: Relational approach to database management. ACM Trans. on Database Systems 1 (1976), 97–137.

ATRE, S. [80]: Data base: Structures techniques for design, performance and management. John Wiley & Sons Inc., New York, 1980.

BASTIAN, M. [82]: Datenbanksysteme. Athenäum, Königstein, 1982.

CERI, S.; PELAGATTI, G. [88]: Distributed Databases. Principles and Systems. McGraw Hill, New York, 1988. (3. Aufl.)

CODD, E.F. [70]: A relational model of data for large shared data banks. Comm. ACM 13 (1970), 377–381.

CODD, E.F. [72a]: Further normalization of the relational data model. Database Systems. In: R. RUSTIN [72]*, 33–64.

CODD, E.F. [72b]: Relational completeness of database sublanguages. In: R. Rustin [72]*, 65–98.

DATE, C.J. [86]: An introduction to database systems. Vol. 1. Addison-Wesley Publ. Co., Reading, MA, 1986. (4. Aufl.)

DATE, C.J. [83]: An introduction to database systems. Vol. 2. Addison-Wesley Publ. Co., Reading, MA, 1983.

GRAY, J.N. [79]: Notes on data base operating systems. In: Lecture Notes in Computer Science 60. Operating systems: An advanced course. Springer, Berlin, 1979, S. 393–481.

HÄRDER, T. [78]: Implementierung von Datenbanksystemen. Carl Hanser Verlag, München, 1978.

KORTH, H.F.; SILBERSCHATZ, A. [86]: Database system concepts. McGraw-Hill Book Co., New York, 1986.

LOCKEMANN, P.C.; SCHMIDT, J.W. (Hrsg.) [87]: Datenbank-Handbuch. Springer Verlag, Berlin, 1987.

LOOMIS, M.E.S. [87]: The database book. Macmillan Publ. Co, New York 1987.

LOOMIS, M.E.S. [89]: Data management and file structures. Prentice Hall Int, Inc., Englewood Cliffs, NJ, 1989. (2. Aufl.).

MAIER, D [83]: The theory of relational databases. Computer Science Press, Rockville, MD, 1983.

MARTIN, J. [88]: Einführung in die Datenbanktechnologie (5. Aufl.). Carl Hanser Verlag, München, 1988.

NIJSSEN, G.M. (Hrsg.) [76]: Modelling in database management systems. Proc. of the IFIP TC2 Working Conf., Freudenstadt, W.-Germany, Jan 5-9, 1976. North Holland, Amsterdam, 1976.

REUTER, A. [81]: Fehlerbehandlung in Datenbanksystemen, Carl Hanser Verlag, München, 1981.

RUSTIN, R. [72] (Ed.): Data Base Systems. Courant Computer Science Symposia 6. Prentice Hall Int., Englewood Cliffs, NJ, 1972.

SCHLAGETER, G.; STUCKY, W. [83]: Datenbanksysteme: Konzepte und Modelle. Teubner Verlag, Stuttgart, 1983.

SMITH, P.D.; BARNES, G.M. [87]: Files and databases: An introduction. Addison-Wesley Publ. Co., Reading, MA, 1987.

STONEBRAKER, M.R.; WONG, E.; KREPS, P.; HELD, G. [76]: The design and implementation of INGRES. ACM Trans. on Database Systems 1 (1976), 189–222.

TSICHRITZIS, D.C.; LOCHOVSKI, F.H. [77]: Data base management systems. Academic Press, New York 1977.

TSICHRITZIS, D.C., LOCHOVSKI, F.H. [82]: Data models. Prentice Hall Int., Englewood Cliffs, NJ, 1982.

ULLMAN, J.D. [82]: Principles of database systems (2nd ed.). Computer Science Press, Rockville, MD, 1982.

VETTER, M. [89]: Aufbau betrieblicher Informationssysteme mittels konzeptioneller Datenmodellierung. (5. Aufl.) Teubner Verlag, Stuttgart, 1989.

VOSSEN, G. [87]: Datenmodelle, Datenbanksprachen und Datenbank-Managementsysteme. Addison-Wesley, Bonn 1987.

WEDEKIND, H. [74]: Datenbanksysteme I. Bibliographisches Institut, Mannheim 1974.

WEDEKIND, H.; HÄRDER, T. [76]: Datenbanksysteme II. Bibliographisches Institut, Mannheim 1976.

WIEDERHOLD, G. [77]: Database design. McGraw Hill, New York, 1977.

YAO, S.B. [85]: Principles of database design. Vol. I: Logical organizations. Prentice Hall, Englewood Cliffs, NJ, 1985.

ZEHNDER, C.A. [85]: Informationssysteme und Datenbanken. Teubner Verlag, Stuttgart, 1985.

Stichwortverzeichnis